BASIL
MIROVITCH

PAR

GRÉGOIRE DANILEVSKY

TRADUIT DU RUSSE PAR ALEXANDRE ROMALD

PARIS

LIBRAIRIE SANDOZ ET FISCHBACHER

G. FISCHBACHER ÉDITEUR

33, RUE DE SEINE, 33

1880

BASILE MIROVITCH

IMPRIMERIE D. BARDIN, A SAINT-GERMAIN.

BASILE
MIROVITCH

PAR

GRÉGOIRE DANILEVSKY

TRADUIT DU RUSSE PAR ALEXANDRE ROMALD

PARIS

LIBRAIRIE SANDOZ ET FISCHBACHER

G. FISCHBACHER ÉDITEUR

33, RUE DE SEINE, 33

1880

A MON AMI

JULES-ALEXANDRE ROPRAZ

HOMMAGE DU TRADUCTEUR

BASILE MIROVITCH

L'impératrice Elisabeth était morte le 25 décembre 1761, pendant la période la plus sanglante de la guerre entre la Russie et la Prusse. Frédéric II n'avait plus ses troupes d'autrefois; ses meilleurs officiers avaient été tués ou faits prisonniers. L'année précédente, le corps de Panine s'était emparé de Berlin. Les Cosaques et leurs alliés les Croates avaient dévasté la capitale de Frédéric, pillé près de trois cents maisons, sans épargner la résidence d'été du roi où ils avaient brisé les meubles précieux, les porcelaines, les bronzes et les glaces, arraché les tentures et les tapisseries des Gobelins, troué les tableaux des grands maîtres italiens et détruit les collections de curiosité.

Les chefs avaient été aussi rigoureux que leurs subordonnés. Ordre avait été donné de disperser

au pas de charge dans l'allée *Unter den Linden,*
les vendeurs des gazettes qui contenaient des articles offensants pour les Russes; ces feuilles furent
brûlées au pied du gibet, par la main du bourreau; ceux qui les avaient écrites, conduits sur la
place d'armes, devaient y expier sous les verges
leur esprit d'hostilité. Mais Tchernycheff leur fit
grâce. Rien que pour régaler l'armée russe, outre les vins et les cigares, la ville de Berlin eut à
payer une contribution de cent mille thalers.

La trahison du comte Todleben, commandant
en chef d'un corps russe, et son arrestation, qui
priva de sa présence le conseil des généraux opé-
rant en Poméranie, n'arrêta en rien la fougue de
l'armée victorieuse. La situation de Frédéric, de
roi de Prusse redevenu simple électeur de Bran-
debourg, était désespérée. Kœnigsberg vit s'installer dans ses murs un gouverneur russe, le père
du fameux Souvaroff. La Prusse entière fut con-
quise, et aussitôt qu'Elisabeth eut apposé son *Fiat*
solennel sur le décret d'annexion, toute la contrée
prêta serment d'obéissance à l'impératrice de
Russie. On commença à introduire dans cette
province l'administration russe, et à y frapper des
monnaies; on y envoya une mission orthodoxe
avec un archimandrite à sa tête.

Le revirement fut brusque.

Le neveu d'Elisabeth, Pierre III, le jour même
de la mort de sa tante, entra en pourparlers avec
Frédéric pour lequel il ressentait l'affection la plus
vive. Souvaroff, sur un ordre exprès du souverain,
céda le commandement de ses troupes ainsi que

l'administration du royaume de Prusse à Panine
et revint à Saint-Pétersbourg, où, harcelé de
créanciers, il fit publier dans les gazettes qu'il ven-
dait ses domaines. D'autres officiers de l'état-major
profitant de l'édit sur les privilèges de la noblesse,
suivirent son exemple et, sous un prétexte ou sous
un autre, rentrèrent en Russie. Le chagrin de ces
pénibles concessions à l'ennemi s'effaça peu à peu
et ne laissa place qu'à l'ardent désir de revoir la
patrie après une longue campagne.

Un des derniers jours du mois de février de
l'an 1762, vers une heure de l'après-midi, un traîneau attelé de trois chevaux faisait son entrée à
Saint-Pétersbourg.

C'était un officier qui venait de Prusse, de
Kœnigsberg; il paraissait avoir vingt-deux ans,
sa taille était élancée, il avait des yeux noirs, le
regard sévère, distrait et mécontent. Comme il
brûlait d'assister à la séance du conseil de guerre,
il ne fit que gourmander son cocher depuis le pont
Kalinkine jusqu'à la maison Stégelmann, près du
pont Rouge, aujourd'hui l'hospice des sourds-
muets, où siégeait le conseil. Dix jours de voyage
par les mauvaises routes de la Lithuanie, au moment du débordement des rivières, l'avaient
harassé. Il portait des pièces autographes de Panine
qui proposait respectueusement, mais nettement,
de continuer la guerre. L'officier chercha à se
représenter l'accueil qui l'attendait, la lutte qu'aurait à soutenir Panine avec les partis de la cour,
les marques de sympathie et les félicitations de
ses camarades. Arrivé au lieu de sa destination, il

rajusta son vieil uniforme vert, secoua la neige qui couvrait ses guêtres et ses souliers déformés et arrangea sa tresse blonde, toute poudrée de givre. Il demanda à être introduit au conseil auprès duquel il était en outre personnellement recommandé par Panine; sa fatigue était extrême. Avant de se présenter il choisit ses arguments et prépara ses réponses.

— L'armée brûle de se battre, se disait-il à lui-même, Panine l'emportera; je ne m'épargnerai pas; je démontrerai tout ce que son projet a d'ingénieux. Puisse la patrie en tirer gloire! puisse cet intègre capitaine voir sa valeur appréciée comme elle le mérite!

Le général Behléchoff était de service ce jour-là. Ce personnage, aux joues vermeilles, tout plein de son importance, parcourut la lettre de recommandation et mit les autres pièces de côté.

— Tes nouvelles n'ont rien d'extraordinaire, dit-il à l'officier, Panine est un digne homme, c'est vrai! mais cela n'est pas ton affaire, Tu parles de guerre? ici on parle d'armistice. Ils rêvent de guerre, ces compagnons! C'est demain dimanche, reviens après demain.

— Mannequin, va! se dit l'officier, mais tu n'es pas seul ici. Reste à savoir ce que diront les autres membres du conseil.

Il sortit déconcerté, le cœur gros, et après quelques instants d'indécision, il donna à son cocher l'ordre de le conduire au quartier de Vassili-Ostroff. La vue de lieux connus, chers à son souvenir, le soulagea. Le soleil vint à propos égayer de ses rayons les rues et les maisons et en même temps ranimer le voyageur.

En passant devant l'école des cadets, actuellement l'école militaire de Paul, il se découvrit et se signa ! C'était là qu'il avait fait ses études, et de là, il y avait deux ans, qu'il avait été envoyé à l'armée. A l'angle d'une des longues rues de ce quartier et du quai de la Néva, il aperçut la palissade noircie et le vieux toit de la petite maison d'Anastasie Bavykine. Pendant de longues années, orphelin et sans asile, il avait passé les jours de fête chez cette bonne vieille femme, surnommée la dame aux contes. Comme elle n'avait pas d'enfants, elle avait choyé le jeune écolier ; les soins dont elle le comblait lui avaient fait oublier son veuvage et son isolement.

L'officier savait que la maison avait été vendue pendant ce même hiver pour acquitter des dettes et qu'Anastasie avait déménagé ; il ignorait sa nouvelle adresse. Il s'arrêta devant la porte qu'il avait si souvent franchie.

— Qui cherchez-vous ? lui demanda un homme assis devant la maison voisine.

L'officier nomma la dame Bavykine.

— Dégringolée, la vieille branche ! la rentière a dû plier bagage ! De propriétaire qu'elle était, la voilà maintenant sur le pavé !

— Où s'est-elle rendue ? où demeure-t-elle ?

— Chez un astrologue, un savant. — Sur la Moïka ; non loin de l'endroit où a eu lieu l'incendie de l'autre jour, vous verrez un bâtiment en pierre en face du commissariat de la maréchaussée. La Bavykine loge au fond de la cour dans une maisonnette de bois. Vous verrez une enseigne de tailleur. Demandez l'astrologue. Tout le monde saura vous l'indiquer.

L'officier prit le chemin du pont-Bleu, longea la Moïka et s'arrêta à l'endroit où se trouve aujourd'hui la passerelle qui fait face à l'hôtel des postes. Sur la rive, basse et déserte, sans quai ni parapet, s'élevait en effet une maison de briques à un étage, surmontée d'une cheminée haute comme celles des usines. Sur la palissade on pouvait lire l'enseigne d'un tailleur. Derrière ce bâtiment on apercevait une seconde maison, en bois, délabrée, ayant un toit de tuiles rouges. Un escalier extérieur qu'abritaient les branches d'un bouleau, menait du rez-de-chaussée à l'étage d'en haut ; cet arbre, d'une circonférence de plusieurs brasses, avait dû connaître Pierre le Grand et les Suédois. Plus loin, à gauche, s'étendait le jardin, sans feuilles, couvert de neige.

Le jour tombait lorsque l'officier, enveloppé de son manteau bleu clair, pénétra dans la cour, sa valise sous le bras. Il faillit, en passant la porte basse du vestibule, laisser tomber son chapeau. Il jeta sa petite malle dans un coin, ouvrit la porte d'une chambre à peine éclairée, puis celle d'un réduit obscur, et comme il s'y perdait, il s'arrêta devant une nouvelle porte.

— Ce doit être ici ! C'est Anastasie qui va être étonnée ! se dit-il à lui-même.

Il regarda autour de lui, retint son haleine et heurta.

— Mme Bavykine, bonjour!

— Ici, demeure un membre de l'Académie des sciences; mille excuses! fit une voix.

— Comment cela?

— Dans le corridor à gauche s'il vous plaît. Elle n'est pas chez elle.

L'officier remercia et allait se retirer.

— Qui êtes-vous? Que faut-il lui dire, lors-qu'elle rentrera?

— Un courrier de Panine, gouverneur de Prusse.

Un léger bruit se fit entendre, et la porte s'ou-vrit. Un homme d'une cinquantaine d'années, très grand, robuste, large d'épaules, chauve, ap-parut sur le seuil en robe de chambre; sa tête indiquait une haute intelligence, ses rides étaient pleines de noblesse; il avait le regard bien-veillant, légèrement inquiet; dans une de ses mains il tenait une tabatière, dans l'autre une plume.

— Vous parliez de la Prusse?

— Lieutenant au régiment d'infanterie de Narva, officier d'ordonnance de Panine.

— Et connu de ma locataire?

— Certes.

Un sourire caressant illumina la face austère de l'académicien.

— Elle m'a parlé de vous, et combien de fois. Vous êtes d'autant plus le bienvenu qu'on était loin de vous attendre! A-t-elle assez interrogé les cartes! Faites-moi l'honneur d'entrer. Eh bien! quelles nouvelles? consolez-nous, rendez-nous heureux. Nous battons les Allemands! n'est-ce pas? Nous les battons, ces *Verfluchte*?

— Pour les battre, nous les avons battus; à présent nous cédons et nous allons revenir dans nos foyers. On parle de trêve.

— Quoi? nous céderions! une trêve? Et qui la propose?

— Nous, à ce qu'on dit.

L'académicien laissa tomber plume et tabatière et rajusta sur ses épaules sa vieille robe de chambre chinoise.

— Nous? la paix! plaisantez-vous? Quelle impudence! quelle honte! Après tant de victoires! Brave jeune homme, vous devez avoir froid; vous êtes fatigué. Elisabeth, Hélène, du thé, la bouilloire. Vite de quoi se laver.

— *Bitte, bitte, gleich*, répondit une voix de femme, de la chambre voisine.

— Mme Bavykine est ma vieille bienfaitrice, dit l'officier.

— Je le sais; sera-t-elle contente! Nous nous entretenons souvent ensemble; c'est un vrai tiroir à légendes!

— Où est-elle?

— A vêpres. Prenez patience; entrez dans la chambre de ma fille. Prenez garde; chez moi c'est comme dans une taupinière; rien que rayons et casiers. La maison de pierre je l'ai construite pour la fabrique; celle-ci avec le jardin a échappé à l'incendie; elle est vieille, il y a longtemps qu'elle a été bâtie. En bas nous avons des locataires et notre ménage; au-dessus, mon cabinet de travail mes instruments, batteries électriques, télescopes, cornues, alambics.

Une petite fille de treize ans, aux boucles blondes et aux yeux bleus, accourut apportant un essuie-mains et des flambeaux; elle avait le sourire de son père; après elle, entra une dame, en tablier et en bonnet blancs, les manches relevées jusqu'aux coudes; elle tenait une cuvette et une cruche pleine d'eau et répétait *bitte, bitte!* C'était la femme du maître de la maison. Ces braves gens comme aussi leur confortable appartement respiraient la bonté et la cordialité.

— Voilà de l'eau et du savon! Procédez à votre toilette sans cérémonie. Armistice, alors? Ah! les aveugles!

— Panine tient à réparer les choses; il a adressé un rapport. Ce serait dommage, l'armée grille de se battre.

— Et y a-t-il quelque espoir

— Dame! c'est suivant ce qu'on décidera. On dit que la Prusse a pas mal d'alliés, ici même.

— Racaille! Tas de Caïns, de gens sans vergogne!

L'académicien marchait à grands pas, toussant jusqu'à perdre haleine; il maîtrisa son agitation et appuyé contre l'embrasure de la fenêtre, il continua sans détourner la tête :

— Le diable qui a semé l'ivraie nous aura par mégarde jeté aussi de la graine qui a produit toute cette race d'Allemands, ce vieux finaud de Fritz avec ses généraux Hulsen et Ziethen, et nos porchers d'ici, les Biron, les Taubert, les Vinzheim et compagnie.

Il montrait le poing.

— Je leur en veux parce qu'ils détestent la Russie qui les nourrit et je le leur dis en face, brutalement, avec leurs gros mots allemands. A nos conférences je ne parle avec eux qu'en latin. Devant tant de bassesse et d'effronterie, l'âme n'y tient plus et se révolte.

— Ils sont forts, cependant! Ne vaut-il pas mieux leur montrer dent de loup et queue de renard?

— Dent de loup... sans queue! je ne me gêne pas avec ces rusés compagnons animés à notre égard d'une haine implacable; aussi je ne suis pas dans leurs bonnes grâces. C'est donc vrai? Goudovitch a, comme une colombe de paix, porté un rameau d'olivier à Berlin. Est-ce aux mains de ce roi vaincu à diriger les destinées de la vieille politique russe? Non! depuis les temps du tribut à la Horde, la Russie n'a rien vu de semblable!

— Permettez. J'ai vécu parmi les Allemands. Ils sont nos ennemis, mais ils ont du bon, de l'ordre, de l'instruction!

— Ils nous haïssent, ils nous méprisent! Battons-les comme plâtre ceux d'Allemagne; ceux d'ici baisseront la crête. Nul encouragement pour le développement de l'instruction nationale; nulle considération pour le talent; nulle attention au labeur du savant! nous n'avons rien! J'ai monté une fabrique de mosaïque, une verrerie; de quelle monnaie m'ont-ils payé, ces palefreniers, ces cordonniers? avec des mémoires de leur boutique académique que personne ne lit. J'ai fait des découvertes, écrit des livres; ils m'ont fait payer le loyer de deux misérables petites chambres que j'occupais, dans une maison de l'État. Leurs intrigues m'ont mis à bas, épuisé. Tout autre aurait plié, et j'en connais qui l'auraient fait; — je ne veux pas les nommer — joué le rôle de Lazare à la table du riche, et comme lui fait le beau sur les pattes de derrière en attendant qu'on lui jette un os. Je ne ferai pas le beau, moi! je ne ramperai devant personne! On n'est pas mon ami parce qu'on a un titre, mais parce qu'on aime la science. Fils du pôle nord, j'ai l'âme plébéienne, elle s'est formée dans le pays de l'Océan glacial, de la houleuse mer Blanche, et le rude vent de la mer vient parfois la soulever.

— Voilà un homme! une âme franche et qui ose! se dit l'officier, en jetant un regard de vive et respectueuse sympathie sur ce vigoureux enfant du peuple.

— Vos nouvelles sont si tristes, si inquiétantes, qu'il n'y a pas moyen de se contenir!

Il baissa la voix et reprit doucement en désignant la porte:

— Vous êtes un homme des camps, vous voilà redevenu dispos. Allez bavarder avec votre vieille amie, et dans une heure ou deux ma voiture va être devant la porte. On est à l'étroit ici pour discuter à l'aise. J'ai été indisposé et il y a longtemps que je ne suis sorti. Si cela vous arrange, allons à la taverne, tout en vidant un flacon, nous causerons librement.

— Mes moyens ne me le permettent pas! mon voyage, des frais...

— Voyons, l'ami! Il y a assez longtemps que j'observe une diète de carême. J'ai touché mon traitement aujourd'hui. Nous trouverons là des huîtres, des vins de Tokay et du Bourgogne.

— Du Bourgogne! s'écria en levant les bras en l'air une vieille dame sexagénaire, vêtue d'une douillette et coiffée d'un bonnet brun, avec une aumônière et un trousseau de clefs à la ceinture; c'était la digne dame Bavykine.

— Basile! non, vrai! mon cher petit Basile, s'écria-t-elle!

Les joues de l'officier, raidies par le vent et la neige, frémirent d'allégresse, il ne fit qu'un bond jusqu'à la vieille Anastasie qui l'embrassa sans rien dire, en versant des larmes de joie.

— Quelle consolation pour moi, cher enfant! Mais attends! Y penses-tu? à peine arrivé, à peine assis et déjà de la camaraderie! du Bourgogne! Et vous, monsieur mon propriétaire! c'est ainsi que vous vous émancipez! Votre femme le saura.

— Devoir d'hospitalité, madame! répondit le savant.

L'académicien sortit. La vieille prit une lumière, fit traverser à son hôte le corridor au fond duquel se trouvaient ses deux chambres.

— Voilà mon hospitalité, dit-elle; c'est parfait. Mais enfin, monsieur le cadet buveur de Bourgogne; voyons un peu ce que tu es devenu ! mon chéri, je t'ai à peine reconnu. Comme une campagne vous ragaillardit ! Entre, chérubin ! Hélas! je n'ai plus ma maison. Basile, mon enfant! je te revois, je n'y comptais plus. J'ai changé, n'est-ce pas, depuis ton départ ? J'étais comme un chêne bien touffu et aujourd'hui les feuilles sont tombées, le vent les a emportées! Ah! ce n'était pas à l'étroit et dans la gêne que je devais achever mes jours! Où sont-elles, Basile, ces années d'autrefois !

Qui ne connaissait la veuve aux histoires graves et gaies? L'impératrice Elisabeth elle-même se plaisait à ses récits, qui l'aidaient à abréger ses nuits d'insomnie ; un profond ennui venait souvent s'emparer de la souveraine et c'étaient de vieilles commères des faubourgs et des halles comme la Bavykine qui parvenaient à la distraire. L'impératrice assise sur son lit, en toilette de nuit, ses cheveux recouverts d'un mouchoir, lui disait parfois :

— Tu me sembles toute triste, Anastasie, d'où cela vient-il?

— Je vieillis, hélas ! Majesté, je me laisse aller ; auparavant, je me fardais, je me noircissais les sourcils. Aujourd'hui, j'ai tout abandonné.

— Ne te mets plus de rouge ; pour du noir, passe encore. Assieds-toi, conte-moi quelque histoire, ce que tu voudras, peu importe.

— Châtiez-moi, Majesté, mais je suis incapable de rien trouver. J'ai l'âme déchirée.

— Comment cela ?

— En venant ici, il me semble aller à confesse ;
quand j'en sors, je crois avoir communié...

Et la vieille se plaçait près du lit de l'impératrice,
lui embrassait les mains et jasait jusqu'au matin.

— En quoi consiste le bonheur, dis-moi ?

— Dans la force, dans les honneurs, dans la
richesse surtout, Majesté. Autant d'écus, autant
de messes !

— Et qu'est-ce que le malheur ?

— C'est de ne pas avoir d'argent.

— Sorcière, serais-tu avide ?

— Oh ! très avide. Tout ce qu'il plaira à Votre
Majesté de me donner, je le prendrai... ô argent !
avec toi j'achète les prêtres et je trompe Dieu.

L'impératrice devenait alors plus sereine.

— Jadis... et la vieille racontait tout ce qu'elle
avait vu et entendu pendant les longues années
où elle était allée dans le monde.

On la craignait à la cour ; Béstoujeff, le chancelier, aux jours de fête lui envoyait des cadeaux,
de la farine, du miel, des esturgeons longs d'une
aune. Elle avait perdu son mari, un veuf, sergent
aux gardes du corps, peu après son mariage, et
était ainsi de bonne heure devenue libre et seule
maîtresse de ses actes. Si le sergent aimait à mener
joyeuse vie, toujours il respecta sa femme ; il lui
légua sa maison du quartier de Vassili-Ostroff.
Elle eut la douleur d'enterrer peu après sa belle-fille
qu'elle avait mariée à un cuisinier du prince Razoumovsky et la vieille resta seule sur cette terre.
Mais y avait-il un conseil à donner, fallait-il solliciter en faveur de quelqu'un, c'était alors son

affaire. On en faisait grand cas dans le clergé aussi bien qu'à la cour. Le prêtre de Saint-André l'avait prise pour marraine de ses enfants. Sa maison, son ménage étaient réputés dans le quartier; elle faisait tout elle-même, lavait son linge, bêchait dans le potager, trayait les vaches et malgré son âge, elle brodait sans lunettes. Elisabeth l'avait honorée souvent de sa visite et accepté parfois une assiettée de framboises de son jardin ou une tasse de crème apportée toute fraîche de la glacière. L'argent causa sa perte; elle prêta en secret à gros intérêts à des personnes qui passaient pour riches. Le diable s'en mêla : voulant beaucoup gagner, elle avança sur le conseil d'une amie une forte somme à un des jeunes paniers percés de la garde; ella y perdit tout son avoir. Après avoir bien pleuré, s'être bien désolée, elle engagea sa propriété chez un banquier, mais elle ne put satisfaire aux échéances; maison et jardin furent vendus aux enchères au commencement de l'hiver.

— Oh! les temps sont bien changés, Basile, reprit-elle. Tout s'est envolé, tout a disparu, avec la mort de notre auguste protectrice. Ce que j'ai pu sauver de mes meubles, je l'ai transporté ici. Le reste, mes gens se le sont partagé.

— Baste! Dieu aidant, vous vous remonterez. Me voici auprès de vous et nous aviserons.

— C'est un peu tard pour se remonter, et pour aviser. A d'autres à leur tour ! Je surveille maintenant le ménage d'une dame grecque. A mon âge! en être réduite à aller travailler chez les autres; c'est dur! Déroute complète. Et moi qui ne pensais qu'à toi, qui n'économisais que pour toi. A quoi sert de gémir? Qu'y faire? C'est aux grands poissons à manger les petits! Parle-moi de toi plutôt.

L'officier poussa un soupir; il n'écoutait pas.

Deux années de séparation avaient emporté bien de juvéniles désirs, d'espérance, de croyances au bonheur.

— Joues-tu toujours aux cartes? Ne te fâche pas si je parle ainsi, c'est par intérêt pour toi.

— Y pensez-vous? Avec ce que je reçois de solde. De plus, j'ai été contusionné. Ah! bien oui, les cartes!

L'officier voulut ajouter quelques mots, la parole lui manqua. Un nuage assombrit son visage; la colère et le chagrin plissèrent ses lèvres. La vieille hocha la tête.

— Est-ce que la distance ne te l'a pas fait oublier?

— Elle! quelle sottise dites-vous là et quelle idée avez-vous?

— Ne mens pas. Je parle sérieusement.

L'officier se leva en rejetant brusquement ses cheveux en arrière, comme s'il avait voulu éloigner quelque pensée pénible. Il passa la main sur son visage, réfléchit et retourna s'asseoir.

— C'est pour Polixène que tu es revenu, que tu t'es arraché à ton camp. Je te connais. La fierté te ferme la bouche, pendant que tu brûles de me demander : Chère dame, comment se porte-t-elle; est-elle en vie?

Il se taisait, le dos courbé et la tête penchée.

— La route doit t'avoir donné de l'appétit. Faut-il chauffer de la crème?

Il refusa.

— Soit, mon chéri! c'est donc la fatigue qui t'accable ainsi?

La vieille alla préparer un lit dans sa chambre à coucher, lui donna de la lumière et renvoya à une autre fois le plaisir de le questionner sur ses affaires de cœur.

— Il n'y a pas jour sans lendemain, dit-elle.

Il se déshabilla, sortit de sa valise une image qu'il plaça à un coin de la table et ouvrit son livre de prières dont il parcourut avec distraction quelques pages; les yeux tournés du côté de la fenêtre obscure, il pria longtemps, avec ferveur, demandant à Dieu de lui donner des forces et de la patience.

— Patrie, chère patrie, te voilà donc! se dit-il à lui-même. Temple de Salomon qu'il y a loin jusqu'à toi! Où en sont-ils? Sont-ils éclairés du rayon de la vraie vie, de la lumière, de la raison, de la sublime fraternité? Ou bien est-ce toujours encore ce pays sombre, désert et glacial?

— Eh bien! il est allé se coucher? cria l'académicien à Anastasie dans le vestibule.

— Il dort! Il est exténué, cet enfant, a-t-il dû longtemps galoper; il en a la tête rompue. Mais vous, que lui voulez-vous?

— Moi, rien; il apportait des nouvelles, j'aurais été curieux de l'interroger!

— N'est-ce que cela? excusez-moi, ce sera pour demain.

— Pour m'en souvenir, quel est le nom de votre hôte?

— Basile Mirovitch, un Petit-Russien. Enfant encore... Mais bonne nuit. Si j'ai un conseil à vous donner, bien que vous soyez le maître de céans, surveillez le feu. Ce n'est que paperasses et livres chez vous; Dieu veuille que cela ne cause pas un incendie! N'en avons-nous pas déjà eu un à côté?

— Voyez-vous la brave vieille, comme elle m'arrange! dit-il en souriant, et il rentra dans sa chambre.

— Après tout, ma santé s'en trouvera mieux! j'en aurais eu la bile échauffée comme tout à l'heure. Et du travail à ne savoir où donner de la tête! Achever ma mosaïque, rédiger ma météorologie... Baste! nous sommes comme un récipient trop étroit, notre existence est bornée! Adieu années écoulées! *Mens sana in corpore sano!* heureusement.

— Hé! comment se nomme votre propriétaire? cria Mirovitch à Anastasie, de sa chambre où la lumière était déjà éteinte.

— Lui aussi! Que vous est-il arrivé à vous deux? Vous seriez-vous donné le mot? Il est autrement haut placé que toi, il est conseiller! s'il vous plaît, monsieur le lieutenant. Dors, maintenant!

Mirovitch s'assoupit. Les scènes d'un monde oublié se déroulèrent devant lui. Il rêva de ses années d'enfance et d'adolescence, de la morne Sibérie, de la paisible chaumière de la Petite-

Russie; de son bois et de ses ruches, de la pauvreté et de la détresse de sa famille autrefois
illustre et riche, puis poursuivie par la destinée,
ruinée et réduite à la misère.

II

Lors du supplice de l'hetman Ostranitsa, un Mirovitch et d'autres chefs cosaques prisonniers furent cloués, à Varsovie, à des poutres enduites de poix et brûlés à petit feu. Son bisaïeul, Jean Mirovitch, de Péréyaslavl, guerrier d'une audace inouïe, épousa, en secondes noces, la sœur de Mazeppa, Janèle, que celui-ci avait fait venir de Pologne. Il défit à plate couture les Tatares à Pérécop et Otchakoff et amena les canons conquis à Moscou ; il revint au pays comblé de riches présents, posa à Péréyaslavl les fondements d'une cathédrale, et mourut bientôt après ; il avait commandé pour l'autel un grand tableau représentant Pierre Ier, entouré de l'hetman Mazeppa, du clergé, des dames de la cour, de l'armée cosaque, de gens du peuple, et au-dessus, la sainte Vierge planant dans une nuée. La chronique rapporte que Mazeppa tomba de cheval devant cette église inachevée : — Malheur! s'écria-t-il, et il s'en ressouvint après la bataille de Poltava.

Un fils de Jean, Théodore Mirovitch, fut lieutenant général de l'hetman Orlik.

Envoyé en Pologne par son seigneur et oncle Mazeppa, sous les ordres de Patkul, Théodore, sabreur enragé, ne put supporter les grossiers procédés de cet Allemand qui donnait la schlague à ses Cosaques ; il retourna dans la Petite-Russie avec son régiment. Mazeppa lui fit payer cette équipée. En 1706, des forces suédoises considérables assiégèrent Mirovitch, retranché à Liahovitchi ; Mazeppa alléguant la crue des rivières ne fit pas parvenir de renforts à son neveu qui, abandonné des siens et pressé par l'ennemi, capitula et fut conduit enchaîné à Stockholm. L'église de Péréyaslavl, dont son père avait jeté les fondements, fut achevée par sa femme, une nièce de l'hetman Samoïlovitch. Délivré de sa captivité, Théodore vécut quelque temps en Turquie, puis à Varsovie où il mourut. Pour le punir des relations qu'il avait entretenues avec sa patrie asservie, Pierre le Grand fit déporter sa famille en Sibérie et confisquer ses biens et ceux de sa femme d'ailleurs innocente.

Pierre gracia quelque temps après les fils de Mirovitch ; de Sibérie, ces enfants furent autorisés à rejoindre, à Tchernigoff, leur oncle, le fameux Paul Poloubotok, qui les amena à Saint-Pétersbourg où il les fit entrer dans une école. Ils n'y restèrent pas longtemps. Poloubotok termina ses jours dans une forteresse ; ses neveux, restés sans ressources, abandonnèrent les études. L'aîné, Pierre, obtint un emploi de secrétaire à la cour de la grande-duchesse Élisabeth; le cadet, Jacques, fut recueilli par l'ambassadeur de Pologne, le comte Potocky, avec lequel il fit un voyage dans son pays. Une missive de Pierre Mirovitch à son père à Varsovie, où il lui parlait de l'oppression de la nation petite-russienne, accompagnée de la copie du décret concernant Poloubotok, ayant été interceptée, les deux frères furent arrêtés et transférés à Moscou; en 1732, on les déporta, à titre de fils de boyards, une seconde fois en Sibérie, où Pierre parvint à être directeur d'une usine, puis gouverneur militaire de la province d'Enisseï.

Lors du couronnement d'Élisabeth à Moscou, le comte Alexis Razoumovsky, ancien chantre à la chapelle impériale, devenu tout-puissant, rappela à la souveraine le sort des Mirovitch, ses compatriotes, qui languissaient dans l'oubli. L'impératrice donna, en 1742, l'ordre au sénat de notifier aux deux frères qu'elle leur accordait son pardon, après ce second exil de dix ans en Sibérie, et qu'ils étaient libres de prendre du service où bon leur semblait. Ils préférèrent clore leur existence en paix dans leur patrie, en Petite-Russie, où après un court séjour à Moscou ils allèrent se fixer.

Leur mère n'obtint la permission de quitter la Sibérie que deux ans après ses fils. Elle adressa en vain, pendant son exil et en Petite-Russie, des suppliques aux impératrices Anne et Élisabeth, implorant la restitution sinon des biens de son mari, du moins d'une partie de ceux qu'elle avait reçus en dot ou en héritage. La femme du neveu de l'hetman Mazeppa, alliée par son mari aux Poloubotok, aux Mokievsky, aux Zabiello, aux Lomikovsky, mourut dans la misère. Ses parents, auparavant riches et considérés, maintenant dépouillés, ne purent penser à elle ; ses fils n'auraient su l'aider, et ce qu'elle reçut de quelques-uns de ses amis, elle l'employa à terminer l'église laissée inachevée par son beau-père et son mari.

Pierre Mirovitch était turbulent, hautain, sauvage : il fut une fois poursuivi pour avoir, comme gouverneur d'Eñisseï, brutalement insulté dans sa chancellerie, devant l'effigie du monarque, les principaux négociants de la ville ; l'enquête toutefois fut abandonnée par le procureur. De retour dans son pays, ses mœurs n'en furent pas plus adoucies. Pauvre, mais fier, bravant tout le monde, il passa ses derniers jours dans un village écarté, assisté par un grand seigneur du voisinage, et mourut d'ivrognerie. Il avait rossé peu de temps auparavant un exempt de police qui ne s'était pas découvert devant lui.

Le frère de Pierre, Jacques, d'un naturel doux et tranquille, mais faible de santé, ne se sentit aucun goût pour l'étude. Il ne se ressouvenait plus de Saint-Pétersbourg où il avait été à l'école, pas plus que de son séjour chez le comte Potocky. Pendant son premier exil, il fréquenta à Tobolsk l'école d'un compagnon d'infortune qui jouait admirablement du violon et ne parlait que petit-

russien. A Moscou, il épousa la fille d'un boutiquier; du vivant de sa mère et de son frère, il
arrivait à procurer de quoi vivre à sa famille;
à leur mort, il tomba dans une complète indi-
gence. Devenu veuf, la misère l'abrutit; il allait
en sarrau, chaussé de bottes goudronnées, offrir
comme valet de ferme ou garde de nuit ses services
aux propriétaires des environs; il tint un débit
d'eau-de-vie, puis se fit conducteur de bestiaux
aux foires; la vieillesse venue et le bien-être sem-
blant le fuir, il finit par se faire gardien de ruches
d'abeilles chez Daniel Maïstruc, un métayer qui
affermait une parcelle du domaine dont on avait
dépouillé le père de Mirovitch.

— C'est ici que je veux mourir, dit-il, que j'é-
tendrai mes os; cette terre est à nous. Mais mon
fils, mes filles ?

Sa femme, comme lui, de santé délicate, mourut
jeune, laissant quatre enfants, trois filles et un
fils, Basile. De bonnes gens s'étaient partagé les
petites filles et se chargèrent de leur entretien. Le
garçon grandit auprès de son père.

En hiver, Basile prenait des leçons du diacre
de la paroisse; en été, il aidait son père à l'élève
des abeilles, lui portait à manger et à souper,
tressait des corbeilles, façonnait des cuillers et des
fuseaux, s'exerçait à jouer de la flûte et de la guitare. Un jour, quelqu'un avait jeté un jeune chien
dans la rivière, Basile faillit se noyer, mais réussit à sauver la bête qu'il garda.

A dix ans, le père du petit Basile l'ayant entendu chanter à l'église et lire l'Évangile :

— Cet enfant n'est pas né pour vivre dans la forêt ou au village, dit-il. Essayons! il est de sang noble. Nos aïeux étaient des gentilshommes qui ne se couchaient pas comme moi au pied des haies, et Élisabeth aura pitié d'un de ses sujets de la Petite-Russie!

Il se décida, après mûre réflexion, à aider son fils à se frayer une carrière.

An 1754, par une chaude journée du commencement de juin, on vit arriver à Saint-Pétersbourg, dans un char de paysan attelé de deux bœufs, un vieillard vêtu d'une longue houppelande et coiffé d'un bonnet d'astracan. Ses yeux noirs étincelaient comme des charbons ardents, sous ses sourcils touffus. Un garçon d'environ treize ans était assis à côté de lui; un chien, exténué de fatigue, suivait le char. Ils étaient venus par des chemins de traverse, faisant paître leurs bœufs dans la plaine, pendant qu'eux-mêmes se nourrissaient de biscuits. Partis au mois d'avril, ils étaient restés près de deux mois en route. Les voyageurs étaient Jacques Mirovitch et son fils Basile.

Ils firent halte sur l'herbe du vaste pré de l'Amirauté, maintenant la place Saint-Isaac. Leurs bœufs dételés, ils allèrent se laver dans la Néva, firent leur prière et prirent leur repas. Le garçon, en barbotant dans le fleuve, avait remarqué paissant, sous le bastion de la forteresse, le boulevard de l'Amirauté d'aujourd'hui, un troupeau de vaches, vers lesquelles il poussa ses deux bœufs. Le vieillard sortit un papier qu'il examina

longtemps, le remit sous sa ceinture, et le fouet à
la main se dirigea vers la Perspective de Nevsky.

Basile, dans l'intervalle, parcourut la place,
suivi de son chien. Tout l'intéressait : la beauté
ét la dimension des édifices, les canons sur les
remparts, le roulement des voitures, l'activité des
ouvriers qui chargeaient, en criant et en chantant,
des pierres, des briques, d'énormes poutres, des
planches pour la construction du palais d'hiver.
Il se complut au spectacle des flèches scintillantes
au soleil de l'Amirauté, de l'église de Saint-Pierre
et de l'ancienne église de Saint-Isaac qui se trouvait où est actuellement la statue équestre de
Pierre le Grand. Il vit, s'étendant à perte de vue,
une interminable allée de quatre rangées de hauts
tilleuls, d'un vert éclatant; c'était la Perspective
de Nevsky remplie de promeneurs, de militaires
qui caracolaient, de voitures dorées à six chevaux.

Jacques Mirovitch aborda presque chaque passant en tirant son bonnet :

— Ayez la bonté de me dire où se trouve...,
disait-il.

On le regardait avec curiosité; son langage,
ses vêtements, son visage hâlé, ses moustaches
grises étonnaient; on haussait les épaules et on
continuait son chemin. On avait autre chose à
faire que de lui répondre ! Et qui comprenait
d'ailleurs le petit-russien ?

Le hasard voulut que sur le pont de bois d'A-
nitckoff un individu comprit Mirovitch. L'inconnu, replet, ventru, à l'air important, portait

un chapeau de toile cirée verte, un veston bleu et des bas rouges.

La chaleur était suffocante. Cet homme revenait du marché aux volailles, portant d'une main une botte de verdure, de l'autre une couple de chapons qu'il tenait par les pieds. Mirovitch lui fit sa révérence.

— Dites donc, l'ami, le comte Kazoumovsky ?

— Il habite le palais d'hiver; mais comme on y fait des réparations depuis un mois, il demeure ici, répondit le personnage en indiquant avec sa touffe de légumes, à l'autre rive de la Fontanka, les coupoles recouvertes de tôle du palais Anitchkoff. — Voilà son hôtel. L'impératrice le lui a donné. Hein! est-ce assez beau ?

— Ouais! Et vous, altesse, qui êtes-vous ? Quel titre vous donner ?

— *Kaffeeschenk* du comte! Allons, de quoi as-tu besoin; je t'aiderai...

— Comment disiez-vous ? Quelle charge est-ce là ?

— Mais, s'il te plaît, elle marche de pair avec celle de *Hofdiener*, cède le pas au *Tafeldecker*, s'il te plaît.

Mirovitch se découvrit. Le jardin Anitchkoff occupait tout l'emplacement où sont aujourd'hui le théâtre Alexandre, la statue de Catherine II et la Bibliothèque publique. Ils tournèrent le jardin du côté du Gostinnoy-Dvor, et arrivèrent à une petite porte donnant sur l'anse formée par la Fontanka et les étangs Tchernicheff, où s'élèvent à l'heure qu'il est les Ministères de l'intérieur et de l'instruction publique. L'inconnu donna encore quelques instructions à Mirovitch et promit de lui trouver un logis..

— Tu vois ce pavillon, lui dit-il. Vas-y. De l'antichambre, tu passeras dans une pièce où le comte reçoit habituellement. S'il n'est pas trop tard, entre et attends.

Mirovitch traversa les allées ombreuses, arriva au pavillon et regarda dans l'antichambre. Il n'y avait pas une âme; dans la salle, pas davantage. Il revint sur le seuil, toussa, puis alla, malgré sa houppelande et ses bottes enduites de goudron, s'asseoir, les jambes croisées, sur un sofa bleu, aux pieds sculptés et dorés.

Personne ne venait, le silence régnait partout. Evidemment l'heure de l'audience était passée. Mirovitch résolut d'attendre ; quelle chance d'avoir pu approcher aussi aisément le comte, le bienfaiteur de sa famille et le personnage dont on faisait tant de cas dans son pays !

— Et si l'on me met à la porte? se dit-il. On n'osera pas, un gentilhomme !

Il faisait plus chaud dans la chambre que dehors. Les mouches s'acharnaient sur le visage poudreux du Petit-Russien; tantôt il s'assoupissait cédant à la fatigue, tantôt il poursuivait les mouches avec humeur et en jurant il les saisissait au vol et les écrasait. Une mouche fut surtout et longtemps importune : du cou d'où il l'avait chassée, elle vint lui piquer la joue, puis se poser sur son genou. Il voulut frapper, mais il la manqua; la mouche s'esquiva, voltigea et prit pied sur un grand vase du Japon. Mirovitch s'endormit au milieu du silence. Les rayons du soleil, qui perçaient au travers des branches doucement balancées des tilleuls, se jouaient comme des langues de feu sinueuses, sur le parquet, les bronzes et les glaces. La mouche revint se placer sur la joue de Mirovitch, s'embarrassa dans ses moustaches, le piqua de nouveau et retourna en bourdonnant sur le vase.

— Vaurienne ! cria-t-il, tu ne m'échapperas plus !

Il se leva et sur la pointe des pieds, à pas de loup, il s'avança vers l'agresseur ; la mouche esquiva le coup, mais le vase tomba avec fracas et vola en mille pièces.

Une porte basse en laque incrustée s'entr'ouvrit à un coin du salon. Un personnage apparut en robe de chambre de velours cramoisi à revers constellés de croix ; sa face vermeille indiquait l'étonnement ; l'envie de rire faisait clignoter ses beaux yeux bruns ; il avait les lèvres rouges et humides.

— Attrapé, pays ! s'écria avec bonhomie le comte, qui reconnut dans son hôte un compatriote.

Mirovitch tomba à genoux. Razoumovsky, tout en rassurant le solliciteur, l'entraîna doucement dans son cabinet, le poussa sur un fauteuil et lui demanda qui il était et par quel hasard il se trouvait à Saint-Pétersbourg.

— Avec tes bœufs ? est-ce possible ? Avec des bœufs gris de chez nous ?

2.

— Gris, oui, altesse !

— Un valet avec toi ?

— Mon fils, un gros gars.

— Fais-le moi voir. A-t-il une bonne voix ?
Où est-il ?

— Sur le pré, près du palais ; il fait paître les
bêtes et il a son chien avec lûi.

Mirovitch raconta son aventure au comte qui
éclata de rire.

— Qui t'a renseigné à mon sujet ?

Mirovitch dit sa rencontre avec le *Kaffeeschenk*
qui avait promis de le loger chez sa belle-mère.

— Quel *Kaffeeschenk* ? tu bats la campagne !
Un pays ? un gros ? J'y suis ! Abraham ! Un de
mes marmitons ! Le gredin ! C'est le titre qu'il se
donne. Il se fait passer pour Brioche, un Français,
un madré celui-là et fier ! et qui rosserait Abraham,
s'il apprenait qu'il usurpe son titre. Oui ! sa belle-
mère, la Bavykine est propriétaire. Parfait.

Razoumovsky sonna.

— Va-t'en chez elle, mon brave. Demain, à cette
heure ou vers le soir plutôt, reviens me voir, avec
ton fils et tes bœufs. Nous reparlerons de ton
affaire. Je n'ai pas le temps en ce moment, je vais
au palais !

Quelque chose remua derrière la paroi : un
domestique en livrée dorée accourut tout ahuri,
un autre domestique le suivait.

— C'est cela, ruez-vous ici, lourdauds ! vous
dormez pendant qu'ici un brave homme attend.
Appelez-moi Abraham.

Abraham entra. Qu'était devenue sa morgue ?

son ventre s'était effacé et son triple menton se dissimulait sous sa veste.

— Tu n'es pas ivre? Non, tant mieux alors; cela est rare. Installe-moi ce cher homme chez ta belle-mère et soigne-le-moi, comme la prunelle de tes yeux. Régale-le, rassure-le et fais voir la capitale à lui et à son fils. Tiens, pour les dépenses jusqu'à nouvel ordre.

Le comte jeta une bourse au cuisinier.

Le lendemain, l'impératrice prenait le thé au palais Anitchkoff. Elle venait du palais d'été dans sa gondole et accompagnée de ses joueurs de cornet. La gondole pénétra de la Fontanka dans l'étang, au centre du jardin.

Le comte présenta à Elisabeth Jacques Mirovitch et Basile, qui joua de la guitare, dansa, chanta des romances du pays et récita un éloge en vers composé par des séminaristes de Kieff. Elisabeth en fut touchée jusqu'aux larmes. Cela ne l'empêcha pas, trois semaines après, lorsqu'on la mit au courant des motifs pour lesquels feu son père avait confisqué les biens des Mirovitch, de ne pas juger possible d'acquiescer à la prière de Jacques.

— Singulière dame! dit le comte à Mirovitch. Ah! l'ami, je ne fais pas ce que je veux; coq et poule font deux. Ne te désole pourtant pas; ton affaire pourra s'arranger. Prouve-nous que parmi les biens qu'on vous a ravis, se trouvaient aussi ceux de ta mère! sans cela, Dieu me damne! il n'y a pas moyen. Juges-en toi-même. Tu n'as pas à compter sur le préavis du Sénat. On l'a dit : les

Moscovites sont retors ! Toujours des accrocs et des échappatoires ; ils vous flairent jusqu'à trois aunes sous terre. Impossible ! disent-ils toujours, les finances, les intérêts de l'Etat...

Le pauvre Mirovitch versa des larmes. Il ne s'était pas attendu à un échec, après son entrevue avec l'impératrice. Il essaya d'ajouter quelques mots ; il ne trouva rien.

— Quant à ton fils, sois tranquille, l'impératrice daignera prendre soin de lui, crache-moi au visage si je mens. Elle a donné l'ordre de le faire entrer à l'école des cadets ; il est gentilhomme, il a des talents, il sait écrire, il récite admirablement ; sa voix de ténor est magnifique ! Avec quelle justesse il attaque ses notes ! Il les a chantées admirablement, ces romances, et cet air d'église, avec quelle précision, sans fautes ! On lui fera donner des concerts à la cour, tu verras. Quant à tes bœufs, laisse-les ici, vends-les-moi ! De belles bêtes ! pourquoi aller les tourmenter jusqu'à quel point, le diable le sait. Je les enverrais à ma campagne de Gostilitsa, un vrai palais, mon ami, et quels prés ! C'est toi qui tomberais des nues ! Hé ! patrie, avec tes chaumières et tes plaines ! Ah ! bien oui ! Mais fais comme tu l'entends. Mon frère Cyrille, l'hetman, expédie à Batourine des meubles pour son château. Veux-tu partir avec ses gens ?

Jacques Mirovitch remercia, installa son fils à l'école et repartit pour la Petite-Russie avec sa vieille houppelande et ses bœufs.

Il ne survécut que quelques mois aux événe-

ments que nous venons de raconter. Un soir
d'automne près de ses ruches il fut pris d'un
refroidissement et mourut bientôt après. Le jeune
Mirovitch fut informé de sa mort par ses sœurs.
Abraham, le gendre d'Anastasie Bavykine, perdit
sa femme, s'adonna à la boisson et mourut la
même année.

La dame Bavykine s'attacha peu à peu à Basile.
D'abord gauche comme un ourson, celui-ci se
métamorphosa en un leste et gentil garçon ; invité
chez elle les jours de fête, elle le régalait, le dorlo-
tait et le tançait comme son enfant. Le petit cadet devint un grand garçon, le frêle enfant un
jeune homme robuste qui ne sut bientôt que faire
de ses longs bras et de ses longues jambes ; on le
voyait pousser de jour en jour, d'heure en heure,
sous son étroit uniforme.

— Basile, tu veux devenir un colosse, que tu
grandis comme cela ? lui disait Anastasie, je ne
pourrai bientôt plus te toucher le front avec la
main.

Basile aimait à grimper sur les toits, sur les
pommiers et les bouleaux, inquiétait les pigeons,
jouait avec les polissons de la rue ; il n'était jamais
sans éraflures au nez et aux tempes. La vieille ne
faisait que lui rapiécer ses habits et que lui raccommoder ses bas. Par la suite, Basile qui avait
achevé de grandir, était devenu un solide gaillard
larges d'épaules, aux pommettes saillantes, aux
yeux noirs comme deux tisons. Il peignait des
paysages, des miniatures, enluminait de vignettes
drôlatiques des cahiers de musique qu'il portait

à Razoumovsky ; il lisait à haute voix des vers
dans le jardin, et apprenait des rôles pour les
représentations théâtrales à l'école. Quoique enclin
à la paresse, son uniforme était toujours d'une
propreté parfaite, sa tresse frisée et pommadée, son
tricorne, toujours aussi neuf que s'il sortait de
chez le chapelier, ses manchettes et ses bas d'une
blancheur de neige. Il avait dix-huit ans, il en
était à sa sixième année d'études.

— Qui est-ce qui vous apprend à jouer la comédie ? lui dit un jour Anastasie.

— Soumarokoff ; nous venons de donner une
de ses pièces, et nous allons exécuter dans les
appartements privés de l'impératrice sa tragédie
de *Hamlet :*

« . . . . . . Mais si j'aime Ophélie
« Un cœur d'homme animé par la mâle fierté,
« Qu'il soit rétif et libre ou que l'amour le lie,
« Sur toutes choses doit chérir la vérité. »

Le cœur de Mirovitch aussi perdit bientôt sa
liberté. Il avait trouvé son Ophélie, et devint éper-
dument amoureux ; il l'avoua à Danilevsky, un
de ses camarades et Petit-Russien comme lui.

C'était en 1759, un peu avant les vacances. A
Saint-Pétersbourg et aux environs, dans les maisons de plaisance des grands seigneurs, les fêtes
et les cérémonies se succédèrent sans interruption
à l'occasion de l'arrivée du prince Charles de
Saxe.

A Gostilitsa, à la villa Razoumovsky, on joua

la *Bergère ambitieuse*, vaudeville traduit du français. Mirovitch, qui venait d'achever ses études de géométrie, de fortification et de tactique, et de suivre des cours de droit civil, de droit des gens et de littérature, remplissait le rôle du berger ; celui de la pastourelle avait été donné à Polixène, une des aimables demoiselles de la chambre de l'impératrice. Enfant trouvée, née de parents iuconnus, elle avait reçu son nom de famille d'Elisabeth, qui rencontrant dans un des corridors du palais la blonde fillette aux yeux gris s'était écriée: Oh ! la petite chanteuse ! qui bourdonne comme une *abeille!* Elle fut dès lors Mlle Pchélkine.

Amoureux de la bergère, inabordable sur la scène, le pastoureau Mirovitch la saisit par la taille dans la coulisse et appliquant ses lèvres sur les joues coloriées de rose et de blanc de la ravissante actrice, il lui murmura tendrement ces paroles de son rôle :

« Aimeras-tu jamais, belle bergère,
« Ton pauvre amant qui pleure et désespère ? »

Polixène s'arracha à cette étreinte et rajusta ses boucles et ses rubans ; elle fit à son soupirant une révérence dédaigneuse et riposta par ces vers tirés de la pastorale :

« Berger qui prétends à mon cœur,
« Deviens un opulent seigneur !
« Fi ! de ta modeste chaumière,
« Offre-moi demeure princière ! »

Depuis ce jour, Mirovitch ne connut plus de

repos. Jurisprudence, littérature, droit des gens,
tout fut délaissé! Tout cela fut remplacé par des
nuits sans sommeil, des soupirs, de brûlantes
épîtres et de tendres madrigaux ; de temps à
autre c'étaient aussi des orgies avec des compagnons de débauches, et puis, les cartes.

— Il est fou, le Petit-Russien, disaient ses camarades.

Mirovitch était devenu susceptible et sombre.
La Bavykine voulut plus d'une fois aller évoquer
les tonnerres et les éclairs de Razoumovsky sur la
tête de son cher protégé! Mais le comte avait
oublié le jeune homme qui avait une fois chanté
et dansé dans son jardin ; cependant, lorsqu'il lui
arrivait de le voir, il lui disait en plaisantant :

— Tu réussis très bien les vignettes, les chéru-
bins, les armoiries. Veux-tu des confitures? Quand
retourneras-tu au pays avec tes bœufs ?

S'il avait eu le bonheur d'entrevoir Polixène
dans la journée, Mirovitch écrivait dans son
carnet :

« Quand je ne puis te dire que je t'aime,
« Ton ombre alors se représente à moi ;
« Si mon regard ne peut te voir toi-même
« Ma pensée est constamment avec toi. »

Le soir, au dortoir ou dans la chambre des serviteurs, il s'acharnait à des parties de pharaon ou
de mouche avec ses opulents camarades. La soif
de gagner, de s'enrichir le fascinait et, ô miracle!
il gagnait. Le cadet eut entre les mains de l'ar-

gent, de l'or ; il lui arriva un jour de vider chez
la Bavykine ses poches pleines de ducats.

— D'où tenez-vous cela, garnement ? lui dit
Anastasie.

— Serrez-les, serrez-les moi bien, de peur que
je ne les perde, répondit le jeune homme.

Ils sont pour Polixène ; oui. tout est pour elle.
Aussitôt que je serai lieutenant, je demanderai sa
main, je l'épouserai…

Le bruit que faisait la chance de Mirovitch parvint aux oreilles du directeur de l'école, le prince
Ezoupoff, qui aimait passionnément le jeu. Mirovitch se préparait à passer ses derniers examens.

— Joues-tu le whist ? lui dit Ezoupoff.

— Tout ce que vous voudrez, mon prince.

— A combien le robre ?

— A dix roubles, s'il vous plaît.

— Bravo ! Et le piquet ?

— Aussi.

— Alors viens demain, c'est la Chandeleur,
nous jouerons.

Mirovitch avait rencontré Polixène, deux jours
auparavant, chez une connaissance de sa protectrice, la femme du major Ptitsyne ; cette entrevue
avec sa déesse, son idole, lui fit de nouveau
perdre la tête. Il pria avec ferveur, promit un
cierge à saint Isaac si la chance lui était favorable
et malgré les conseils de son camarade de Kharkoff,
il se rendit chez le prince.

— Allons ! une parti de biribi ! lui dit ce dernier. En avant, les enfants ! En guerre, mon
vieux ! As-tu de l'argent ?

Le cadet sortit ses ducats. Le prince ouvrit sa cassette. Ils commencèrent.

— Sainte madone de Kazan, viens à mon aide! pensa Mirovitch. Si je le gagne, ce ne sera pas cent, mille, mais des milliers de roubles que je mettrai dans ma poche. Il est richissime; lorsque le démon du jeu l'emporte, il s'entête et ne connaît plus rien. Et alors! Polixène, tu seras ma femme.

Basile gagnait. La nuit venue, on apporta des flambeaux; la moitié des pièces d'or de la cassette avaient passé dans le chapeau du cadet. Les mains du prince tremblaient, ses sourcils allaient et venaient, des taches livides apparurent sur ce visage d'un rouge apoplectique. Il tirait convulsivement ses cartes l'une après l'autre et répétait ses mots favoris, espérant captiver la fortune.

— D'abord on ne peut pas savoir, dit-il avec émotion! Hourrah! ma vieille, tiens bon! tiens bon! Aïe! va-t'en au diable!

La cassette d'Ezoupoff se vida.

— Hé! du vin de Hongrie! cria-t-il. Ouf, j'étouffe.

— Je ne bois pas, balbutia Mirovitch, pâle et visiblement ému de son triomphe.

— Bêtises que cela! Remettons-nous à l'œuvre! C'est un bon vin vieux..., fit le prince.

On servit flacons et verres. Le prince but à la santé de son partenaire, but encore et plaisanta sur sa malechance; il ouvrit la porte vitrée qui donnait sur l'orangerie, ferma l'autre à clef, sortit de son secrétaire une poignée de coraux et de joyaux et recommença à jouer en doublant ses mises.

— Cartes endiablées ! disait-il à ses cartes en les faisant claquer sur la table et les accompagnant des épithètes les plus drôles.

A minuit les forces l'abandonnèrent ; il se renversa dans son fauteuil. Coraux et joyaux y avaient passé. Ses yeux clignotaient fébrilement, une légère écume parut sur ses lèvres.

— Sorcier, charlatan ! hurlait-il en arrachant de son cou son mouchoir de dentelles. Quel guignon ! non ! quel guignon ! Va-t'en et lestement ; notre partie ne compte pas... autrement je te dénonce, tricheur...

— Altesse ! Prince ! voulez-vous rire ?

— Non, je ne ris pas. Tu es heureux que je te laisse déguerpir. Autrement, canaille, c'est moi qui t'accompagnerai. Tu triches, entends-tu !

— Vous osez ! Vous oubliez-vous ? Ces paroles à moi, un gentilhomme ? Mes ancêtres, prince, ont valu les vôtres !

Mirovitch avait changé de visage ; il avait comme un nuage devant les yeux, ses bras frémissaient, ses dents claquaient. Le prince se démenait comme un homme ivre ; il s'était levé et de ses gros doigts qui rebondissaient sur la table, il remit, comme avec un râteau, dans sa cassette l'argent, le corail, les bijoux restés sur la table.

— Hors d'ici, blanc-bec ! Ah ! tu n'as pas deviné que j'ai voulu seulement te mettre à l'épreuve ! Je te connais à présent ! Non, mon petit, le prince Ezoupoff ne se laisse pas duper ainsi.

Mirovitch ne vit plus rien ; il renversa la table, les cartes et le vin, brisa la cassette, se jeta sur le prince qu'il saisit par le bras. Une lutte désespérée s'engagea entre le robuste vieillard et le leste adolescent ; l'énorme perruque du prince roula sous le sofa, la pendule renversée dans la mêlée fut foulée aux pieds ; la chemisette et les manchettes du prince furent mises en lambeaux. Le cadet eut les revers de son uniforme arrachés, son gilet déchiré, sa tresse défaite ; il avait dans la mêlée laissé échapper le prince tout essoufflé ; celui-ci en profita pour lui asséner un coup sur la tête. Mirovitch se ravisant, le traîna au coin de la cheminée et cria en saisissant de ses doigts minces la gorge puissante de son adversaire :

— Monstre ! Fais ta prière, tu es un homme mort!

Mirovitch l'aurait étranglé, si des domestiques, attirés par le tapage, n'étaient accourus. Ils frappèrent à la porte. Mirovitch lâcha le prince ; celui-ci, respirant à peine, lui montra sans mot dire la porte de la serre, d'où l'on pouvait gagner le jardin. Mirovitch hésita ; mais le prince râlant de rage et lui ayant adressé un profond salut, il prit son chapeau et disparut.

Ezoupoff revenu à lui cria, sans ouvrir la porte, qu'il n'avait appelé personne et qu'on eût à le laisser en repos ; il répara le désordre de ses vêtements et mit les meubles à leur place. Il vida toute une carafe d'eau, parcourut en sanglotant et en se signant, la chambre de long en large, et écrivit une longue lettre au comte Jean Schouvaloff, le favori de l'impératrice.

Une semaine après, la cadet Mirovitch, vu sa fainéantise, son insolence, sa mauvaise conduite, fut envoyé, ses études inachevées, comme soldat à l'armée qui était en Prusse. Deux années plus tard, il passait lieutenant.

Ezoupoff, atteint de paralysie et mis à la retraite, mourut bientôt après. Avant de rendre l'âme, il exprima le désir qu'une forte somme d'argent fût comptée à son ancien élève qu'il avait fait exclure de l'école; mais ses héritiers taxèrent cette dernière volonté d'indulgence exorbitante et n'y donnèrent aucune suite.

III

Mirovitch, exténué de fatigue, dormait profondément. Pas le moindre bruit dans cette chaude et confortable chambrette. A peine entendait-on les carrosses rouler le long de la Moïka. La vieille Anastasie avait déjà été à matines, au marché, et vaquait aux préparatifs du repas.

— S'en donne-t-il de dormir, ce chéri ! disait-elle.

Les inséparables canaris de la dame Bavykine qui s'égosillaient gaiement au soleil, réveillèrent Mirovitch ; il regarda autour de lui, sans parvenir à se reconnaître.

— Voilà bien la vieille commode, le buffet vitré ! pensait-il.

C'est dans cette commode qu'autrefois le cadet mettait ses chemises, ses cahiers, ses vieux bas! Voici le buffet qui sentait les épices et la canelle et où il trouvait toujours les jours de fête des friandises, des noisettes et des abricots.

Voilà le portrait de feu Bavykine! En uniforme de garde du corps brodé d'or, coiffé d'un bonnet à plumet; son regard est fier et grave, il semble dire solennellement ces paroles du manifeste impérial :

— Nous avons particulièrement daigné agréer les hommages portés au pied de notre trône par le très fidèle escadron de nos gardes du corps.

Bavykine n'était plus du nombre des vivants lorsque Mirovitch arriva à Saint-Pétersbourg ; ceux qui l'avaient connu en conservèrent une pieuse mémoire. Il était des trois cents grenadiers qui avaient vu Élisabeth monter sur le trône, et quand aux jours de liesse, il banquetait avec ses amis, il faisait un tapage tel, que le chancelier Bestoujeff qui demeurait de l'autre côté de la Néva et qui de sa maison l'entendait crier et chanter, en était réduit à prier le grand maître de police d'envoyer une patrouille rétablir la tranquillité !

— C'est à toi que je léguerai tout ce que je possède, avait dit autrefois la vieille à Mirovitch. Sois docile ; fais seulement ton entrée dans le monde, tu monteras en grade, tu deviendras célèbre, tu donneras carrière à ton ambition ; tu me verras devenir toute vieille! Suis mon exemple: l'impératrice a été heureuse de me connaître, de m'entendre raconter des histoires pour la distraire. Aussi, la vieille Anastasie a-t-elle connu honneurs et faveurs. Amuse-toi, mais ne t'oublie pas. Nous n'avons ici-bas rien pour rien, mon fils. A chaque chose, sa raison d'être...

Les choses avaient bien changé pour Mirovitch!

Aujourd'hui, c'était la misère. Ses espérances ne s'étaient pas réalisées. Mirovitch avait été, il est vrai, signalé pour avoir été contusionné sous les murs de Berlin et promu officier, mais ses deux années de campagne avaient été dures : privations de tout genre, procédés offensants de la part de ses chefs, fausseté et méchanceté de la part de ses camarades, et puis la pauvreté, l'horrible pauvreté. Pour lui la vie était sans issue! Comme il était naturellement fier, il se concentra de plus en plus en lui-même et devint dissimulé et envieux. La connaissance des pays étrangers l'ayant développé, il entra en relations avec des gens d'esprit, des francs-maçons, lut et apprit beaucoup et porta son attention sur maintes idées dont il n'eût pas auparavant soupçonné l'existence. La rudesse de Béhléchoff à son audience de la veille, ne lui sortait pas de la tête.

— On veut cacher les propositions de Panine, se disait-il. Les traîtres! les complaisants de Berlin! Ils ne les cacheront pas. Demain, je retournerai au conseil.

Mirovitch s'habilla à la hâte et sortit. Arrivé à la rue Liteïnaïa, il entra dans une cour, en examina les portes et les fenêtres. Les réponses du portier auquel il s'était adressé ne l'ayant pas satisfait, il stationna un instant devant cette maison, puis il reprit, plus sombre qu'une nuée d'orage, le chemin de la Moïka. Anastasie lui apporta son déjeuner, s'assit et le regarda avec curiosité.

— Je croyais qu'il dormait et il était sorti! Qu'est-ce que cela ? pensa-t-elle.

Elle avait jeté les yeux sur un cahier chiffonné, mêlé aux effets que le jeune homme avait sorti de sa valise, et qui avait pour titre en élégantes majuscules : « *Le Temple des Apprentis* » ; autour du titre on voyait, coloriés à l'encre de Chine, deux colonnes, un triangle, un niveau, un marteau et d'autres symboles. C'était le catéchisme maçonique de la loge de Saint-Jean.

— Est-ce ton brevet ? dit Anastasie.

— Non, c'est un règlement, répondit le jeune homme avec humeur.

— Persévère, persévère, Basile, les temps sont durs. Heureux ceux qui possèdent ; ils ont chaud ; ce n'est pas comme chez nous. Avec de l'or, aujourd'hui, l'on arrive à tout. Pourquoi ? Par ce qu'on dégénère. Ce monde sent la pourriture. Aujourd'hui on se porte bien, demain on n'est plus qu'un cadavre. Ah ! oui, que tout va mal ! On éternue plus haut que le nez. On ne peut pourtant pas faire ce qu'on veut. Je suis ruinée ; la belle affaire ! cela arrive à tout le monde ! Je gage que tu as été à la Liteïnaïa. Tu as beau ouvrir de grands yeux. J'ai deviné, dis-moi ?

— Où est Polixène ?

— Comme si tu ne le savais pas ! comme si vous ne vous étiez pas écrit !

— Il y a quatre longs mois que je n'ai plus de nouvelles, qu'elle ne répond plus à mes lettres, qu'elle...

— Tu es dissimulé, Basile. Eh bien ! moi, je me suis souvent informé d'elle ; aujourd'hui encore, mais personne ne sait rien, ni Mᵐᵉ Ptitsyne.

3.

ni Procope, le cocher de feu l'impératrice, ni l'é-
conome du palais, personne! Le jour même de la
mort d'Élisabeth, vers Noël, ta belle a disparu.
Rien d'étonnant, tout est changé, l'ancienne cour
a été dispersée, congédiée. Les uns sont installés
à droite, les autres à gauche. Qu'aurait fait l'orpheline dans notre Babylone? Elle se sera abritée
quelque part loin des badauds; elle est fière; elle
ne permet pas qu'on la touche. Serait-elle à l'é-
tranger? J'en doute. On le saurait. Et puis, il n'est
pas facile d'aller l'y chercher!

— Je vous demande si elle est en vie et si vous
savez où elle est?

— Je viens de te dire que je n'en sais rien. La
cour est nouvelle. Le personnel est changé. Il n'y
a autour de l'empereur et de l'impératrice presque
plus personne des gentilshommes et des demoiselles de l'ancienne chambre. Il n'y a pas eu d'ex-
ception pour ta belle; on lui aura réglé son compte
à la petite et adieu!

Mirovitch n'écouta pas. Anastasie déchargeait
le plateau et faisait tinter les assiettes.

— Polixène! c'est la misère, voilà tout. Ce
n'est pas là ce qu'il vous faut, mon bon monsieur.
Il n'y a pas de péché plus mortel que la pauvreté.
Souviens-toi de ce que te dit la vieille Anastasie.
Réfléchis. Tu es jeune, bien fait; te voilà officier;
tu as devant toi l'avenir et une belle fiancée...
comme Mlle Ptitsyne, par exemple; quelle charmante personne! Tu verras comme elle est gracieuse, comme elle s'est formée; quelle taille!
quelle distinction, quelle démarche, un cygne!

Et ses cheveux, ses yeux! Et surtout, Basile, quelle maison dans la Liteïnaïa! une campagne à Kamenny-Ostroff, et à la mort de sa mère, ô comble de félicité! un gros héritage. Tu auras de quoi vivre, ma foi! et je ne serai pas oubliée, j'espère. J'ai cédé ma dernière servante au général Goudovitch, lorsque je me suis déménagée ici. Pour vivre, je fais le commerce des édredons; j'achète aux particuliers et je revends au bazar, aux marchands. N'est-ce pas que tu réfléchiras, que tu ne te presseras pas? Il faut connaître ce qu'on prend! Ah! le mariage! une femme n'est pas une guitare qu'on pend à un clou quand on a fini d'en jouer!

Mirovitch, muet, la tête penchée, frappait du pied avec impatience. Il voyait devant lui sa svelte bergère, au regard malin, aux yeux énigmatiques comme ceux du sphinx, au menton à fossette, à la lèvre ironique, fière et saillante.

La vieille, de mauvaise humeur, avait, en remuant son plateau, failli casser sa tasse préférée.

— De quoi auriez-vous vécu? fit-elle. La vie est chère aujourd'hui! Raisonne et ne hausse pas le nez ainsi. Auriez-vous pu vivre?

— Comment? Ah! je n'en sais rien. Je ne sais pas non plus encore si Polixène voudra de moi. Quant à son amie, je ne l'ai jamais remarquée et je ne tiens pas à faire sa connaissance aujourd'hui. Vous me demandiez ce que c'est que ce cahier? Le livre de la sagesse.

— De la sagesse?

— L'univers repose sur trois principes : la rai-

son, la force et la beauté! La raison en est la base,
la force le développe, la beauté en est le couronnement. Notre vie est le temple de Salomon, for-
mé pierre après pierre, sans trêve ni relâche. Mais
vous ne pouvez pas comprendre cela ! De grâce,
rendez-moi un immense service. Passez encore
une fois chez Procope, chez la Ptitsyne, chez l'é-
conome. Informez-vous où Polixène a pu aller en
quittant la cour. On ne l'a pas jetée à la rue, n'est-
ce pas? C'est un des carrosses du palais qui l'a
emmenée ?

— Tu crois que j'irai comme cela, la langue
pendante, courir pour toi après des filles. Je suis
trop vieille, l'ami ; on a besoin de repos. — C'est
ton affaire. Ecris dans la gazette que tu la cher-
ches, du style dont on se servait de mon temps
quand on écrivait à sa maîtresse. Où êtes-vous
doux propos que la bouche savourait comme du
miel? « Belle aux cheveux incomparables, trace
chérie de tes pas, sourire enchanteur, cœur plein
d'ardeur et de tendresse, tourterelle aux reflets
d'argent.....! »

La vieille voulait lui donner le change; après le
déjeuner, elle se revêtit de son vieux manteau,
prit un paquet, se rendit chez le cocher Procope,
chez l'économe et chez les Ptitsyne.

Elle fut de retour à la nuit tombante et, sans
faire attention à Mirovitch, elle jeta, en grommel-
ant, son paquet dans un coin.

— Sans Krachénikoff et Roubanovsky, les fourriers du palais, dit-elle à Mirovitch, personne
n'aurait rien pu me dire. Ils consulteront les re-

gistres. Eux seuls peuvent savoir ce qu'est devenue ta Polixène.

Elle quitta la chambre. Mirovitch prit note de
ces deux noms, brossa son uniforme usé et son
manteau, puis sortant une aiguille, il travailla
longtemps à raccommoder ses guêtres et son soulier
percé. Il peigna sa tresse et l'attacha soigneusement pour qu'elle ne se défît pas pendant la nuit :
il demanda à être réveillé à l'aube ; une fois débarrassé de son audience il comptait se mettre sans
relâche à la recherche des fourriers.

— Où es-tu, Polixène ? sur la terre, au fond de
la mer, ou au ciel ? se disait-il en soupirant.

Au matin, Mirovitch fut un des premiers au
conseil. Contre son attente, on l'y retint longtemps. Il y avait là beaucoup d'employés, d'officiers de la garde et de l'armée. Un nouveau
courrier était arrivé dans la nuit. A midi, le vestibule et les escaliers retentirent, comme une ruche,
du bourdonnement des conversations. De jeunes
officiers faisaient sonner leurs éperons, laissaient
insolemment traîner leurs sabres sur les pieds du
voisin ; ils avaient le ton impertinent de la caserne, parlaient et riaient pour se faire remarquer.
Toutes leurs prédictions s'étaient donc réalisées :
on envoyait à Volkonsky, l'ordre d'entrer en
pourparlers avec le prince de Bewern et de suspen-
dre les hostilités. Des propositions de Panine, motus ! Personne ne fit cas de Mirovitch, assis dans
un coin, cherchant à dissimuler son genou rapiécé
et son soulier mal recousu. Behléchoff, se rengor-
geant comme un paon, avait la mine effarée d'un

homme qui vient de passer une nuit blanche ; il appela Mirovitch d'un signe de tête distrait : le général se frottait, en les admirant, ses petites mains blanches, lorsqu'il lui dit à brûle-pourpoint en frappant du pied :

— C'est toi, Mirovitch, l'ordonnance de Panine ! Pourquoi portes-tu l'ancien uniforme ? Pourquoi ta cravate est-elle nouée de travers ? Adjudants, on vous gâte ! Ne vous a-t-on pas adressé le nouveau règlement ? Vous ne vous êtes occupés à l'étranger que de philosophie et d'irréligion ; vous n'avez fait que fréquenter les théâtres, les auberges ; hâbleurs ! Vous n'avez levé des contributions que pour les dépenser en orgies. Fainéants ! vauriens ! paniers percés..,

— Général ! je n'ai pas mérité cet affront, répondit Mirovitch.

— Nous sommes ici dans la capitale, dans la résidence de Sa Majesté et non pas au camp, entends-tu ? Va-t'en ! et fais attention ; je ne t'en dis pas davantage. Je vous apprendrai, moi, à vous autres de l'état-major ! On t'enverra chercher quand on aura besoin de toi.

Il se retourna sans mot dire, descendant l'escalier, blême, les dents serrées, retenant ses larmes.

— Patrie ! est-ce ainsi que tu me reçois ? pensa-t-il.

Il ne trouva pas Anastasie à la maison. Une heure ou deux se passèrent et Mirovitch revint à lui-même. Il se rappela l'académicien et demanda son nom à la servante.

— Michel Lomonossoff ! lui dit celle-ci.

Le soleil jetait sur les fenêtres ses brillants rayons. Lomonossoff, fumant sa pipe, était penché sur une carte de l'océan Glacial, il y étudiait le tracé d'une route qui contournerait la Sibérie et qui mènerait à la Chine et aux Indes. Il avait fait toilette, avait mis sa perruque, un habit de drap brun, des manchettes et un mouchoir blanc au cou. Sa fille Hélène était assise dans un fauteuil, près de la cheminée. Elle lisait, suivant du regard un petit chat qui jouait avec la frange du tapis. A la vue de l'officier, Lomonossoff sourit et lui avança une chaise.

— Enchanté de vous voir! asseyez-vous, je vous prie, dit le savant. Vous m'avez émotionné l'autre jour. Il m'arrive quelquefois de ne pas me contenir. Et comment serais-je calme? Je me suis rendu aujourd'hui à l'académie; vos paroles se confirment: on ne parle que d'armistice. Je mentais en écrivant à l'occasion de cette nouvelle année:

« Pierre, au devant de toi se porte la Russie... »

La paix! qu'on me fouette en public, qu'on me fasse Allemand, plutôt!

Lomonossoff jeta sa pipe sur la table; il toussa jusqu'à perdre haleine. Ses joues jaunes, couvertes de rides, s'empourprèrent; ses grands yeux sévères et bienveillants prirent aussi une teinte terne et jaunâtre.

— Hélène, demande les clefs à ta mère et apporte-nous de la glacière une bouteille de bière anglaise, dit-il.

La rafraîchissante boisson délia la langue des deux nouveaux amis, Hélène courut plusieurs fois à la cave. Lomonossoff expliqua à Mirovitch les avantages de sa route des Indes, le long de la Sibérie.

— Toujours ces Allemands, ces *Verfluchte* qui nous gênent! Aujourd'hui, à la conférence, je me suis rompu le gosier à discuter avec eux. Tas de mauvais drôles! Rien à faire, rien, contre tant de fausseté!

— Ah! si Pierre n'avait pas cédé à son ami, s'il s'était décidé à suivre l'idée de Panine, à continuer, nous eussions mis les Allemands à la raison et pour jamais!

Lomonossoff fit signe à sa fille de sortir.

— Tu connais l'œuvre de Pierre le Grand, continua le savant. Ce que Rome, de la première guerre punique jusqu'à Auguste, avec ses Scipion, ses Caton, fit en deux siècles, lui, l'exécuta seul, pendant sa courte vie. Oh! ses premiers successeurs ne le valent pas! Quoique la cour, sous Anne, fût sur le pied de ces pauvres petites cours d'Allemagne, les meilleurs d'entre les Russes vivaient à la russe et parlaient russe ; mais l'impératrice, qui allait à l'Opéra en robe de chambre, qui berçait les enfants de Biron, abandonna à ces madrés palefreniers de Courlande, l'administration et les affaires. Biron, Osterman, Munich, après tout, étaient sujets russes, ils agissaient au nom de la Russie. Il n'était pas question encore d'une germanisation endémique! As-tu entendu parler des règnes d'Anne et d'Élisabeth ?

— Très peu; on pense à autre chose, à l'école et à l'armée; cependant...

— Ecoute, celle-ci aimait à déclamer les pièces d'Addison, la *Zaïre* de Voltaire; simple, insouciante, elle restait trois jours sans se faire coiffer ; sous son règne, les Allemands se dévoraient entre eux; ce ne fut pas sans agrément ni profit pour nous. Sous Elisabeth, grand Dieu! tout devint étranger, français, les mœurs, les coutumes, les modes, la langue. Les plus dignes et les plus nobles cependant, les plus grands esprits de la Russie l'entouraient; elle savait choisir et apprécier. Je l'ai célébrée de toute mon âme et je savais bien pourquoi.

— Je me rappelle vos vers :

« De ton sceptre clément, vingt ans tu nous gouvernes!...»

. . . .

— Elle a aboli la peine de mort; à elle revient l'idée d'une université à Moscou; si la mort n'était pas venue l'enlever, elle voulait, c'était mon projet, en créer une autre dans ta patrie, en Petite-Russie, à Batourine. La noble femme! elle respectait pieusement l'œuvre de son père, Pierre le Grand.

— Oui! C'étaient toujours des femmes qui gourvernaient! dit l'officier. Catherine, deux Anne, Élisabeth, elles se suivaient presque. L'empire en jupons, disait-on. L'armée était lasse d'être commandée par des femmes. Nous avons maintenant un monarque, Pierre...

— Pierre, mais pas le Grand. Il n'y en a eu et il n'y en aura plus de pareil. Il pense pouvoir gouverner comme l'autre. Quelle distance ! Pierre III aussi, cet enfant, a promis solennellement au sénat qu'il règnerait comme Vespasien, qu'il ne porterait dommage à personne... Et qu'est-il advenu? Pour ne parler que de moi, qui suis mal léché, peu poli, comme un habitant des bords de la mer Blanche, pour avoir été trouvé inconvenant avec ces singes blancs d'Allemands, Winzheim, Fauber, et autres charcutiers académiques, j'ai été mis au cachot. Mais Dieu merci, j'ai appris à lutter contre les éléments, lorsqu'avec mon père je voguai dans un canot sur les ondes de l'océan Glacial. Grande et terrible nature que celle de ce pôle nord qui m'a élevé ! Je suis bon enfant, mais pas facile. Rien ne peut calmer mon âme blessée, révoltée. La vérité, la voici, jeune homme ! nous n'avons plus affaire à une invasion d'Allemands russes, mais d'Allemands d'Allemagne, les êtres les plus faux, les plus féroces qui soient au monde. Si nous ne trouvons pas parmi nous un génie, pour faire rentrer dans ses modestes limites ce perfide roi de Prusse, que nous avons battu, notre influence sur les affaires d'Europe disparaît, et Vorontsoff, notre chancelier, ne sera plus le ministre de son souverain, mais celui de Frédéric, de celui-là même auquel nous rendons la vie. Est-ce une bagatelle qu'au conseil de guerre, sur lequel planent les noms des Schérémétieff, des

Apraxine, des Bestoujeff, le modérateur aujour-
d'hui, ce soit Goltz, l'ambassadeur de Frédéric,
qui vient d'arriver de Berlin ?

— Et que dit-on de Catherine ?

— Patience, j'arriverai à elle. Élisabeth s'était
chargée d'une lourde responsabilité. Pour des raison d'Etat et de haute politique, elle, célibataire,
s'est donnée comme successeur son neveu Pierre,
qu'elle a fait venir du Holstein, alors qu'il n'avait
que quatorze ans. Je me souviens que c'est Korff
qui l'a amené de Kiel. On regarda avec intérêt
cet aimable et timide enfant, qui, il faut l'avouer,
avait bon cœur ; il professait la religion lüthé-
rienne, parlait quelques mots de français et pas
un traître mot de russe. S'attendait-on à un pareil
légataire pour l'héritage russe de Pierre le Grand !
Son éducation au Holstein avait été négligée. Ses
maîtres, des Suédois, l'avaient préparé à occuper le
trône à Stockholm et l'avaient élevé non seulement dans l'indifférence, mais dans le mépris de ces
lointains barbares de Russes. C'est ainsi qu'il vint,
il y a vingt ans, à Saint-Pétersbourg. Il n'est cependant pas sans avoir du goût pour les sciences ;
il a quelques notions des arts ; il joue du violon.
Mais il n'a pas eu de chance en Russie ; à peine
débarqué, il fut attaqué de la variole ; sa tante qui
l'aimait lui apprit ses premières prières en russe.
Puis on le maria, heureux choix ! à une princesse
intelligente, sérieuse, ferme et en même temps,
ardente et généreuse. Telle est Catherine. Elle
avait tout pour elle : force de volonté, sagesse,
tous les mérites et toutes les qualités de l'esprit.

Mais peut-on conserver son âme saine au milieu de cette engeance, de cette valetaille accourue de l'étranger? Et par quels confidents Pierre était circonvenu! Il lui arriva de Kiel toute une légion de grossiers individus et ces nouveaux amis, des Zweidel, des Stolel, des Katzow commencèrent par l'éloigner de sa femme, si dévouée, si sage. Il l'abandonna pour la société de ses caporaux, pour les attraits de la frivole Lopoukhine, de la fille de Biron, notre premier scélérat, de la Karr, de la princesse Schalikoff et d'autres. Sa tante voyait tout cela; il était trop tard. Elle fut même disposée à réexpédier son neveu à l'étranger...

— Et qui aurait-on appelé à lui succéder?

— Il y en a... il y en avait un, à qui la destinée souriait; à son berceau, que d'espérances, que de flatteuses promesses! Tout petit, on le montra au peuple sur un coussin de velours; on fit frapper une médaille à son effigie, on lui prêta serment d'obéissance, on publia des manifestes en son nom. On lui destina des Russes pour précepteurs et moi, qui n'étais alors qu'un pauvre étudiant, je fus sur le point d'être invité...

— Il est mort?

— Mort, ou plutôt enterré vivant. Prisonnier d'Etat, à la fois mort et vivant!

— Pourquoi ne règne-t-il pas? Où est-il?

— Je te dirai cela plus tard. Je vais te lire, pour nous égayer, un pamphlet de nos Allemands à mon adresse. Il me l'ont placé l'autre jour sur mon pupitre à l'académie. C'était trop d'honneur! Ils m'accusent d'être un rustaud, de m'oublier quel-

quefois entre amis. Insultez, cuistres, à mes faiblesses, à mon tempérament ; injuriez-moi, parce
que je m'oppose à cette invasion des langues
étrangères, lorsque moi-même, ô ironie ! j'ai fait
mes études en allemand, et que ma femme est
Allemande ! Cela est vrái : j'ai étudié chez les
Allemands, ils sont plus savants que nous, et il se
passera du temps avant que nous arrivions à nous
passer d'eux. Mais ces insulteurs, qui sont-ils? De
vils flagorneurs, indulgents pour les fautes et les
faiblesses du souverain ! Ils ont poussé le monarque
à accorder des privilèges à la noblesse ; le sénat
voulut lui ériger une statue d'or; Sétchénoff prononça un éloge; moi-même, séduit par l'entraî-
nement général, j'écrivis une ode. Je pense
différemment aujourd'hui ! Des libertés aux gentilshommes ! C'est le peuple qui en a besoin. Ce
ne sont pas tes parents repus, ce sont mes grossiers confrères qui en demandent. Ce n'est plus
une femme qui nous gouverne ! Quel profit en
avons-nous ? Vous êtes allés verser votre sang,
vous avez battu ce rusé et cruel Frédéric, et
ici, à Oranienbaum , vous vous êtes aplati devant son portrait, vous avez crié, le verre en
main: *Hoch!* en son honneur; vous avez accueilli
nos victoires avec des railleries.

— C'est par trop fort !

— On a dit et redit aux nouveaux conseillers
que nous ne possédons pas de statut; ils ont fait
aussitôt traduire en russe le code de Frédéric.
Catherine est aujourd'hui mise de côté, oubliée ;
c'est cette grande sotte d'Élisabeth Vorontzoff qui

est en faveur. Paul, l'unique fils de l'empereur,
n'est pas encore déclaré héritier de la couronne.
Et autour de Pierre, confiant mais faible, se pressent en phalange serrée, non pas de sages conseillers, mais de jeunes étourneaux, des étrangers
cupides. Comme ils le surveillent! J'avais voulu
les tourner en dérision! Que le diable les emporte! Qui se ressemble, s'assemble!

« Dieu a renié votre Russie, — avait dit à
Mirovitch un chanoine, à une séance de la loge
maçonnique de Kœnigsberg. — A votre Russie
mal assise entre l'Orient et l'Occident, entre les
ténèbres et la lumière, entre l'esclavage et la liberté, il faut de grands sacrifices, de vaillants
hommes de bien, sans quoi elle sera acculée en
Asie, maudite de Dieu et de l'humanité... »

Partons et allons déguster des vins du Rhin,
dit vivement l'académicien. Anastasie ne nous
entendra pas. Ah! ce n'est guère le moment de
festoyer et d'entonner des airs à boire! Humi-
lions-nous devant les anciens, jeûnons, modérons-
nous, soyons sages! Veux-tu que nous allions à
la taverne ?

— Non.

— Vraiment ?

— Vraiment.

— Votre main, alors.

Et ils se séparèrent.

Le lendemain, Mirovitch se mit à la recherche des deux fourriers. Il revit les maisons, les
rues, les places de Saint - Pétersbourg, témoins
de ses années d'école ; cette capitale, mainte-

nant, lui semblait peu avenante, revêche et
pauvre.

Saint-Pétersbourg, en 1762, était restée la même
petite ville, moitié finnoise, moitié allemande,
aux deux tiers en bois, sale pendant les mois d'hiver; poudreuse, mal éclairée, négligée pendant
l'été. Le nombre des habitants était d'environ
cent mille. Les cours d'eau qui la sillonnent, tra-
versés de ponts de bois, étaient sans quai et ser-
vaient d'égouts; en hiver, on enfonçait dans les
ornières presque jusqu'aux genoux. Dans l'île de
Vassili-Ostroff, c'étaient des canaux qui cou-
paient, comme à Venise, les rues parallèles à la
rive, avec des ponts aux points d'intersection. Des
monceaux de fumier et d'ordures, embarrassant les
trottoirs et les angles des maisons, pourrissaient,
infectant l'air de leurs miasmes. Des forçats enle-
vaient les boues et les immondices des rues et des
terrains vagues. Des chiens, terreur de la population, rôdaient en hurlant par troupes et mordaient
les passants. Des mendiants, des estropiés, des
gueux interceptaient la circulation.

Élisabeth, presque mourante, ne rêvait plus
que de la nuit de son avènement au trône ou
souffrait d'insomnies. Elle changeait constamment
de chambre à coucher. A neuf heures du soir,
aucune voiture n'osait approcher de son palais,
près du pont de Police. A cette heure, Saint-
Pétersbourg, plongé dans le silence, ne retentissait que des aboiements ininterrompus des chiens
errants ou des chiens de garde, et des cris des fac-
tionnaires postés au pied des murs de l'amirauté

et de la citadelle, et quelquefois à tous les carrefours. On se souvenait du temps où, à cause des incendiaires, des brigands, des voleurs et des vagabonds, on barricadait hermétiquement les rues pendant la nuit; les rondes des patrouilles de fusiliers et de dragons étant inefficaces. Lorsque l'impératrice résidait à Saint-Pétersbourg, la police s'y faisait d'une façon passable; pendant ses fréquents séjours à Moscou, où elle passait jusqu'à six mois de l'année ou même davantage, les rues de la ville devenaient désertes, au point que l'herbe y poussait. Les tavernes, où Pierre Ier aimait à aller boire décemment les jours de fête un bon verre d'eau-de-vie en compagnie de matelots et de capitaines de navires, avaient dégénéré en repaires de débauches et de scandales.

Les rues étaient malpropres et très peu de fiacres y circulaient. Pierre III imposa ceux-ci d'une taxe annuelle de deux roubles et leur fit porter une étiquette numérotée en cuir. Les personnes de la classe moyenne allaient à pied; les riches, les grands seigneurs, les officiers avaient leurs voitures ou montaient à cheval. Élégants et élégantes écrasaient les piétons; le feld-maréchal Munich faillit une fois y perdre la vie; des polissons, malgré tous les avertissements des autorités, lançaient des cerfs-volants dans les rues et effrayaient les chevaux. Korff, le grand maître de police, entouré d'adjudants qui caracolaient à côté de sa voiture, n'arrivait pas toujours à temps sur le théâtre des désordres. En plein jour, sur les marchés aux abords du nouveau palais en construction, on entendait souvent des cris désespérés de gens qui se battaient en criant : Au secours ! au voleur ! à l'assassin !

Vers midi, la Perspective de Nevsky se couvrait de promeneurs, de petits maîtres vêtus de velours ou de soie rose ou jaune, en culottes de peau, en bottes à l'écuyère, avec de grands lorgnons, et lorsqu'il faisait froid avec des manchons de zibeline ou de martre; des dames à tailles de guêpe, à coiffures excentriques, s'y montraient aussi. Il s'y passait pas mal de singuliers épisodes sans que l'élégant public s'en souciât nullement; ici, un matelot, ivre mort, était étendu sur le trottoir, les vêtements déchirés et la tête en sang; ailleurs, un officier à cheval, enflammé de colère, les jurons les plus communs à la bouche, cinglait de sa cravache un cocher poudré et galonné qui n'avait pas détourné son carrosse et l'avait empêché de rejoindre le phaéton de sa belle.

Pendant la mi-carême de 1762, le bruit se répandit qu'au hameau de Matisovka, près du quartier actuel de la Kolomna, toute une bande de brigands armés avait fait son apparition.

— *Tausend Teufel!* dit Pierre à Korff, — il va falloir replanter les gibets. Mon aïeul Pierre s'y entendait mieux que qui que ce soit : *Approbatur Peter*, et tout sera dit, vous verrez, *Ja!*

On ne replanta pas les potences; les désordres continuèrent, on s'y habitua comme à quelque chose de naturel; à la moindre alarme, les fenêtres de s'ouvrir et les curieuses de suivre, derrière leurs éventails comme d'une loge de théâtre,

4

les péripéties et le dénouement de la bagarre.

Sur la Perspective de Nevsky, les maisons ne commençaient qu'à partir du pont de Police, et jusqu'au pont d'Anitchkoff, tant à droite qu'à gauche, on n'en comptait guère plus d'une dizaine. La plupart des maisons dans les rues principales appartenaient à des négociants étrangers ou venus des provinces.

Les jardins attenants aux palais étaient ouverts au public, mais on n'y laissait pas pénétrer les soldats et les matelots, les laquais en livrée, les femmes coiffées d'un mouchoir, les gens chaussés de bottes, ou, pour se servir du langage employé dans les gazettes et les ordonnances, la vile populace. On voulait des vêtements élégants. Un décret d'Élisabeth condamnait les gentilshommes qui se montraient à la cour en habits usés, passés de mode ou mal faits. L'impératrice laissa à sa mort près de quinze mille robes presque neuves, plusieurs milliers de paires de souliers et des coffres entiers de bas et de rubans. Au milieu de ce luxe, les étaux des bouchers, les boutiques des marchands de légumes et de poissons, les estaminets, les hôtelleries avaient leurs abords encombrés d'ordures qui empestaient l'air impunément. L'Europe raffinée et la barbare et malpropre Asie faisaient ménage ensemble.

Les épidémies, la fièvre des marais, la petite vérole, la scarlatine et la rougeole ne quittaient pas Saint-Pétersbourg. Les médecins, en petit nombre, coûtaient très cher; deux docteurs qui se partageaient la vogue se faisaient payer, sans

scrupule, jusqu'à quinze ducats la consultation.
L'éducation des enfants était livrée à la merci des
premiers vagabonds venus. Une dame étrangère,
de famille noble et honorable, ainsi qu'elle s'intitulait, enseignait aux demoiselles, selon leurs
capacités, les langues, la couture, la danse, l'économie et la lecture des journaux. Une autre,
étrangère aussi, publiait qu'elle apprenait aux
jeunes filles les langues, l'arithmétique, la géo-
graphie, l'histoire et l'écriture. Il arrivait que l'on
rencontrait comme précepteurs ou maîtres dans
les écoles publiques des batteurs de pavés, des
ivrognes ramassés les lundis par les sergents de
ville, débauchés qui finissaient leur existence par
le suicide.

Les demoiselles s'étudiaient à se serrer la taille,
à faire la révérence, à se poser des mouches. Les ma-
gasins de préparations de cosmétiques vendaient
à profusion de belles boîtes à mouches noires, de
qualité supérieure. Une femme de chambre, en
prenant du service, demandait si le fard était à ses
frais. Les grands personnages se composaient une
bibliothèque d'ouvrages français que fort peu li-
saient. Les hommes se faisaient enseigner la manière de mettre un chapeau, d'ajuster des points
d'Alençon aux manchettes, d'ouvrir une tabatière, de priser du tabac, de sortir de la poche et
de secouer un foulard. — Chez les perruquiers de
la rue Morskaïa et de la Perspective, les petits
maîtres russes, pendant qu'on les frisait ou qu'on
les poudrait, se donnaient rendez-vous pour le
soir chez le traiteur à la mode, chez des mar-

chands de vin, dans dès tavernes mal famées tenues par des Allemandes.

Élisabeth se rendait sans cérémonie, accompagnée du comte Alexis Razoumovsky, aux soirées des grands seigneurs, les mains dans son manchon, un châle sur le cou. Elle s'amusait à mettre au bas des lettres qu'elle lui écrivait : « Votre première soprano. » Comme aux temps où elle était jeune fille, son ange gardien, son fidèle valet de chambre, le vieux Basile Tchoulkoff, qu'elle nomma dans la suite général, couchait toujours au pied de son lit sur un matelas placé à terre. Élisabeth souvent réveillait son brave domestique qui la frappait doucement sur l'épaule en bâillant et en murmurant : « — Déjà levée, ma colombe ! » — Son amie Maure Schouvaloff, née Schépeleff, signait les billets qu'elle lui adressait : — « Votre très obéissante esclave et cousine, » pendant qu'Alexis Razoumovsky, pris de vin, rossait le mari de coups de bâton. Élisabeth faisait venir de Kazan des chats de Sibérie, adroits et « de bonne mine » pour attraper les souris dans ses appartements, et de l'étranger, de petites marmottes, « minces à pouvoir entrer dans une noix de coco. » Une dame de Kostroma, Anna Vatazine, lui offrit de lui donner quatre chiens, si son mari était promu au rang d'assesseur de collège. Élisabeth, n'étant encore que grande-duchesse, avait composé des madrigaux, des poésies sentimentales :

« Comment des sens calmer l'ardeur,
« Du cœur apaiser la douleur ! »

Sous son règne, on n'aperçut à Saint-Pétersbourg que de paisibles citadins; sous Pierre III,
la capitale commença à foisonner d'arrogants sou-
dards de toutes armes. Sur la place du palais, il ne
se passait pas de jour qu'il n'y eût des revues, des
parades accompagnées d'étourdissants hourrahs.
Des aides de camp, des estafettes galopaient dans
les rues. Les commodes tuniques de l'époque de
Pierre Ier cédèrent la place à l'uniforme prussien,
étroit et écourté. Les chefs des régiments purent
substituer arbitrairement à la traditionnelle couleur verte, aux collets et aux gilets rouges, les couleurs orange, bleu, violet, jaune de canari ou tout
autre. Pierre introduisit encore les aiguillettes,
l'esponton, la canne pour les officiers et les
gendarmes; ce fut lui qui défendit aux sous-
officiers et aux caporaux de se faire apporter à la
parade leurs fusils et leurs hallebardes par des
serviteurs.

Au commencement du grand carême, Pierre fit
intimer l'ordre à tous les dignitaires et aux gentilshommes, commandants d'escadrons, de batail-
lons et de régiments de se trouver en permanence
aux manœuvres, à la tête de leurs troupes. Cet avis
amena une confusion générale; le public vit avec
ébahissement défiler et enfoncer dans la boue,
le comte Alexandre Schoűvaloff, le sybarite
Alexis Razoumovsky, l'oncle de Pierre; le
prince George, l'asthmatique et goutteux prince
Nicolas Troubetzkoy. L'hetman avait loué un
officier du Holstein pour lui donner des leçons de
nouvelle tactique. Mille surprises étaient réser-

vées aux courtisans et aux fonctionnaires; Pierre nomma son perruquier, Bressant, directeur de sa fabrique de tapis des Gobelins, et le créa chambellan; son cocher fut nommé conseiller honoraire.

Avant Pâques, Pierre avait écrit à son ami, le roi Frédéric, qu'il ne craignait rien ni personne, qu'il s'en remettait à la volonté de Dieu et à la vigilance de son peuple, et qu'il se promenait sans escorte dans Saint-Pétersbourg.

IV

Il y avait au pont de Vosnesensky une grande
et vieille maison en bois, au toit couvert de
mousse, flanquée de hangars et d'écuries ; elle appartenait à Léon, prince royal de Géorgie.

En face se trouvait la masure du fourrier Roubanovsky ; ce fut là que passa vers le soir ! Mirovitch, après avoir vainement essayé de se rensei-
gner auprès de Krachénikoff. Les cris et les
chants d'abjects ivrognes sortaient d'un sale et
sombre cabaret attenant à la boutique puante
d'un marchand de poissons. Il leva les yeux du
côté d'un balcon, sur lequel étaient étendus des
pelisses, des coussins et du linge. Un chat crevé
gisait au milieu de la rue.

— Kœnigsberg est plus propre que Saint-Pétersbourg ; on n'y tolérerait pas une pareille
saleté ! pensa Mirovitch, enjambant une vaste
flaque d'eau au bas de la rampe du pont.

Il entra chez Roubanovsky; on lui répondit
qu'il avait l'habitude de faire un somme après
son repas, avant d'aller à vêpres, et on le pria
d'attendre.

La chambre où on le conduisit, petite et mal
aérée, avait une odeur d'encens et de mauvaise
cuisine; le portrait d'un gros archiprêtre, au nez
énorme, pendait à la muraille; Mirovitch remarqua un métier et une broderie inachevée, ouvrage
de femme; sur la table, devant le divan, quelques
numéros de la *Gazette de Saint-Pétersbourg*,
deux ou trois *Mémoires mensuels* de l'Académie,
un vieux jeu de cartes, et l'énorme volume du
Rocher de la foi, relié en maroquin et taché de
cire. Il feuilleta la *Gazette*.

— Que dit-on de nos affaires avec les Prussiens?
Quel cas fait-on de nos victoires? Qu'est-il arrivé
de nouveau? se dit-il.

Cette feuille était en retard; dans le numéro
du 1er mars, les nouvelles de Paris dataient du
1er février, celles d'Espagne du 18 janvier. La
rédaction se justifiait par ces mots : « Les journaux de l'étranger ne nous sont pas parvenus. »
— De la guerre entre la Russie et la Prusse, pas
un mot.

— Certes, ce ne sera pas nos journalistes que
les Allemands fouetteront de verges sur la Perspective, si jamais ils s'emparent de Saint-Pétersbourg! se dit-il encore.

Il parcourut les *Mémoires mensuels*, recueil
littéraire : l'un traitait de l'indigo, l'autre de la
construction des caves; le fascicule de janvier

contenait un article tiré du *Spectator*, le *Dialogue entre l'Amour et la Raison*.

« *La Raison*. — Nous nous entendrons difficilement, chère sœur. *L'Amour*. — La sagesse est absente des mariages auxquels préside le seul intérêt... En allumant l'amour, je relève ce qui est humble, je rabaisse jusqu'à terre ce qui brille... L'homme qui réfléchit, aime mal ; qui aime bien, ne calcule pas... »

— C'est vrai, fit Mirovitch, qui aime ne calcule pas !

Pendant cet intervalle, l'obscurité était venue. Le roulement des voitures avait cessé. Dans la chambre à côté, une pendule faisait tic tac, et un grillon chantait derrière une malle ; une lourde lampe, noire de fumée, brûlait devant une image.

— J'étais dans les ténèbres et j'ai vu la lumière, pensait-il en rêvant ; franc-maçon, j'ai juré d'être juste, je suis régénéré. Arrière les mauvaises pensées ! Je pardonne les injures, j'ai confiance en l'humanité, je l'aime, pur amour ! Polixène. Où est-elle ? Ne dois-je jamais la revoir ?

Il entendit un vieillard tousser. Un homme maigre, voûté, au nez crochu, en robe de chambre, entra, les babouches traînantes, la tabatière à la main. Ses yeux scrutateurs étaient ombragés d'épais sourcils.

— C'est une audience que vous sollicitez? dit-il. Vous avez une supplique ?

Mirovitch expliqua le motif de sa visite.

— Intrigues de femme ! des farces, vos galanteries. Ce n'est pas notre affaire ! Balivernes que tout cela. C'est l'heure où tous les honnêtes gens vont à vêpres, et vous...

— De grâce, vous êtes mon seul espoir. Vous seul pouvez savoir où s'est rendue Mlle Polixène en quittant le palais...

— Je ne suis pas un de ces freluquets de la garde, un galant, moi ! Je ne m'occupe en rien de vos sottes amourettes, non pas ! Je le saurais, que je ne vous le dirais pas. J'ai aussi des enfants, des filles. Combien y en a-t-il de nos jours, sans vous offenser, de ces vauriens, de ces séducteurs...

— Suis-je de ceux-là, moi? Comment osez-vous? C'est une injure, un affront...

— Je ne parle pas de toi. Ne t'échauffe pas la bile. Tu crois me faire peur? A d'autres ! Nous ne sommes pas de ceux qui ont froid aux yeux! Quant à ta demoiselle, je ne sais pas où elle se trouve, d'autant plus qu'il ne me convient pas en raison de ma qualité, de le savoir.

La rage s'empara de Mirovitch ; il lui semblait avoir les mains percées par des aiguilles. Il sortit en serrant le poing.

— Si tu n'avais pas été un vieillard, et chez toi, sacré bigot! se dit-il.

Il fit quelques pas. On commençait à allumer les réverbères.

— Où aller? se dit encore le jeune homme. Chez Volkoff, le secrétaire de l'empereur, essayer d'être reçu et de demander en récompense de mes services, que l'on veuille bien m'aider à retrouver les traces de Polixène? Folie ! Des services ? Quels services? Où donc aller? Chez Razoumovsky? Il

m'a renié depuis notre altercation avec Ezoupoff.
Je ne lui ai pas écrit une lettre pendant la cam
pagne ; lui non plus ne s'est pas rappelé à moi.
Retournerai-je à l'étranger, au moment où l'armée rebrousse chemin ? Il y aurait une issue, et
celle-là toute simple, ce serait de se rendre en
Petite-Russie, de donner ma démission, de me
retirer dans une paisible chaumière.

— Hé ! Mirovitch ! fit une voix.

C'était un officier d'une trentaine d'années, à
la face ronde et à l'air bon vivant. Apollon
Ouchakoff, lieutenant d'infanterie, avait fait avec
Mirovitch une partie de la campagne. Une four-
niture de fourrages l'avait rappelé à Saint-Pétersbourg, où il se trouvait depuis un mois. Apollon,
neveu du fameux André Ouchakoff, le terrible
tortionnaire, avait dissipé son patrimoine ; il avait
pour toute ressource les spéculations, la fréquen-
tation des mauvais sujets de toute classe qui jetaient leur argent par les fenêtres, et puis les
tavernes. Gai et entreprenant lorsqu'il avait de
l'argent, Apollon était méconnaissable quand il
en manquait. Il s'était remonté tout récemment
et il rayonnait.

— Par quel hasard ? Quelle surprise !

— Le service, toujours. Et toi, en mission sans
doute ? Bravo ! Cela chauffe, alors ?

— Nous lançons-nous un brin ? Les finances
sont en bon état ? D'où viens-tu ?

Mirovitch lui montra l'endroit derrière l'église.

— De chez la Dresdoise ? dit Ouchakoff.

— Quelle Dresdoise ?

— Tu ne la connais pas? O le candide enfant, le pauvre innocent! Y allons-nous ensemble ?

— J'ai oublié ma bourse; en outre...

— Tarare! Et tu te dis officier! Parole d'honneur, c'est honteux pour l'armée. Est-ce ta maçonnerie qui te le défend? Moi aussi je suis maçon depuis ce mois-ci, mais je suis moins pratiquant que toi. Il ne connaît pas la Dresdoise! Allons-y, alors! J'ai aujourd'hui de quoi régaler un ami. La Dresdoise demeure ici.

Et il indiqua une lanterne rouge devant un des perrons de la maison du prince de Géorgie.

— La Vœlkner, la Dresdoise, veux-tu que je te raconte son histoire, ne demeurait pas ici du vivant de l'impératrice Élisabeth, mais plus loin, dans la maison Béloselsky. Elle ne prospérait guère, alors. Élisabeth, qui tenait aux mœurs, apprit que cet établissement était fréquenté par des fonctionnaires, par la garde presque tout entière, qui ne s'y rendaient pas, je te prie de le croire, pour y faire une partie de billard ou de quilles. L'amorce, c'était un bouquet de jeunes filles étrangères et du pays, plus jolies les unes que les autres. Elles jouaient de la guitare, chantaient, dansaient. A ces soirées de la Dresdoise, il venait jusqu'à des dames du monde qui y donnaient rendez-vous en cachette à leurs amants. L'œil de la jalousie est plus perçant que celui d'un vautour; tout fut dénoncé à l'impératrice! Et tu sais combien ces folies, ces intrigues étaient de son goût!

— Après?

— Elle donna des ordres sévères. Tout ce petit commerce clandestin, soi-disant contraire aux bonnes mœurs, finit piteusement pour la Dresdoise et ses concurrentes, la brave Ambacher, sa payse, à la rue des Écuries, et la Delegren, la Suédoise, de la rue Liteïnaïa. Ce fut la Dresdoise qui eut le plus à pâtir. On lui fit passer la frontière, et toutes ses séduisantes sirènes, sans autre forme de procès, furent enfermées à la filature Kalinkine. Démidoff fit faire une enquête; le résultat coûta cher à mainte dame et à plus d'un galant. Sur un ordre d'Élisabeth, Popoff et Ladyguine furent excommuniés, puis mariés à la cathédrale de Kazan à des donzelles dont ces lurons n'iront pas se vanter.

— Pourquoi se mêle-t-on ainsi de ce que font les officiers en dehors de leur service?

— Il y avait d'autres raisons. On voulait savoir si Boutourline, qui tenait de près à une certaine dame, ne fréquentait pas ces coquines. Lizouta, la confidente de la Dresdoise, subit le supplice du fouet et avoua.

— Quelle barbarie! Mais n'as-tu pas dit que la Dresdoise avait été renvoyée de Russie?

— Oui, mais Élisabeth était à peine morte, que la Dresdoise et, avec elle, ses autres payses revinrent s'abattre sur les mêmes lieux; elles continuent comme par le passé. Voici sa maison.

— Merci. Je n'irai pas. Et le fouet?

— Jadis! Mais aujourd'hui, tout se passe chez elle décemment, correctement. La Dresdoise a vieilli, ses sens se sont calmés. En bas, buffet et

billards! nous y souhaiterons le bonjour à ces co-
quins de petits verres, nous leur demanderons de
leurs nouvelles, nous leur en donnerons des
nôtres! En haut, Basile, cartes, musique, toutes
les chansonnettes imaginables.

Mirovitch entra contre son gré.

— Fi! ce serait de la faiblesse! dit-il. Quelle
opinion auraient de moi mes chefs?

La salle, brillamment éclairée, était pleine de
fumée de tabac et du bourdonnement des conversations. Quelle fut la première personne qui
frappa ses regards? ce fut Béhléchoff. Le grave
général qui l'avait, le matin même, vertement
tancé à cause de sa cravate et du mauvais état de
son accoutrement, assis dans un coin, le gilet
déboutonné, le visage radieux, souriant nonchalamment, vidait son quatrième verre; il s'essuyait
le front et ses grosses joues, et suivait avec intérêt
une partie de billard.

Les deux amis se furent à peine fait servir dans
la chambre voisine qu'ils virent entrer, qui? Roubanovsky, dont les mœurs austères avaient une
demi-heure auparavant surpris Mirovitch. Le
champion de l'honneur des filles, le dévot obser-
vateur du carême, sortit une petite pipe, se fit
apporter un vaillant verre de liqueur, s'assit à
l'écart et regarda jouer.

— Vous voilà donc, vous qui traitez comme
des chiens ceux qui vous sollicitent, qui les ac-
cueillez par des insultes! O riches, ô argent!
murmura Mirovitch.

— Qu'as-tu? demanda Ouchakoff.

— Ah! que de fripons en ce monde! Ils prennent toute la place.

— Connais-tu le remède à tout cela?

— Un remède?

— Buvons, Basile, et allons-y gaiement! Est-ce que ton acte de soumission s'y oppose? Elle est si courte, si triste cette vie! et nous sommes de ceux qui sont faits pour vivre. Pourquoi cet air grognon? Allons, encore une bouteille!

On en servit une, puis une autre. On faisait de la musique dans les chambres du fond.

— Des officiers qui font bombance! s'écria Ouchakoff.

— Que le diable les emporte!

— Que veux-tu dire?

— Pourquoi tant d'injustices, juste ciel?

— Où vois-tu des injustices?

— Tu me le demandes. Comment, par un contrat avec la société et l'État, un homme peut-il céder à un autre homme ce sur quoi personne n'a aucun droit, disposer de sa liberté, de sa conscience, de sa vie?

— Ouf! sa théorie de Martinez! Je ne suis pas au courant de vos nouvelles révélations; j'ai bien entendu parler de votre loge; elle n'a rien de remarquable. Parle-moi de celle des *Trois Globes*...

— La loge des *Trois Globes* ou celle de Saint-Jean c'est la même, butor! Nous tâtonnons dans les ténèbres, chacun de nous regarde d'un autre côté. Quand je songe à ce que pourrait faire un seul homme qui aurait de la volonté!

— Tu n'y es plus ! Allons voir ce qui se passe
là-bas. Non ? Alors regarde, — et il flaira ses
doigts d'un air dégoûté. — Sais-tu, as-tu entendu
parler de l'importance que prennent les Allemands ? On les voit ramper et grimper partout, ce
ne sont pas les pauvres diables seulement, non !
mais les plus huppés qui nous arrivent de Kiel.
On ne voit qu'eux maintenant à la tête des régiments : Zehe von Manteufel, Zobeltisch, Krueger,
Olderog, Kettenburg, Weiss, Lœwen, Lotzow,
Schild. Les noms des régiments ont été changés,
ton régiment de Narva ne s'appelle plus ainsi,
mais d'Essen ; celui de Smolensk, cantonné à
Schlusselbourg, porte le nom de Fuhlerthon. Ces
mangeurs de saucisses ont des noms qu'on peut à
peine prononcer ! Pierre, lui, a un regard qui
plaît, et puis il est gai comme un écolier. Son défaut, c'est qu'il n'aime pas notre langue ; je l'ai
entendu l'autre jour à la parade. Tu es peut-être
partisan de sa femme ? On dit que sans en avoir
l'air, Catherine cherche à se créer un parti, et quel
parti ? Je te confierai que c'est ici même, chez la
Dresdoise, que se réunit la fine fleur de ces gens-
là. Tantôt, à la tombée de la nuit, cinq traîneaux
sont partis pour une chasse à l'ours. Il faut bien
qu'ils fassent quelque chose de leurs jeunes têtes ;
ils ne savent comment employer leur audace.

— Partisans de Catherine, de Pierre ! Que
le diable vous enlève avec vos partis ! Sommes-
nous en Angleterre ou au Parlement de Paris ? Je
m'en moque, moi, des termes ! As-tu lu Rousseau,
son *Contrat social* ? Qu'est-ce qu'il y dit des

droits de l'homme? As-tu compris en quoi con-
sistent ces droits? Si tout va mal chez nous, n'est-
ce pas parce que nous autres petites gens, on nous
traite comme des chiens. Nous ne pouvons arriver à rien. Ni la fortune ni l'avancement ne sont
faits pour nous.

De gros éclats de rire retentirent dans la salle
et se renouvelèrent quelques minutes après.
Un bel officier de l'artillerie de la garde, au
nez aquilin, à l'allure martiale, paraissant avoir
vingt-sept à vingt-huit ans, vêtu d'une tunique
garnie de zibeline et chaussé de bottes de voyage,
venait de gagner son partenaire, un vieux
marqueur. Sa queue de billard dans une main,
sa pipe dans l'autre, le corps plié en deux et
les jambes écartées, il riait jusqu'aux dents et
faisait : Pst! pst! pst! Le gros marqueur, aux
jambes torses, au visage boursouflé et jaune, se
glissait pour la cinquième fois sous le billard et
buvait, stupide de honte, un verre d'eau. Il avait
été convenu qu'il l'avalerait s'il perdait. Les spectateurs, émerveillés, et parmi eux Roubanovsky
et Béhléchoff, se tordaient de rire.

— Est-ce assez ignoble! dit Mirovitch. Et dire
que ce sont des officiers de la garde impériale!
Réglons, Apollon, et prête-moi quelque argent.

Ouchakoff n'avait pas eu le temps de répondre,
que Mirovitch, se précipitant à travers les spectateurs, s'arrêta devant l'officier dont les traits ne
lui semblaient pas inconnus.

— Amateur de billard? demanda Mirovitch
avec courtoisie.

— Oui, et vous?

— Mais! ce n'est pas ce que je joue le moins bien.

— Alors, monsieur, je suis à vous.

Le sourire de l'officier avait quelque chose d'aimable et de séduisant.

— Nigaud! murmura Mirovitch, mignon attifé comme une femme! avec tes boucles pommadées! on te les a donc léchées. — Veuillez m'expliquer, je vous prie, pourquoi vous jouiez avec ce misérable et non avec quelqu'un de l'assistance?

— Parce que personne, n i ni, c'est fini, personne n'ose plus se mesurer avec moi. Vous figurez-vous mon embarras? Voulez-vous jouer, vous?

— Avec le plus grand plaisir.

— Pour de l'argent ou pour rire, aux conditions du marqueur? demanda malicieusement l'officier.

— Aux conditions du marqueur.

La partie commença. Mirovitch était très pâle. Il saisit sa queue d'une main frémissante, fit fièrement et brusquement de l'épaule un geste déterminé et joua. Sa bille toucha si adroitement celle de son adversaire, que celui-ci en resta tout stupéfait.

— Pour de l'argent, n'est-ce pas? A quoi bon perdre notre temps?

— A vos conditions, d'abord, répondit Mirovitch. Encore cette bille... Puis celle-ci... Je ne suis pas long... Je vais finir!

Mirovitch avait repris sa queue. Une bille blanche roula avec fracas dans la blouse à la suite d'une rouge; après la blanche, ce fut le tour d'une autre bille rouge. Il avait gagné la partie.

— Pst! pst! Comment faisiez-vous? Sous le billard, s'il vous plaît, dit Mirovitch ramenant ses cheveux en arrière et en affectant de bâiller. — Et pour vous rafraîchir, j'y tiens, un verre d'eau!

L'officier resta cloué sur la place; ses joues, délicates comme celles d'une femme, se couvrirent d'incarnat; ses yeux langoureux exprimaient le dépit ingénu d'un enfant.

— Ah! l'animal! C'étaient mes conditions, remplissons-les.

Il ôta prestement son élégante tunique, se glissa sous le billard et y vida le verre d'eau que lui tendit le marqueur qui riait sous cape.

— Encore une partie? Voici trois jours que je passe à chasser l'ours. Je n'ai pas la main leste. Voulez-vous?

— Laisse-le, laisse! dit Ouchakoff en tiraillant Mirovitch par la manche. C'est un des partisans de Catherine. Veille à ce qu'il ne te rende la pareille!

Mirovitch ne l'écouta pas. La partie recommença. Le brave officier, qui le matin avait tué un ours, repassa une seconde fois sous le billard et avala un nouveau verre d'eau.

Cette scène avait attiré un grand nombre de curieux, militaires, marins, civils, leur pipe ou leur cigare à la bouche; parmi eux le vieux prince Léon de Géorgie, en calotte et en robe

ouatée, et chaussé de pantoufles en peluche ; en
sa qualité de propriétaire, il venait ainsi accoutré
passer ses soirées chez la Dresdoise. Après une
partie malheureuse, l'officier s'arrêta :

— Vous avez un charme. Vous vous y entendez;
si nous faisions une partie de cartes ?

— Toujours à votre service !

— Montons alors !

— J'ai perdu de vue mon ami. Si je perds,
chance varie ! je ne saurai à qui m'adresser.

— Je vous ferai crédit. Nous y allons, nous autres, bon jeu, bon argent, sans façons.

— Nous n'aurions du reste que faire de vos façons. Je ne sais pas ce que c'est que des dettes de
jeu.

Ils montèrent.

— Comme il l'a battu, écrasé ! murmurait-t-on.
Cette promenade sous le billard lui a chiffonné ses
dentelles. Incroyable ! lui ! le grand pourvoyeur
des plaisirs et des jeux.

— Avec qui ai-je l'honneur de jouer ?

— Et vous ? demanda Mirovitch après s'être
nommé.

— Grégoire Orloff, payeur général de l'artillerie
de la garde, — répondit celui-ci, arrangeant du
bout de ses doigts ornés de bagues, ses boucles et
les dentelles de son jabot.

— Ah ! c'est lui ! se dit Mirowitch.

Orloff demanda du vin de Champagne, ils trin-
quèrent et en vidèrent plusieurs coupes.

— Plus loin, pour les cartes ! s'écria Orloff.

Dans cette taverne, on jouait au biribi, à la

mouche, au pharaon, au kampis, le jeu favori de
Pierre et de ses Holsteinois; les fiches s'appelaient
des vies et celui qui survivait gagnait. La fumée
du tabac ondoyait par tourbillons. Les violons
d'une bande de musiciens hongrois, engagés par
les officiers à leur retour de la chasse, jouaient
dans une des salles; on y dansait et on entendait
les joyeux propos des choristes des théâtres, qui
venaient passer leur temps avec les riches désœu-
vrés de la capitale.

La Voelkner ou la Dresdoise, une robuste
femme d'une cinquantaine d'années, faisait sa
tournée à travers les tables des joueurs. Elle s'arrêtait, les mains sur les hanches, suivant de ses
yeux d'épervier ceux qui gagnaient, et répétait,
riant à gorge déployée : *Ach! Herr Ie!* A ceux que
le guignon poursuivait, elle offrait à boire et à
manger; elle disparaissait chaque fois qu'elle
voyait poindre la moindre chicane. Les militaires
appelaient la Dresdoise : Ma commandante ! les
marins : Mon amirale ! les civils : Ma tante !

Dans l'une des salles où Mirovitch était entré à
la suite d'Orloff, ils trouvèrent assis à une grande
table, le frère cadet de ce dernier, Alexis, sergent au régiment de Préobrajensky. Il avait la
taille d'un athlète, pesait plus de trois cents livres;
ses manières étaient rustiques, il n'usait que
d'expressions triviales en russe et en français; du
reste, il ressemblait à son frère, le beau Grégoire. Entouré des officiers avec lesquels il avait
été à la chasse, il jouait au pharaon; cédant au
désir de son camarade Bascakoff, Alexis Orloff

tenait la banque. Les autres étaient debout, assis, ou marchaient.

L'animation était à son comble.

— Place, Lasounsky! laisse-moi entrer! fit Grégoire, en s'approchant pour prendre une carte.

— Non! il perd toujours, s'écria Roslavleff, un grand officier à lunettes et à l'air indolent; c'est à peine si on les a pu séparer dernièrement, lui, Nesvitsky et Hitrovo.

— Ne dites pas cela, je vous prie, et Grégoire Orloff désigna du regard le nouveau joueur.

Mirovitch hésita.

— Des officiers de la garde, se dit-il, riches, entreprenants! je ne suis pas de leur bord. Ces relations n'amènent que des ennuis; si je perds, serais-je au fond de la mer qu'ils m'y retrouveront; si je gagne, cela pourrait finir comme avec Ezoupoff. Voici deux ans que j'ai résisté, patienté. Rousseau! ô mon maître, je me rappelle tes paroles : Tout est possible à la force de la volonté, à la volonté de l'homme. C'est dit, je ne toucherai pas aux cartes.

La conversation entrecoupée d'éclats de rire, allait son train, moitié en russe, moitié en français. Alexis Orloff continuait à tenir la banque et à tirer les cartes avec ses gros doigts; il criait de sa voix de basse :

— Allons, messieurs, faites-nous l'honneur de jouer! Venez tenter la fortune au service du roi de Prusse! A qui la chance! A qui tout? A qui rien? Voyons, vite!

— Advienne que pourra, courons la chance!
murmura Mirovitch, qui prit sa carte. Cruelle
Polixène, ma bien-aimée que je cherche, sois-moi
propice!

Il plaça le ducat qu'il avait emprunté à Ouchakoff sur un cinq de pique, pensant à la lettre ini-
tiale du nom de sa maîtresse.

— Bravo! tout pour vous!

Un frisson de joie fit tressaillir Mirovitch, il
doubla sa mise sur la même carte; Alexis Orloff
recommença le jeu.

— Bravo! encore une fois!

D'autres joueurs accoururent. Roubanovsky dit
à l'oreille de Mirovitch :

— Jeune homme, bravo! vous méritez qu'on
s'intéresse à vous. Si je vous la retrouvais, hein ?

Mirovitch ne faisait attention à personne.
La passion du jeu ressuscita en lui avec la violence
d'autrefois, avec une furie dont il avait perdu
jusqu'au souvenir. Ses yeux s'égarèrent, ses na-
rines se gonflèrent, un démon le possédait. Tout
fut oublié, Jean-Jacques, la loge de Saint-Jean, la
force de la volonté et le reste, il choisit pique toujours, et ne perdit pas une fois.

— Quelle chance de damné!

— Qui est ça ?

— Le diable le sait!

— D'où est-il venu?

— Est-ce Grégoire qui l'a amené? Diable! Il
n'a l'air de rien et comme il vous ratèle ça!

— Le hasard, parbleu! il n'empochera pas toujours.

! — Polixène Pchélkine ! La même lettre au nom et au prénom ! Essayons ! se dit Mirovitch.

Il reprit un cinq de pique ; sa mise fut tout ce qu'il avait gagné. A la stupéfaction générale, ce fut sa carte qui l'emporta.

— Alexis, la banque va sauter s'il va de ce train-là !

— Où est Bascakoff ?

— Il fait la cour à Marion !

— Allez le chercher. Faites-lui lâcher ses amours et qu'il vienne à mon aide. Nous avons affaire à forte partie.

Gourieff et Hitrovo ramenèrent Bascakoff, les joueurs lui firent place.

— Trop tard, amis, on va éteindre les lumières ! Du vin de Champagne !

On apporta des flacons. Lasounsky, Roslavleff et Gourieff prirent de la craie et établirent le compte des pertes, des gains, des cartes et des vins. On se dispersa peu à peu. Plusieurs voix chantaient à tort et à travers ; un autre pinçait sur la guitare un air de bravoure petit-russien. Les bouchons sautaient au plafond ; les verres jetés à terre éclataient en mille morceaux.

— Je suis prêt à la tenir, moi, la banque ! interrompit Mirovitch qui remplissait négligemment ses poches de ducats. Il n'y a de plaisir qu'au jeu. Nous traversons des temps si douloureux. Et qu'il fait beau à Kieff, ma chère Polixène !

Pris d'un fou rire, d'une gaieté insensée à laquelle il ne s'était pas depuis longtemps abandonné, il balbutiait des paroles décousues, sa tête

battait la campagne, ses yeux se fermaient. L'i-
vresse du jeu se confondait avec celle du vin.

Grégoire Orloff se concerta avec ses amis.

— Si nous continuons, que ce soit chez moi,
voulez-vous? dit-il. Où irons-nous achever la
partie? Chez le prince Tchourmantéeff? On y
soupe, il nous a invités à nous rendre chez lui au
retour de la chasse.

Les camarades trouvèrent que le prince Tchour-
manteff demeurait trop loin et qu'il valait mieux
aller chez Orloff.

— Et vous? demanda Grégoire à Mirovitch.
Mon traîneau est avancé ; je demeure sur la Moïka,
maison Knutsen, près du palais.

— Connu, le banquier Knutsen! Chez Tchourmantéeff! Cela m'est égal, je suis à vos ordres,
répondit Mirovitch qui se retenait au dossier de
sa chaise. Je suis dans l'infanterie, pas riche, par
conséquent ; mais je ne permettrai à personne de
m'en remontrer, non! Ah! ma chère Polixène,
qu'il fait bon à Kieff!

— Vous connaissez Kieff? Y a-t-il des ours?

— Emmène-le, Grégoire, dit Bascakoff.

— Pourvu qu'il ne nous cause pas d'ennuis.

— Prends-le toujours, va!

Tous convinrent qu'ils ne pouvaient abandonner au milieu de la nuit un brave militaire, un
peu pris de vin, dont ils avaient oublié le nom, et
qui n'eût guère pu donner son adresse.

Ils descendirent Mirovitch dans la rue et le placèrent sur le traîneau d'Orloff.

Mirovitch se rappela dans la suite, que devant

le perron, un vieillard, blotti dans son manteau, s'était glissé auprès de lui à travers les nombreux officiers qui l'accompagnaient et lui avait dit à l'oreille :

— Bravo ! mon gaillard ! Vive ton cinq de pique, Je veux mourir si je ne te la retrouve pas !

Il se ressouvint encore que la joyeuse bande des jeunes viveurs avec des cris et des rires bruyants et au son des grelots, était entrée dans deux tavernes. Dans l'une, on lui avait fait donner de l'eau pour se laver et se rafraîchir et on y avait joué au billard et bu ensuite. Il avait fait comme les autres et chanté en dansant un air guerrier de la Petite-Russie. — Encore ces vauriens d'Orloff qui font des leurs ! grommelèrent les citadins qui entendaient derrière les doubles châssis de leurs fenêtres, le piétinement des chevaux, le tintement des clochettes, les rires et le tapage des libertins en ripaille.

A l'autre taverne, chez l'Ambacher, les jeunes bambocheurs rencontrèrent le fameux Schvanvitch, l'ancien commandant du port de Cronstadt et l'irréconciliable ennemi des Orloff.

Schvanvitch terrassait aisément les frères Orloff, l'un après l'autre ; mais tous les deux réunis, ils domptaient Schvanvitch. Aussi convinrent-ils que s'il arrivait que Schvanvitch rencontrât un des Orloff dans un lieu public, celui-ci devait se retirer, laissant tout ce qui s'y trouvait en fait de vins et de jolies femmes ; si Schvanvitch surprenait les deux Orloff ensemble, s'était lui qui s'engageait à leur céder la place.

La bande d'étourdis arriva devant l'auberge de la femme Ambacher, au moment où Schvanvitch poussait par les épaules et jetait à la porte un troisième frère Orloff nommé Théodore.

— Quoi! céder? brailla Alexis à son frère, tout penaud. — Non, par exemple. Totoche, morbleu! En avant!

Ils descendirent de leurs traîneaux. Un indicible tumulte se fit entendre dans l'établissement. Schvanvitch ne voulait pas se rendre. Les uns prirent parti pour les Orloff, les autres criaient de toute la force de leurs gosiers enroués que ceux-ci étaient dans leur tort et qu'ils avaient à remplir à la lettre les conditions de la convention. Schvanvitch saisit une seconde fois Théodore par la nuque de sa lourde main; Alexis se rua au secours de son frère cadet. Ces deux vigoureux compagnons, de leurs forces doublées, maîtrisèrent leur rival et le renversèrent. Alexis, le visage ensanglanté. traîna par les aisselles le marin blême de colère, il le fit à son tour passer la porte et le jeta dans la neige. Ses camarades, à cette occasion, exigèrent des Orloff un nouveau régal. Les vins reparurent.

Théodore avait la manche déchirée et saignait du nez, Alexis frottait de neige ses doigts disloqués. Le vacarme s'entendait au loin. Les infatigables bambocheurs passèrent au jeu de quilles et y jouèrent au cheval fondu; Mirovitch portait l'un d'eux à califourchon; Grégoire Orloff, qui avait mis bas tunique et gilet, en simple chemise de coton rouge, pliant les genoux et agitant son mouchoir, dansait avec Sacha, une belle Bohémienne aux cils noirs, avec accompagnement du chœur des chanteuses et des guitares. L'air petit-russien entendu chez la Dresdoise recommença de plus belle.

Au moment où la bande regagnait ses traîneaux, Alexis Orloff poussa un cri et alla tomber la face ensanglantée dans la neige au milieu de la cour. On vit au même instant un individu prendre la fuite.

— ...! Comme il l'a balafré! fit Brédikhine, en relevant avec peine Alexis Orloff, auquel Schvanvitch venait de déchirer traîtreusement la joue.

Quelqu'un avait tiré son épée et s'était jeté à la poursuite de Schvanvitch en criant : Pas plus d'honneur que cela! Lâche! Mort au traître! Des voix répétaient devant la porte cochère :

— Arrêtez-le, arrêtez!

Tout le monde était sur pied; le branle-bas était général! — On ramena dans l'auberge le trop zélé champion : c'était Mirovitch. Pendant qu'on pansait la blessure d'Orloff, il ne lâcha pas son épée et se démena, grinçant des dents et la bouche écumante.

— Je le tuerai le traître, le poltron!

Un personnage en pelisse, sortant du groupe des gens de service, se pencha vers Mirovitch et le prit doucement par la main :

— Calme-toi, Basile, calme-toi! Nous nous étions pourtant donné notre parole toi et moi et...

— Balafré! Tchourmantéeff! Je veux mourir si

je ne le retrouve | balbutiait Mirovitch, qu'emportait le traîneau de Lomonossoff.

L'aube apparut. Les maisons, les palissades, les carrefours commencèrent à se dessiner dans la buée sombre et glacée. Le traîneau, craquant sur la neige durcie, s'arrêta devant la maison de la Moïka. Mirovitch monta l'escalier en titubant; il se renversa avec son manteau, son chapeau et ses souliers sur le premier divan venu et s'endormit du sommeil des justes.

V

C'était pendant l'hiver de 1760 que Mirovitch
avait été envoyé à l'armée. Polixène, dans sa dix-
huitième année, avait attiré l'attention de nombreux soupirants. Elle était devenue moins belle
que gracieuse, vive et spirituelle. Ses yeux gris
allongés, problématiques comme ceux d'un sphinx,
indiquaient une froide et ironique indifférence.
Ses cheveux d'or tombaient en longues ondes
d'ambre de sa tête, fière et sévère à la fois. Des
officiers, des fonctionnaires lui faisaient la cour.

« Abeille d'or ! ton doux murmure..... »

Ainsi commençaient des vers qu'elle avait ins-
pirés et qu'on chantait au clavecin dans les salons.
Les plus irrésistibles, à leurs festins de garçons,
parièrent plus d'une fois que la semaine ne s'écou-

lerait pas — il n'y avait qu'à vouloir — qu'ils
n'eussent fait sa conquête. Ils perdirent toujours.
Leurs poursuites importunaient Polixène.

— Arrière! leur disait-elle souvent, vous me ré-
pugnez, imbéciles! Je suis un enfant trouvé, sans
parents et sans nom, cela est vrai. Mais, par la
grâce de l'impératrice, j'ai aujourd'hui costumes
et parures, on m'estime, je plais, voilà toute une
corbeille de lettres qui me le disent!— Encore, si
leurs déclarations partaient du cœur! Sinistres
bavards! Narychkine, ce riche étourdi, m'obsède
un mois durant; Loscoutieff le chambellan a
essayé d'être galant; Zobelstich... N'est-ce pas,
messieurs, de la fille des rues à l'actrice, et de
l'actrice à une des nôtres, une cameriste, il y a si
peu de différence?

Polixène aimait à se remémorer son passé.
Passé étrange qui n'avait pas été vulgaire! A une
enfance solitaire, qui s'était écoulée sur les escaliers, dans les corridors et les couloirs de l'ancien
palais, aux premiers troubles conscients, mêlés de
rares heures de joie, avaient succédé les larmes
amères de l'humble couturière, puis de la tapis-
sière de la comtesse Apraxine, enfin, de la dentel-
lière et de la demoiselle de chambre. A l'occasion
d'un spectacle à la cour et de l'indisposition d'une
des actrices, on lui avait fait prendre des leçons de
français; comme elle témoigna de grandes apti-
tudes, le comte Schouvaloff eut l'idée de la faire
entrer au chœur de l'Opéra, et la confia aux
soins de la première cantatrice, Libera Sacco,
qui lui enseigna l'art de la déclamation; ce fut

par elle que Polixène se familiarisa avec Jean-
Jacques Rousseau, dont elle lut l'*Emile* et les
autres écrits.

Il y avait surtout dans son enfance une journée
que Polixène ne pouvait oublier. Elle avait été
brutalement battue par un méchant petit nègre du
palais avec lequel elle jouait. A sa menace :
— Attends, vilain démon, je m'en plaindrai à
maman ! — le négrillon, montrant le poing,
lui répondit : — De maman? tu n'en as pas, la
rousse, et tu n'en auras pas ! pas plus que de père !
Tu es une mendiante, un enfant trouvé, un petit
coucou ! Elle alla demander à tout venant : —
Dites-moi, qu'est-ce qu'un enfant trouvé? qu'est-
ce qu'un petit coucou? — On lui expliqua qu'en
effet, on l'avait découverte sous la doublure d'une
pelisse, sur une meule de foin, devant les écuries
du palais. Polixène pleura beaucoup, alla se blot-
tir dans un coin et se demanda : Qui est la
mère du petit coucou?

Polixène lut avec passion un drame que lui
avait prêté Libera Sacco. Le sort de l'héroïne,
Jeanne d'Arc, choisie par la Providence pour
accomplir une action d'éclat la frappa. Elle ne
rêva plus qu'exploits, gloire, gratitude universelle;
elle se tenait, muette comme une statue, dans la
chambre de toilette de l'impératrice, songeant aux
chênes séculaires, aux rochers, aux mousses de la
forêt, aux troupes campées à la lisière des bois,
aux cuirasses qui étincelaient, au cliquetis des
armes, à Charles VII fugitif, couché devant sa
tente. Elle vit, le heaume sur la tête et un glaive

à la main, apparaître la resplendissante fille qui dit au roi : — Je te sauverai, je te replacerai sur ton trône! — Cette fille, c'était Polixène... Son ouvrage lui tombait des mains; elle repassait pendant de longues heures de suite, de son fer attiédi, les blondes et les guimpes de l'impératrice, ou brûlait ses dentelles; lorsqu'elle brodait, elle mettait des roses bleues ou vertes sur son canevas : — Elle est amoureuse! — chuchotaient ses compagnes.

Barbe, la fameuse diseuse de bonne aventure, était arrivée d'Iaroslavl. On faisait queue à sa porte. Polixène, la tête coiffée d'un mouchoir et un vieux manteau sur les épaules, alla la consulter au quartier d'Okhta, avec la femme du cocher de l'impératrice.

— Je n'ai guère plus de forces, je suis toute détraquée, mes bonnes, dit la sorcière.

La compagne de Polixène lui donna deux roubles et une pièce de toile. Barbe se servit de marc de café. Elle dit à la femme du cocher :

— Tu ne mourras pas de sitôt. Tu failliras t'étrangler avec une galette; mais tu en réchapperas!

A Polixène, elle promit deux beaux et jeunes fiancés.

— Les deux t'aimeront. Il y en aura un qui te plaira, mais le mariage n'aura pas lieu. Tu n'épouseras pas l'autre, non plus.

— Pourquoi?

— Lutte et sang!

— Que voulez-vous dire? interrompit la femme
du cocher, — des parents se querelleront-ils?

— Je le répète : Lutte et sang.

La femme du cocher mourut ce même hiver,
pour s'être gorgée d'eau-de-vie épicée à sa fête, et
nullement pour avoir avalé un morceau de galette
de travers.

— Radotage aussi ce qu'elle m'a débité, pensa
Polixène.

Tout en lisant l'*Emile*, elle payait le tribut à
son époque, elle croyait aux songes et à la bonne
aventure.

Mirovitch vint grossir le nombre de ses soupirants; elle vit ce jeune amoureux, simple jusqu'à
la sottise :

— Serait-ce lui? — se demanda-t-elle avec
dépit.

Les assiduités de Mirovitch, son attachement la
flattèrent; mais elle chassa loin d'elle la pensée
d'arrêter sur lui son choix. — Un petit officier, la
belle trouvaille ! — se dit-elle, en se coiffant devant
la glace. Puis il disparut, dégradé et exilé. Polixène le regretta, pleura même. Était-il en vie, son
pauvre amoureux transi? Une année se passa
avant qu'elle en eût des nouvelles.

Le joyeux hiver était venu ! Les bals à la cour
alternaient avec les concerts et les mascarades.
Élisabeth aimait que les jolies personnes de sa
suite, ses cameristes, aussi bien que ses demoiselles d'honneur, vinssent sans cérémonie danser
aux soirées ordinaires du palais. — Élisabeth, à
un bal masqué, où Polixène dansait travestie en

nymphe, avec Pierre, l'héritier de la couronne,
dit à Agrippine Apraxine, sa dame d'atours :

— Le moment est venu de marier Polixène.
Comme Pierre lui fait la cour !

— Majesté ! Nous lui chercherons un fiancé cet
été, et avant l'Avent, nous célébrerons sa noce.

— Polixène passe pour avoir un fiancé en réserve, qui serait à la guerre, fit observer quelqu'un.

— Tant mieux ! fit l'impératrice. Nous le rap-
pellerons pour venir couronner ses amours. Les
hostilités, qui sait ! auront cessé.

Béhléchoff, attaché alors au conseil de la guerre,
avait pour femme la fille d'un riche négociant ;
celle-ci était gravement malade et son mari chercha pour l'emmener aux eaux de Spa une dame de
compagnie connaissant les langues. Les assiduités
de Pierre ne discontinuant pas, Élisabeth décida
que Polixène s'absenterait et donna l'ordre à sa
dame d'atours de conseiller à la jeune fille d'accepter les propositions de Béhléchoff.

— D'où me vient ce bonheur ? On m'éloigne.
Serais-je dangereuse ? Où le hasard ne peut-il pas
nous mener ? se dit-elle.

Elle obtint un congé, et en mai elle partit avec
la famille Béhléchoff, en passant par Dresde et
Vienne.

Polixène écrivit aux Ptytsyne. Tout l'intéressait, mœurs et coutumes inconnues, si différentes
de tout ce qu'elle avait observé en Russie, parcs et
jardins de luxe, propreté et beauté des villages
allemands. Une société de tous pays et de toutes

classes accourait puiser la santé et des forces dans ces villes de bains. On y voyait la fleur de l'aristocratie européenne, affaiblie et efféminée, des blessés de la guerre, déchaînée, non pas au loin, mais dans cette Prusse terrassée par les armes russes.

Polixène fréquenta le Kursaal en société de madame Béhléchoff à laquelle elle lisait et traduisait les gazettes et les romans nouveaux. En fait de romans, il s'en passa de véritables; un cuirassier autrichien enleva la fille d'un lord; la femme d'un riche marchand de vins du Rhin s'enfuit avec un acteur parisien.

Béhléchoff qui n'avait pas compté rester à Spa plus d'une semaine, y séjournait depuis plus d'un mois. En accompagnant sa femme et sa suivante dans leurs promenades, il témoigna d'abord beaucoup de retenue; peu à peu, des occasions se présentèrent de rendre de petits services à Polixène : il l'aidait à monter en voiture, il lui apportait ses lettres de la poste, il lui achetait des friandises, des fruits; il lui fit même une fois, en présence de sa femme, un riche cadeau, qu'elle ne refusa pas. Béhléchoff chercha des prétextes de se trouver seul avec elle.

— Qu'est-ce que cela veut dire ? pensa-t-elle.

Elle se perdait en conjectures et coupait court la première à ces entrevues. L'état de la malade s'aggrava; un changement de température l'obligea à ne pas sortir de sa chambre.

Un soir, Béhléchoff rencontra Polixène dans le jardin, la pria de s'asseoir sur un banc, et après quelque hésitation lui dit à demi-voix :

— Magicienne; tu me rends fou!

— Quelle honte! vous, père de famille, votre femme malade, c'est indigne!

— Adorable créature! je suis tout à toi, tout...

Elle voulut fuir, Béhléchoff lui barra le chemin. Les yeux de Polixène lancèrent un éclair; elle repoussa le déplaisant céladon et monta silencieuse dans sa chambre.

— Tu fais la fière, la rousse! Tu me le payeras! s'était dit Béhléchoff.

Polixène fut ainsi débarrassée des assiduités de ce courtaud à tête grisonnante. Au repas, il ne lui adressa presque plus la parole. Sa femme allait mieux et il se disposa à retourner à Saint-Pétersbourg. Polixène, pour atténuer la mésintelligence qui existait entre eux, eut l'idée de lui demander de prendre au conseil des informations sur Mirovitch, avec lequel elle correspondait et dont elle avait reçu avant son départ de Russie deux tendres épîtres.

— Oui, oui, lui dirai-je avec intention, pensa-t-elle, c'est mon fiancé. Il enragera et me laissera tranquille. Au fait, pourquoi pas? Mirovitch m'aime, et il est fidèle. Qu'exigerai-je de plus?

Une nuit, dans sa chambre, elle achevait une lettre à son amie Ptitsyne.

— En sera-t-il toujours de même? se dit-elle. Y aura-t-il une fin à tout cela? Qui est-il? Comme ils sont tous, sans doute, bon enfant, sans nom, sans famille comme moi; d'autres le disent joueur, dissipé. On s'en corrige! le monde, le temps... Il est jeune, il se rangera. On est content de son service, il est monté en grade. Et cependant ce n'est pas lui encore! Non, ce n'est pas lui! — Il est pauvre. — Bagatelle! — Nous n'aurons pas de quoi vivre! — L'impératrice nous aidera! Mais était-ce bien là mon rêve, mon espérance?

Elle était assise, le front brûlant penché sur sa main glacée; des larmes humectaient ses yeux. Des pas se firent entendre au bas de l'escalier. On eût dit que quelqu'un avait monté plusieurs marches et s'était arrêté court.

— Bonheur! ne te connaîtrai-je jamais? Pour les autres femmes, aventures, romans, amours; elles n'entendent que cela. Pourquoi le bonheur ne serait-il pas pour moi? Pourquoi la fortune comble-t-elle d'autres créatures si largement de dons inespérés? Quels hommes ne leur donne-t-elle pas pour amants, pour époux!...

Elle reprit la plume. De sa fenêtre, on apercevait les contours des collines et des forêts des Ardennes, et au-dessus, parsemé d'étoiles, un calme ciel de juillet. Sous la fenêtre, serpentait un ruisseau, au fond d'un ravin rocailleux. Dans la maison, tous étaient couchés et dormaient depuis longtemps. Béhléchoff partait le lendemain pour la Russie. L'aube allait venir.

Polixène tendit la main vers l'encrier, y plongea sa plume et prêta l'oreille. La flamme de la bougie vacilla dans le massif chandelier. Sans doute, la fraîche brise qui précède le jour l'effleurait de son souffle! Derrière la chaise, sur le tapis, un frôlement se fit entendre;... Polixène leva les yeux : Béhléchoff, paré, frisé et poudré, le gros Behléchoff, un bouquet de lys et de roses à la main, se tenait devant elle, souriant timidement.

— Bonsoir, Polixène !

Elle bondit.

— Les portes sont fermées. Chut ! Nous sommes seuls. Ecoutez-moi.

— Qu'est-ce que cela veut dire ? Comment osez-vous ?

Béhléchoff lui offrit le bouquet.

— Fleur céleste ! enchanteresse ! le sommeil me fuit, je souffre, je me meurs...

— Assez, allez-vous-en ! Ce n'est pas vous qui me faites pitié, mais votre femme...

Il se mit à genoux.

— Ma reine ! mon aurore ! Je t'aime, je te le jure. Ecoute-moi. Prends ce qui m'appartient, argent, diamants. Rends-moi heureux. Partons ! Tout sera à toi. Je n'épargnerai rien. Un mot seulement. Je quitterai famille, service ; je te suivrai jusqu'à la limite du monde. Je te couvrirai d'or, tu auras ton domaine et cent serfs dans l'Oural.

Polixène, les bras croisés, trépignant de colère, lui montra la porte.

— Quelle bassesse ! quel opprobre ! Hors d'ici, entendez-vous, hors d'ici ! Sortez. Autrement je crie et je réveille toute la maison...

Behléchoff fit un pas ; elle courut vers la fenêtre :

— Un pas de plus et je me précipite. Vous aurez ma mort à vous reprocher.

— Votre dernier mot?

Polixène lança sur lui un regard de dégoût.

— Tu te souviendras de moi! murmura Behléchoff en se retirant.

Au matin, Polixène alla voir la malade et la
pria de lui remettre le montant de ses gages, elle
pénétra dans le cabinet de Behléchoff, tenant à la
main des livres et des gazettes. Le colonel, assis
devant un secrétaire ouvert, faisait ses comptes; il
pâlit en la voyant entrer, il ne se retourna pas,
feignant de ne pas l'avoir aperçue.

— Vous vous êtes trompé, dit Polixène; mais
plus que personne, je me suis trompée moi-même.
Je ne savais pas jusqu'ici ce que sont les hommes.
Je le sais maintenant. Ils sont ce qu'il y a de plus
lâche sur la terre.

Behléchoff gardait un silence obstiné. Son
visage devint pourpre. Il respirait avec peine et
continuait à ne pas regarder Polixène qui reprit
avec amertume :

— Vous n'avez donc pas de conscience. Les
hommes sont-ils tous les mêmes? Vous ressemblez-
vous tous? Vous importe-t-il si peu de déshono-
rer, de perdre, d'écraser une pauvre orpheline?
Pourquoi pas, dites-vous? Eh bien, non, il ne
sera pas dit que toute fille abandonnée, sans famille, n'a à espérer que fange, infamie dorée,
pour un morceau de pain. J'en connais, moi, qui
ont foi en un meilleur avenir.

Béhléchoff remua les lèvres; il voulut parler;
ses lèvres le trahirent.

— Vous vous taisez. Votre orgueil vous empêche de me demander pardon, à moi, pauvre jeune fille! Soyez maudit, vous, votre argent, votre âme, qui n'a d'autre amour que celui d'elle-même. Voici les livres que vous m'avez prêtés. Merci! ils m'ont éclairée sur maintes choses, surtout celui dans lequel j'ai trouvé des lettres de votre maîtresse.

Polixène jeta les livres, les lettres sur la table et sortit. Le soir même, une chaise de poste l'emmenait dans la direction de Vienne; de là, à Saint-Pétersbourg.

Élisabeth tomba gravement malade pendant l'automne de 1761, et mourut au mois de décembre. Elle n'avait pas eu le temps de s'occuper avec Jean Schouvaloff et Agrippine Apraxine d'établir Polixène. Pendant la maladie de l'impératrice, les jeunes galants du palais laissèrent Polixène en paix; ils avaient d'autres soucis! Béhléchoff seul ne la perdait pas de vue. Tout changea à la mort d'Élisabeth. Les Schouvaloff ne furent plus en faveur; à l'influence d'Agrippine Apraxine succéda celle d'Élisabeth Vorontzoff. Au nouvel an, Béhléchoff, grâce à la protection d'un de ses parents, Goudovitch, fut nommé général et adjoint de Zeitz, le commissaire en chef des guerres. Son importance augmenta et ses relations s'étendirent. Malgré le retour de sa femme, il continuait à envoyer à Polixène, tantôt l'expression verbale de ses sentiments, tantôt, par écrit, les serments d'un inaltérable amour.

Polixène n'hésita pas longtemps; elle se rendit auprès d'Élisabeth Vorontzoff, solliciter un em-

6.

ploi; celle-ci l'adressa à sa sœur, Catherine Dachkoff. En voyant une camériste de l'ancienne cour
qu'elle abhorrait, Catherine Dachkoff sourit avec
dédain et dit à demi-voix à Nicétas Panine:
Quelle impertinence! la première fille de chambre
venue intrigue pour faire partie de l'entourage de
l'impératrice. Polixène la mesura du regard sans
dire un mot et se retira. — Nous nous retrouverons, se dit-elle.

Elle résolut de ne plus attendre davantage, de
ne plus importuner personne et de quitter la capitale. Elle chercha l'occasion de mettre son projet à exécution, et partit au milieu de l'hiver
de 1762, après les funérailles de l'impératrice,
sans avoir pris congé de ses amies; la seule lettre
qu'elle écrivit fut à la Sacco, l'actrice qui quittait
aussi Saint-Pétersbourg; elle abandonna la capitale avec tant de hâte, que ni Anastasie Bavykine,
ni ses plus proches connaissances ne surent où
elle s'était rendue.

Les fumées de l'orgie nocturne dans laquelle
Mirovitch avait été engagé le contraignirent à
rester pendant toute une journée dans l'appartement de Lomonossoff. Tous les deux s'y déro-
baient à la vue du public, l'un évitait sa femme,
l'autre la vieille Anastasie. A la suite de cette in-
tempérance, Lomonossoff avait été repris de son
ancienne toux, accompagnée d'un sifflement
étrange. Il avait surnommé ce bruit ridicule, son
rossignol. Singulier rossignol, qui ne chantait
que lorsqu'il revenait d'une visite à la taverne!

Mirovitch fit part à Lomonossoff de son roman

de cœur qui finissait si tristement. Polixène n'était plus à Saint-Pétersbourg ; impossible de savoir où elle se trouvait.

— Ah ! destinée ! se dit Lomonossoff, en écoutant la confession de Mirovitch. Ce que nous aimons, ce que nous désirons, nous manque donc ? Elle ?... quel est cet oiseau rare ? Il lui a écrit ; elle a cessé de répondre. Peut-être dissimule-t-elle, elle le met à l'épreuve ; elle veut savoir ce qu'il est et jusqu'où ira sa constance ?

Le lendemain, dans la soirée, Hélène Lomonossoff vint remettre un pli, apporté par un laquais du palais. C'était une lettre de Roubanovsky à Mirovitch :

« A Monsieur le très estimable lieutenant Mirovitch, expert aussi bien en matière de sagesse que de gai savoir, excellent en toutes choses, de la part du vieux Roubanovsky, salut. Très gracieux seigneur, j'ai découvert le lieu où séjourne ce jourd'hui votre belle et digne demoiselle. Elle est partie au mois de janvier pour Schlusselbourg, où elle demeure en qualité de gouvernante des enfants du prince Tchourmantéeff, qui est, à partir de ce nouvel an, prévôt de la prison d'Etat de cette ville. Je ne saurais vous dire de quelle manière vous pourriez arriver jusqu'à elle. Cette lettre vous sera remise par Kassatkine, le valet de pied des appartements intérieurs de feu l'impératrice. C'est lui qui a conduit la jeune fille jusqu'à Schlusselbourg. Au revoir, portez-vous bien. Je n'oublierai de ma vie votre miraculeux cinq de pique. »

Mirovitch lut cette lettre deux fois, la passa à
Lomonossoff et descendit en courant. Il remonta
tout ému et tout rayonnant de joie.

— Schlusselbourg! prison d'Etat! Sais-tu qui
y est enfermé? s'écria Lomonossoff.

— Comment le saurais-je?

— Lui! Depuis son berceau! Il y a vingt-deux
ans déjà qu'il languit dans son étroit cachot!

— Qui, lui?

— L'impérial détenu! Celui dont je te parlais!
Jean III, comme on l'intitulait dans les actes publics, l'empereur né en Russie et de la famille
régnante de Russie, l'oint du Seigneur et celui
que des hommes ont renversé!

Hélène, voyant le trouble de son père, alla s'asseoir derrière une armoire, dans un coin obscur,
Lomonossoff se leva et sortit d'un tiroir secret
quelques feuilles de papier, jaunies et chiffonnées.
Le regard de Lomonossoff semblait errer au loin,
dans un milieu radieux.

— Mes odes, mes meilleures hymnes ont été
écrites en l'honneur de ce monarque! — Je revins
d'Allemagne en été, sous le règne de cet enfant;
comprends-tu combien son nom m'est cher? J'y
mis toute mon âme; mon enthousiasme était
sincère.

« Peuples! voyez briller le soleil radieux,
« Le divin siècle d'or est descendu des cieux;
« Un noble rejeton aujourd'hui vient d'éclore,
« De l'heureux avenir, resplendissante aurore.

J'allai, avec ces vers, au palais, je les lus à Anne,

et en présence de toute la cour. Pour me témoigner sa reconnaissance, elle inclina vers moi la tête de son fils.

— Ces vers sont imprimés et je ne les ai vus nulle part ?

— Ils ont paru comme supplément à la *Gazette*. On les confisqua, lorsque Elisabeth monta sur le trône ; on les brûla, avec les manifestes, les ordonnances, les formules de serment, et toutes les pièces où il était fait mention de cet enfant...

— Les manifestes portaient son nom ?

— Certes oui. Pendant quatre cent quatre jours, on a lu dans tout l'empire : Par la grâce de Dieu, nous, Jean III, empereur et autocrate de toutes les Russies...

— Excusez-moi si je connais si peu ces événements. On nous les taisait à l'école et, à l'étranger, on les a oubliés, il faut le croire. Un ami et Anastasie m'en ont entretenu vaguement ; la vieille a toujours été réservée sur ce chapitre. Comment et pourquoi tout cela s'est-il passé ?

— Néfastes Argonautes ! l'impérial prisonnier fut la fatale toison d'or, dont ils firent le partage ! Je te raconterai cela un autre jour.

VI

Deux jours après, Lomonossoff, assez tard dans
la soirée, invita Mirovitch chez lui et l'attira vers
la fenêtre. Le ciel était inondé de l'éclatante lumière d'une aurore boréale.

— Tocsin d'alarme de la mer aérienne! dit le
savant, et il braqua du côté du guichet une lunette
de sa fabrication.

Ils admirèrent longtemps les splendides aiguilles mobiles, tantôt roses, tantôt bleues, du
météore.

— L'époque du règne d'Elisabeth est un tissu
de contradictions. Pour reprendre notre conversation de l'autre jour, je te dirai qu'une grosse
part de ses fautes retombe sur ses conseillers.
Combien elle a souffert! combien de temps elle a
dû attendre! Elle était la fille de Pierre! et on ne
la laissait pas monter sur le trône paternel! Elle

était abandonnée et personne ne venait à son aide !
Elle était délaissée, reniée et personne ne la ven-
geait ! Elle n'eut qu'elle pour penser à elle ! Qui
peut oublier cette nuit du 25 novembre 1741 !
Elisabeth mit une cuirasse par-dessus sa robe,
monta en traîneau et se rendit avec ses partisans
aux casernes du régiment de Préobrajensky. Elle
s'y proclama impératrice, marcha avec ses fidèles
grenadiers sur le palais d'hiver et y fit arrêter la
famille des Brunswick endormis, Anne, son mari,
le débonnaire et bègue Antoine-Ulrich et leur
fils, le petit empereur Jean. Cet enfant avait été
proclamé à l'âge de deux mois sous le nom de
Jean III, d'autres en firent plus tard un Jean V ou
Jean VI selon qu'on suppute les premiers de ce
nom. On frappa une médaille en l'honneur du
jeune monarque; elle représentait Anne élevant
son fils et lui tendant une couronne. La Russie
fut gouvernée en son nom, un an et trente-neuf
jours, quatre cent quatre jours ! Il les expia par
une vie entière de souffrances. Où trouver
l'exemple d'une histoire aussi tragique? Le masque de fer ? mais le sort de ce prisonnier d'Etat fut
moins affreux. Amère raillerie de la destinée !
Lorsque Elisabeth rapporta par un froid terrible
dans sa pelisse au palais qu'elle habitait, l'enfant
détrôné, elle se mit à pleurer et dit : — Pauvre innocent! tes parents seuls sont coupables ! L'impératrice fit publier que, livrant à l'oubli les actes
de la famille des Brunswick, elle avait donné l'ordre d'en renvoyer les membres à perpétuité dans
leur pays d'origine, avec tous les honneurs et les

égards dus à leur rang. Mais à peine les infortunés dirigés vers la frontière sous la surveillance de Saltykoff eurent-ils atteint Riga, à peine eut-on fait prêter à la souveraine déchue serment de fidélité à Elisabeth, que celle-ci, sur le conseil de son médecin Lestocq dévoué à Frédéric, leur envoya l'ordre de faire halte. A ce moment même, on attendait à Saint-Pétersbourg avec une impatience inquiète le baron de Korff, amenant du Holstein le neveu d'Elisabeth, le prince Pierre. On suggéra à l'impératrice cette idée que les parents de l'empereur détrôné, restés en Allemagne, pourraient pour se venger faire arrêter l'héritier de son choix. Pierre toutefois arriva sain et sauf. On projeta de le faire étudier et bientôt de le marier; sa fiancée Catherine était venue de Zerbst sous le nom de comtesse de Rheinbusch. Le malheureux arrière-petit-fils du tzar, Jean Alexévitch, resta détenu avec sa famille dans la citadelle de Riga. Il y avait pour Lestocq et compagnie, profit à faire peur à Elisabeth; ce fat, beau parleur, était un mauvais drôle de la pire espèce.

Lomonossoff n'en raconta pas davantage ce soir-là. Anastasie avait recouvré sa bonne humeur, et elle n'avait plus la discrétion d'autrefois; son protégé était à présent un homme fait, et depuis trois mois la question était abolie. Elle rappela tous ses souvenirs et raconta à Mirovitch ce qu'elle se rappelait tant pour l'avoir appris de feu son mari, le garde du corps, que de ses camarades.

— Quel martyre! dit Anastasie, continuant l'histoire entamée par Lomonossoff. Ils restèrent à

Riga plus d'une année. L'impératrice était assail-
lie de commérages : Anne refusait de la reconnaître,
et n'en faisait aucun cas; sa favorite, la demoiselle
de Mengden, lui conseillait de prendre la fuite.
La rumeur s'était répandue qu'Anne, sous le dé-
guisement d'un paysan, avait tenté de s'évader sur
un navire. De Riga, on les transféra dans une
forteresse où Anne accoucha d'une fille qu'elle
nomma Elisabeth. Hélas! cela ne lui porta pas
bonheur! Un valet du palais, pris de vin, avait
clabaudé qu'il fallait s'attendre à du changement,
que Jean III redeviendrait empereur. Un des
principaux personnages de la Petite-Russie avait
écrit à l'un des siens que tout Saint-Pétersbourg
prenait le parti de Jean ; cette lettre fut interceptée. Munich et Osterman qui ne savaient pas que
la famille exilée n'avait pas encore passé la frontière en débitèrent tout leur soûl pendant l'enquête.

La délation n'épargna pas même Saltykoff. Il
était chargé de garder les prisonniers. Jean, qui
avait alors trois ans, jouait dans la chambre avec
un chien et en badinant le frappa avec une cuiller.
La bonne demanda :

— Dis, quand tu seras grand, à qui feras-tu
couper la tête?

L'enfant dut répondre : A Saltykoff.

Ces nouvelles firent sensation. L'enfant mani-
festait une intelligence subtile et précoce. Lestocq
répétait à l'impératrice:

— Envoyez-le au loin, au fond de la Russie,
si vous voulez que votre trône soit solide.

Là-dessus vint encore le roi de Prusse, ce conseiller barbare.

« Il serait bon, écrivait-il, de déporter Jean et ses parents dans quelque coin où l'on perdît d'eux jusqu'au souvenir; l'empire de Votre Majesté abonde en lieux de ce genre. Sinon, attendez-vous à des malheurs. » — Ces conseils l'emportèrent. Élisabeth réfléchit et fit expédier en secret les prisonniers à Ranenbourg, dans le gouvernement de Riazan. On accoutra ces malheureux de vêtements chauds, et au milieu des rafales de neige, des contrées désertes, en passant par Kalonga et Foula, ils arrivèrent au printemps à Ranenbourg. L'escorte avait failli se tromper et aller au milieu des Kirghizes à Orenbourg au lieu de Ranenbourg.

Les infortunés s'y trouvèrent plus mal qu'auparavant. On les installa — c'est un caporal de l'escorte qui l'a raconté à mon mari, continua Anastasie — dans une vieille maison de bois, délabrée, où avait été détenu Menschikoff, le favori de Pierre Ier, sans provisions de bouche, sans serviteurs; l'eau était nauséabonde. La princesse était de nouveau enceinte, Jean était malade; à Saint-Pétersbourg on parlait de son retour! L'automne vit d'horribles supplices; je suis allée les voir; je les ai vus! Les enquêtes dévoilèrent bien d'autres choses. Dans les régiments, on ajoutait foi à tout ce qui se disait; aujourd'hui, en pareil cas, on ne s'en soucierait même pas.

Au printemps surgit une nouvelle rumeur! On chuchota dans la ville qu'un moine dissident — je l'ai entendu dire à la femme de notre prêtre —

s'était insinué en mendiant à Ranenbourg et concerté avec le père et la mère pour enlever Jean en secret et l'emmener à Viétka, en Pologne. Il aurait tenu l'enfant caché au milieu de ses coreligionnaires, jusqu'à sa majorité... Les fugitifs auraient été atteints dans les bois des environs de Smolensk, le moine conduit à Saint-Pétersbourg pour y être mis à la question, et Jean enfermé au monastère de Valdaï. Mais, Basile, ne me faut-il pas renvoyer mon récit à demain. Il est tard.

— Non, de grâce, continuez.

— Ce fut alors que Korff, le grand-maître de police, ne fit qu'un bond de Saint-Pétersbourg au gouvernement de Riazan. Ordre lui avait été donné d'emmener les prisonniers, sous forte escorte, plus loin, à Archangel, et de là, toujours en cachette, au monastère de Solovetsk.. Cette nouvelle les frappa comme la foudre. Ils crurent qu'on les conduisait en Sibérie, où résidait ce maudit Biron. Anne se lamentait : — Je ne reverrai plus mon fils, s'écriait-elle. Adieu! Jean, adieu pour toujours! — On la sépara de son entourage et de sa préférée, mademoiselle de Mengden; on lui enleva tout, ses bijoux, ses peignes de prix, ses bagues. J'ai vu, plus tard, la sœur de cette demoiselle : c'est elle qui pouvait en raconter! Ces misérables lui arrachèrent même son dernier costume de satin et l'emmenèrent en simple robe.....

Anastasie essuya une larme.

— Jean, qui entrait dans sa cinquième année, sous la surveillance de Korff, fut placé dans un carrosse et confié au major Muller, de je ne sais plus quel régiment. Ils voyagèrent ainsi pendant tout l'automne, sous la pluie, à travers des pays sans chemins; puis, la neige et le froid survinrent. Le colonel Tchortoff prenait les devants et requérait des logements et des chevaux. Je me rappelle le colonel; c'était un bon homme, il venait voir le cocher de feu l'impératrice.

Il avait été enjoint au major de faire accompagner la voiture d'un cavalier, uniquement chargé de garder Jean, de n'appeler l'enfant que Grégoire, sans doute en souvenir de Grégoire Otrépieff, l'usurpateur, de ne dire à personne qui était le jeune détenu, et d'avoir soin de tenir le carrosse toujours fermé. Les voyageurs atteignirent la mer Blanche. Quoique le départ de Ranenbourg fût tenu secret, des bruits en parvinrent à Saint-Pétersbourg. Le colonel Tchortoff devint subitement fou. Jusqu'à ce qu'on eût constaté son cas et qu'il eût été conduit aussi je ne sais où, il divagua à tort et à travers, et divulgua bien des choses. Voilà tout ce que je sais, Basile. Ainsi va le monde aujourd'hui; tout change, il y a partout une odeur de pourriture de mort!

Mirovitch rapporta à Lomonossoff le récit de la vieille, et une semaine après, saisissant un instant propice, il lui demanda ce qu'il advint des captifs.

— J'avais fait la connaissance de Jean Schouvaloff, le favori de feu l'impératrice, dit le savant. Ce jeune gentilhomme, mon protecteur et ami, venait s'entretenir avec moi des progrès des sciences et prendre des leçons de versification. Il me redisait, dans nos confidences, ce qu'il avait entendu raconter de Jean. « — Où est-il? lui demandai-je une fois. — Dans ton pays, à Kholmogory, à l'archevêché. — Et non à l'île de Solovetzk? — Point de communications avec le rivage avant six mois. Les glaces les ont empêchés de s'embarquer sur la mer Blanche. — Et comment vivent-ils? — Jean est gardé loin de ses parents et de ses sœurs. On l'a introduit dans la cour de l'archevêché, voilé de la tête aux pieds, afin que personne ne sût qui l'on y cachait. » Leur réclusion fut dure à Ranenbourg; mais ils étaient tenus ensemble, pouvaient courir à travers bois et champs. Ici, non-seulement on ne leur permet pas de franchir l'enceinte, mais même d'aller de leur cellule sur le perron. Il faut cependant être juste à l'égard de Korff; il s'intéressa vivement à eux. Mais il fut rappelé, et la surveillance passa à Muller. Au printemps, Anne mit au monde Pierre, et un an après, un troisième fils, Alexis; ces couches consécutives l'envoyèrent dans la tombe, à l'âge de vingt-huit ans. Sur la volonté expresse de l'impératrice, son corps, plongé dans un cercueil rempli d'esprit-de-vin, fut apporté à Saint-Pétersbourg, et inhumé en grande pompe au monastère d'Alexandre Nevsky, à côté de sa mère l'impératrice Catherine; Élisabeth pleura beaucoup aux funérailles. Muller se tenait constamment auprès de Jean. L'enclos, qui comprenait l'église avec une cour et un étang, était entouré d'une haute palissade de bois; les portes, toujours fermées,

avaient d'épaisses serrures. Dans cette désolante
solitude, Muller faillit devenir fou, comme Tchortoff; il fut autorisé à faire venir sa femme; mais
à la condition qu'elle gardât le secret et qu'elle ne
mît pas le pied dans l'appartement des prisonniers.
A dix ans, Jean risqua de mourir de la fièvre
maligne qui sévit dans ces parages. A douze ans,
on le sépara de Muller, qui reçut un domaine
comme récompense et fut nommé colonel d'un
régiment cantonné à Kazan. Selon les uns, le
soldat qui le gardait, selon les autres, la femme
de Muller, ayant pitié de Jean, le renseigna sur
son origine.

Son père, Antoine-Ulrich, détenu à quelques
centaines de pas de là, ne se doutait pas de l'abandon dans lequel languissait son fils, de l'autre
côté du verger dont les branches verdoyantes venaient caresser la fenêtre. On raconte qu'il supplia
la femme de Muller avec tant d'instance, qu'elle
enseigna à Jean à lire, à écrire et à faire ses prières. Jean passa encore cinq années à Kholmogory.
La coupe de ses infortunes n'avait pas encore
débordé. A dix-sept ans, on le transféra à la forteresse de Schlusselbourg.

— Pourquoi à Schlusselbourg?

— Le perfide et hautain Berlinois, cet égoïste et
dur Frédéric, qui avait poussé ces malheureux
vers ce désert, ce sépulcre de glace, est l'auteur de
ce crime; ou plutôt, c'est moi-même! oui, à moi
la faute!

Pendant quelques minutes, Lomonossoff, con-

centré en lui-même, contempla en silence la cheminée qui flambait.

— Trois ans avant ces événements, un gros marchand blond, imberbe, vint me trouver dans mon
laboratoire; il se disait le maire de Tobolsk, Jean
Zoubareff. Il me pria de faire des essais sur des
échantillons de minerais de Sibérie. Je les ana-
lysai. Il se trouva qu'ils ne provenaient pas de
cette contrée. Dans l'intervalle, il fit mention de
Kholmogory. « — Vous êtes de ce pays-là, me dit-
il; je veux y aller faire le commerce, si l'Etat me
donne une subvention pour exploiter ces mines. »
Je me liai avec lui. Nous fréquentâmes les tavernes; nous nous fîmes des confidences. On vint
à parler de Jean. Je lui dis mes opinions. Le marchand écoutait; il savait à quoi s'en tenir. « — Si
on enlevait Jean furtivement, dit-il, c'est cela qui
causerait de l'émoi. »

— Que lui répondîtes-vous ? fit Mirovitch.

— Moi! Je lui citai des raisons d'Etat et de
haute politique. « — Quel empereur voulez-vous
qu'il soit? dis-je; on en a fait un sauvage, il n'a
rien appris. » Les faux minerais firent mettre
Zoubareff sous les verrous; mais il s'évada. Un
an après, on l'arrêta à la frontière de Pologne, dans
un village dissident, comme espion du roi de
Prusse. J'ai ensuite appris qu'il s'était fait bapti-
ser dans une secte dissidente; qu'il appartenait
même à celle des.....? On le conduisit d'abord à
Kieff avec des voleurs de chevaux, puis à Saint-
Pétersbourg. A la chancellerie secrète, après une
admonestation suffisante, il fit à Alexandre Schou

valoff les aveux les plus complets. De sa prison, il s'était enfui par Starodoub à Viétka, dont j'ai fait mention en parlant du moine errant qui passait pour avoir enlevé Jean, et de là, par Krolévetz, à Berlin. L'émigré Manstein, anciennement à notre service, le présenta à Frédéric, qui le promut au grade de colonel de son régiment et l'envoya en mission auprès des dissidents. Par la promesse que ceux-ci obtiendraient l'autorisation d'élire leurs prêtres, il devait les préparer à se révolter en faveur de Jean; de là, partir pour Archangel, où aborderait, au printemps, un navire prussien, y soudoyer les soldats et les gardes du port, et amener Jean à Berlin. Frédéric donna en mains propres à Zoubareff mille ducats pour ses frais de voyage, et deux médailles, l'une à son effigie, l'autre à celle du grand'père de l'empereur détrôné.

Zoubareff avoua tout cela lors de l'enquête, et le confirma, à l'article de la mort, dans les cachots de l'inquisition d'Etat, où il finit ses jours. Sans la protection du favori, j'aurais peut-être passé par là; par bonheur, Zoubareff, mis à la question, ne dit pas un traître mot de nos conversations. Savine, sergent aux gardes du corps, fut expédié en toute hâte à Kholmogory. On mit Jean, la nuit, dans une voiture fermée, et on l'emmena. On intima l'ordre au geôlier de ne pas fournir le moindre prétexte qui pût faire supposer le départ du prisonnier, de continuer à adresser au cabinet des rapports, comme si Jean et sa famille se trouvaient toujours sous sa garde, et de veiller à ce que

les détenus ne prissent pas la fuite. Savine aména
Jean à Schlusselbourg au printemps; pendant
toute la route, il ne put lui dire où il le conduisait. A Schlusselbourg, Jean fut enregistré sous
nom du détenu *Anonyme*. Ses geôliers furent un
porte-enseigne et un sergent; Schouvaloff apprit
plus tard, que l'un avait été condamné pour
meurtre, puis gracié et transféré à ce poste; l'autre avait été presque assommé par ses soldats, à
cause de sa brutalité; chassés du service, on les
avait préposés à la garde de Jean. Leurs instructions portaient de ne permettre à personne de le
voir, de ne dire à qui que ce fût si le détenu était
Russe ou étranger, jeune ou vieux; dans leurs lettres à leurs familles, de ne pas faire mention du
lieu où ils se trouvaient eux-mêmes et d'où ils
écrivaient. A l'avènement au trône de Pierre, au
mois de janvier, le prince Tchourmantéeff, capitaine de la garde impériale, fut désigné comme
prévôt en chef.

— Quelle chance! figurez-vous que, l'autre soir,
chez la Dresdoise, on parlait de lui, et Roubanovsky écrit....

— Calme-toi, Basile... Je crains bien que les
rigueurs n'aient en rien diminué. Le commandant de cette forteresse a reçu l'ordre de n'y laisser
pénétrer personne, personne, fût-ce un général,
un feld-maréchal ou tout autre; bien mieux, si le
valet de chambre de Pierre demandait à entrer, on
a l'ordre de le renvoyer, en lui notifiant que l'accès
lui est interdit, sans une autorisation expresse de
la chancellerie. Cette dernière injonction excita,

à plus d'une reprise, la verve satirique de Schouvaloff. Or, ces instructions n'ont pas été rapportées.....

— Pourquoi avoir fait mention ici du grand-duc?

— L'héritier était alors en mésintelligence avec Catherine, et, par idolâtrie pour le roi de Prusse, il faillit se brouiller avec l'impératrice, sa tante. Celle-ci était outrée de l'esprit de contradiction et de chicane de son neveu. Elle ne réussit pas à le réconcilier avec Catherine, ne fût-ce que pour conserver les apparences. Aveuglé par son adoration de la Prusse, il allait jusqu'à ne pas croire aux victoires des Russes et à livrer à Frédéric les plans secrets de nos armées. Le chancelier Bestoujeff donna alors à Élisabeth le conseil de renvoyer son neveu et d'appeler à sa place, comme héritier du trône de Russie, Jean.....

— Ce prisonnier sur le trône? Ce masque de fer?

— Tu peux me croire. Il y a cinq ans, Élisabeth demanda à voir Jean en secret.

— Elle l'a vu?

— Les uns disent que cette entrevue eut lieu au palais Schouvaloff, sur la Perspective de Nevsky; d'autres, que l'impératrice, accompagnée du chancelier Vorontzoff, vit Jean près de Smolna, dans la maison de la veuve de l'ancien secrétaire de la chancellerie secrète. Un courrier l'emmena, une nuit, sous prétexte d'une consultation de médecin et le reconduisit le lendemain, de bonne heure, à Schlusselbourg. On l'avait habillé convenable-

ment. Il prit le faubourg de la capitale par lequel
il passa, pour un village, et ne devina pas avec
qui le hasard le faisait, après seize ans, de nouveau rencontrer. Élisabeth s'était revêtue d'habits
d'homme; elle jouait le rôle de docteur. L'air noble et modeste du malheureux l'affecta profondément. Elle le prit doucement par la main et lui
adressa deux ou trois bienveillantes questions.
Jean la regarda dans les yeux, et répondit d'une
voix déchirante; Élisabeth frémit et pleura. Elle
partit brusquement; elle ne le revit plus, et ne
s'informa plus de lui. Lorsqu'elle eut vent de l'intention de Frédéric de le délivrer, elle s'écria :
« — Il n'aboutira à rien, le roi ; s'il s'en mêle, je
ferai couper la tête à Jean. »

Lomonossoff attisa le feu. Quelques étincelles
jaillirent; mais les tisons s'éteignirent petit à petit.
La chambre devint obscure. Les colonnes de l'aurore boréale continuaient à éclairer de leurs gerbes
roses les arbres effeuillés du jardin.

— L'idée du renvoi de Pierre fut abandonnée,
poursuivit le savant. Il eut connaissance de l'entrevue secrète de sa tante avec Jean ; il commença
à craindre ce mystérieux rival. « — Où et comment est-il ? Qu'a-t-il dit à l'impératrice? Où se
sont-ils vus? Quel a été le résultat de leur conversation? » demanda Pierre aux gentilshommes qu'il
voyait venir faire leur cour au palais. Personne
ne put lui donner de réponse précise; tout cela ne
fit qu'irriter davantage l'impératrice. Une, deux,
cinq années se passèrent ainsi. A la mort d'Élisabeth, Jean n'en fut que plus oublié. Il vit depuis

vingt-deux ans sous les verrous. Il n'entend personne que ses geôliers. Je doute qu'il sache si ses
parents vivent encore, à quel endroit, à quelle
extrémité de son ancien empire se trouve sa prison. Pourquoi parler de lui? Il ne peut plus régner, il ne faut plus y penser. Mais, ne pourrait-
on pas lui rendre la liberté, lui permettre de voir
le jour et consoler son pauvre cœur? Ah! si tu
réussissais à aller là-bas, à t'informer de lui, rien
qu'à t'informer de lui! Dieu, je me le demande,
dans sa toute-puissance, ne fera-t-il pas un miracle? ne mettra-t-il pas un terme au martyre de cet
innocent?

Un gros soupir, qui semblait provenir d'un être
invisible, se fit entendre près de l'armoire.

— L'âme de Jean qui nous écoute? se dit Mirovitch, dont l'esprit fut traversé par une pensée
superstitieuse.

Lomonossoff se leva. C'était Hélène, tapie derrière le bahut. Il l'attira à lui et la couvrit de baisers. La petite fille tremblait de tous ses membres.

— Les méchants! Va-t'en, père, chez l'empereur, demande-lui la grâce de ce pauvre homme!

— Tu entends, Basile, fit Lomonossoff, en serrant sa fille sur sa poitrine, tu entends! Les enfants s'indignent..... eux, auxquels appartiendra
le royaume des cieux!

— Je partirai pour Schlusselbourg, je verrai
Tchourmantéeff. Coûte que coûte, je parviendrai
jusqu'à lui, qui sait? j'apprendrai peut-être quelque chose sur ce malheureux. On n'y laisse entrer

ni généraux, ni feld-maréchaux! Eh bien, nous verrons?

— Je me fais vieux, sans quoi, je te suivrais, Basile. Puissé-je t'assurer quelque puissante protection!

Lomonossoff ne put être d'aucune utilité à Mirovitch. Celui qui le tira d'embarras fut l'ami de Grégoire Orloff, le prince André Tchourmantéeff, le père du nouveau prévôt, le même chez lequel ses camarades avaient voulu aller achever leur partie de cartes et leur nuit d'orgie. Mirovitch obtint de lui une lettre pour son fils. Avec l'argent gagné au jeu, il se munit d'un uniforme à la prussienne, loua un attelage et partit pour Schlusselbourg. Ouchakoff lui rendit le service de lui donner quelques lignes de recommandation pour le commandant Bérednikoff, avec le neveu duquel il avait fait la guerre de Prusse.

Quinze lieues, le long de la Néva, par des chemins de traverse dans les forêts et les landes furent franchies comme un trait. Les quelques renseignements donnés par Kassatkine avaient fait sur Mirovitch une vive impression.

— Dame! avait dit le valet de pied, si Polixène a cherché à fuir la cour! c'est qu'on la harcelait! Une autre s'en serait allée bien plus loin que Schlusselbourg, au bout du monde!

— Je tremble pour toi, Basile! avait dit Anastasie à Mirovitch en le quittant.

— Vous plaisantez.

— Hélas! Basile, moi qui ai vu le bourreau écorcher des lanières de son knout, sur le Marché aux comestibles, toujours à cause de ce même Jean, la première dame d'atours, Nathalie Lopoukhine et avec elle, la belle Bestoujeff! Pouah! je meurs rien que d'y penser. Des trois queues crochues de son fouet il leur lacéra les chairs, laboura leur dos ensanglanté et devant la populace, il leur arracha la langue avec des tenailles. Où cours-tu? Ravise-toi, Basile?

— Ne craignez rien, Anastasie, avait répondu Ouchakoff, les temps ne sont plus les mêmes. Il reviendra triomphant et nous célébrerons son mariage.

— Toi, tu ne penses qu'aux noces, pique-assiette! grogna la vieille.

C'était le samedi de la quatrième semaine du carême. La fête de l'Annonciation avait lieu cette année-là le 7 avril pendant la semaine de Pâques.

Mirovitch en prit bonne note, son congé ne lui avait été accordé que jusqu'au dimanche de Pâques; le lundi suivant, Pierre se disposait à se transporter dans son nouveau palais; ordre avait été donné à tous les officiers de faire ce jour-là acte de présence à la grande parade.

Mirovitch à Schlusselbourg, congédia son voiturier, et passa la nuit dans une hôtellerie; le lendemain il erra dans la ville et sur les bords du lac Ladoga; à la brune, entendant sonner vêpres à la chapelle de la forteresse, il traversa les fossés couverts de glace; il déclara au factionnaire qu'il apportait des lettres pour le commandant et le prince Tchourmantéeff. On le laissa entrer. Il dirigea ses pas du côté de la chapelle.

— Ces pieuses gens, se dit-il, m'indiqueront par où je dois passer pour aller chez le prince.

L'air était imprégné de brouillard, il gelait légèrement; on sentait que le printemps était proche.

VII

L'office du soir était terminé ; on sortait de la
chapelle ; les militaires de la garnison retournaient
à leurs casernes, les habitants de la ville repre-
naient le chemin de la porte de la forteresse. Mirovitch s'adressa à l'aumônier, le père Isaïe, un
homme robuste, grêlé, au teint blanc, à la barbe
blonde qui répondit avec affabilité :

— Vous avez une lettre pour le prince Tchourmantéeff ? Est-elle de son père ?

— Oui, de son père ; j'ai à la lui remettre en
mains propres.

Le prêtre fit la moue, caressa de la main sa
barbe touffue. C'était bien un bon homme que le
père Isaïe, mais c'était un vrai fainéant ! Toute la
sainte journée étendu sur un divan, il prenait
dans cette position la nourriture que lui tendait
sa fille, aussi bonne et aussi indolente que lui.
Dans la paroisse qu'il desservait avant d'être

transféré à Schlusselbourg, son presbytère n'avait ni haie ni fossé; l'écurie resta plusieurs années sans toiture; la vache et les chevaux étaient tenus à l'attache en plein air, au hasard, dans les enclos voisins. Ses paroissiens l'appelaient le père Gueux.

— Le prince Tchourmantéeff est malade; il ne demeure pas avec nous, mais bien dans cette maison, là-bas, derrière celle-ci, de l'autre côté du pont, avec ce mur et ce pignon noir... voyez-vous?

Le prêtre, relevant sa soutane d'une main, désigna de l'autre une tourelle et une haute muraille, servant d'enceinte.

— Vous avez bien besoin de le voir? continua-t-il.

— C'est pour cela que je suis venu. Mon affaire ne saurait être remise. J'ai fait la campagne avec le neveu du commandant.

— Je crains bien que vous ne réussissiez pas. On va fermer les portes. Moi, j'habite dans la forteresse et de plus, dans la ville. Le régime est rigoureux ici! Vous venez de Saint-Pétersbourg?

— Oui...

— Cela ne vous irait pas, d'avoir fait la route pour rien? Passons par ici. Allons jusque chez moi. Vous attendrez. J'essaierai de faire parvenir votre lettre au prince. J'ai souvent l'occasion de le voir. Sa gouvernante donne des leçons à mes fils qui vont entrer au séminaire. Voici trois mois que nous vivons ainsi. On était autrement sévère jadis; mes offices dits, je passais la porte de la forteresse et je retournais à Schlusselbourg. On a plus de liberté sous l'empereur actuel! Rentrez, s'il vous plaît.

L'aumônier introduisit Mirovitch dans sa chambre et le fit asseoir.

— Le prince envoie chercher la lettre! annonça-t-il à Mirovitch quelques instants après.

Le père Isaïe ouvrit la porte d'une chambre contiguë. Le messager du prince atttendait, debout, la face tournée vers la fenêtre, inondée des derniers reflets du crépuscule. Mirovitch tressaillit, recula. Ce messager, c'était Polixène!

Le trouble de l'officier et de la jeune personne n'échappèrent pas au père Isaïe; il vit la perplexité et l'allégresse peintes sur leurs visages. Mirovitch avec passion, Polixène avec embarras, se tendirent la main et se regardèrent sans se rien dire.

— Un rendez-vous! Ah! des amoureux! pensa le prêtre qui sortit et ferma la porte. — La clarté de la vie pénètre jusque dans notre antre!

— Quels destins! Quelle surprise! D'où Dieu vous amène-t-il? dit Polixène.

— De l'armée. J'avais soif de vous voir. J'aurais tout abandonné...

Mirovitch ne détachait pas de Polixène ses yeux qui rayonnaient de bonheur. Elle laissa tomber ses bras et la tête légèrement inclinée, selon son habitude, se détournant à demi, elle le regarda pensive et souriante.

— Je ne suis plus votre bergère! Ces temps sont envolés. Pourquoi êtes-vous venu?

— Vous êtes toujours la même! Vous n'avez pas changé! C'est moi qui n'ai pas répondu à vos vœux! Je ne suis devenu ni riche, ni considéré. Je n'ai qu'un mérite, je ne vous ai jamais oubliée. Sitôt que je l'ai pu, je suis accouru. Pourquoi ne m'avez-vous pas écrit? Pourquoi avez-vous cessé subitement de m'écrire? Vouliez-vous me tourmenter davantage?

Polixène le fit asseoir à ses côtés; son bienveillant sourire ne la quittait pas. Basile lui parla de ses lettres à Tchourmantéeff et à Bérednikoff.

— Et voilà comment je m'y suis pris, ajouta-t-il.

— Quel enfantillage! venir pour moi, abandonner ses affaires! En valais-je la peine? Et que d'événements, que de changements depuis notre séparation!

— Vous avez disparu, vous vous êtes si bien cachée que vos traces étaient perdues. Je désespérais déjà : c'est un miracle de vous avoir découverte.

— Mais ce qui se passe ici... fit-elle en indiquant les sombres murs dont les fondements disparaissaient dans l'ombre tandis que la partie supérieure en était effleurée de la dernière lueur du soleil couchant, le savez-vous? Comment vous a-t-on laissé entrer?

— Vous auriez été au fond de la mer que je vous aurait rejointe. J'ai appris qu'on vous poursuivait. Devant qui avez-vous fui? Dites-le-moi?

— Savez-vous qui est détenu ici?

— Je le sais.

— Depuis sa naissance ! Enfermé, encore enfant, entre quatre murs, sans air ni lumière !

— Je l'ai appris. Je ne l'aurais pas cru. Que
Dieu ne fasse partager ce sort à personne ?

Une pensée traversa l'esprit de Polixène : — Il
est audacieux, se dit-elle, essayons !

— Vous avez voulu parler à Tchourmantéeff ?
Pourquoi ?

— Je n'ai cherché à voir que vous, vous seule !
Il m'a servi de prétexte.

— Vous avez fait la campagne avec le neveu du
commandant.

— Il a été blessé sous mes yeux, devant les
murs de Berlin, le jour où Horwath bombardait
la porte de Halle ; Ouchakoff et moi avons assisté
à son enterrement.

— Donnez-moi vos lettres ! Revenez demain. Il
se fait tard. En venant nous voir, souvenez-vous
de ce que je vous dis, soyez prudent. Il y a pour
cela une raison.

— Laquelle ?

— Tchourmantéeff est tombé malade, il y a
deux semaines, il a été très alarmé ; un incendie
avait éclaté dans le cachot.

— Et le prisonnier l'a-t-on sauvé ?

— Oui, mais Tchourmantéeff s'est démis le
pied, en glissant sur le perron couvert de verglas.

— Et qu'a-t-on fait de Jean ?

Polixène se tut comme pour observer si on ne
l'entendait pas.

— Tchourmantéeff, mais ceci sous le sceau du secret, a pris Jean chez lui.

— Chez lui ?

— Le prince n'a confiance en personne. Au nom de Dieu ! Rien de ceci à qui que ce soit ! Donnez-moi votre parole.

— L'avez-vous vu ?

— Dois-je le dire, pensa Polixène. Comment l'aurais-je vu, on ne peut pas le voir. Mais qu'est-ce que cela peut vous faire ?

— Qu'est-ce que cela peut me faire? Mais il s'agit du prince Jean, ne l'oubliez pas...

— Le commandant est sévère, très sévère ; il ne connaît que ses ordres. Il ne l'aurait pas pris ainsi chez lui s'il n'avait pas craint qu'on l'accusât de cet incendie. Jean a failli en être étouffé ; si l'on n'avait pas aperçu de la fumée sur le seuil du cachot, il aurait été perdu. Le chef se taisant, les autres font de même.

— Bérednikoff fautif ?

— Tchourmantéeff lui avait à plusieurs reprises adressé des rapports sur les réparations nécessaires et prédit un accident. Il aurait aussi dû en référer à Saint-Pétersbourg, faire savoir que le commandant n'écoutait pas ses avertissements. L'un et l'autre ont une part de responsabilité.

— Où demeure Tchourmantéeff ?

— Là-bas, derrière cette muraille. Nous logeons en haut ; en bas est le corps de garde. Nous avons sept chambres. Jean... me promettez-vous de n'en rien dire ?

— Je vous le jure.

— Est enfermé dans la dernière. Cette fenêtre grillée est la sienne. Une porte de sa chambre donne sur la cuisine, une autre communique avec notre appartement; celle-là est pour le service;. les aliments lui parviennent par celle-ci. Tchourmantéeff a les clefs des deux.

— Qui porte à manger à Jean ?

— Tchourmantéeff.

— Il est malade, dites-vous?

— Oui; il en est fort ennuyé.

— Il a des adjoints ?

— Il y a longtemps que Jean ne supporte plus leur présence. Ils l'ont trop vexé du temps des prédécesseurs de Tchourmantéeff. Quelle rigueur! Ordre de tuer quiconque s'aviserait de le délivrer. Quant au subordonné qui commettrait la moindre désobéissance, le prévôt peut le faire enchaîner et rouer de coups de verges ou de fouet. A demain, Basile. Au nom de ce que vous vénérez le plus, pas un mot de ce que je viens de vous révéler! Peut-être, vous ou un autre, qui sait!... De cela, nous parlerons une autre fois! N'oubliez pas de prier Tchourmantéeff et Bérednikoff de nous permettre de nous voir. Adieu.

Mirovitch baisa la main que Polixène lui tendait.

— Ils s'embrassent! tout va bien alors, se dit le père Isaïe, qui entra. — Et à Quasimodo la noce! Dame! nouveaux temps, nouvelles mœurs!

Au matin, Mirovitch se rendit chez Tchourmantéeff, qui parut ne pas savoir qui était celui qu'il recevait; prévenu par Polixène, le malade,

dans son lit, fut plein d'attentions pour Mirovitch ; il lui dit qu'il s'était foulé le pied en descendant d'une montagne de glace élevée pour ses
filles pendant le carnaval, le remercia des nouvelles qu'il apportait et le questionna sur le neveu
du commandant.

— Son vieil oncle sera heureux de vous voir.
Voici notre consolatrice ; elle surveille mes filles
orphelines et me soigne, moi. N'aurait-elle plus
longtemps à rester avec nous? La colombe ira rejoindre son ramier !

Polixène ne l'écoutait pas ; ses idées erraient au
loin.

— Magicienne! pensa Mirovitch, tu les as tous
charmés et captivés !

Il se leva, et demanda à Tchourmantéeff l'autorisation de continuer ses visites.

— Jouez-vous aux échecs? Notre vieux commandant est grand amateur.

— Oui quelquefois, pour me distraire.

— Parfait alors, allez lui présenter vos hommages. Il ne vous coupera pas la tête parce que
vous êtes fiancé! Adonis aussi aurait poursuivi
son amante jusques dans notre fosse. Ah! quels
temps! Il ne tolérera pas vos rendez-vous chez
moi ; demandez-lui de pouvoir vous rencontrer
dans sa maison.

En sa qualité de prétendant à la main de Polixène, quoiqu'il n'y eût pas encore de promesse
de mariage, Mirovitch reçut la permission de venir
à la forteresse. Le commandant le reçut d'abord
avec froideur ; mais tout s'arrangea la soirée sui-

vante, lorsqu'il gagna au nouvel arrivant quelques
roubles neufs, à l'effigie de Pierre III.

— Le prince Tchourmantéeff, dit Bérednikoff
gravement; m'a sollicité en votre faveur. Raisons
d'amour ont leur raison d'être. Il répond donc de
vous! N'allez pas nous enlever notre bien-aimée.
Attendez qu'elle vienne à vous.

— Vous voilà contente? demanda Tchourmantéeff à Polixène. Que Dieu vous protège. Il
compte sur votre discrétion. Epanchez-vous tant
qu'il vous plaira; mais, quant au reste, motus!
Vous me comprenez?

Mirovitch fit bientôt connaissance avec la garnison; les sentinelles, aux portes de la forteresse et
à l'entrée de l'enceinte réservée où demeurait le
prévôt, le laissèrent circuler sans obstacle. Il venait chez le commandant jouer aux échecs, puis
passait chez Tchourmantéeff, où il restait souvent
assez tard dans la soirée. Il essaya de surprendre,
au milieu du tranquille va-et-vient domestique,
quelque indice sur celui qu'il savait être détenu
dans une de ces chambres.

Mais rien. Les murs étaient muets, ou ne retentissaient que des joyeux ébats et des éclats de
rire des enfants de Tchourmantéeff, dont la chambre était contiguë à celle du prisonnier. Il entrevit
au fond une porte fermée; elle ne pouvait que
communiquer avec celle de Jean.

Polixène, lorsque le temps était beau, sortait
avec ses élèves, accompagnée de Mirovitch. Les
petites filles couraient, jouaient. Mirovitch se
lançait dans d'interminables discours sur son

passé, son séjour à l'école, sa récente campagne, faisait des plans d'avenir, calculait comment et quand se ferait le mariage, se publieraient les bans et serait fixé le jour de la cérémonie. Ces propos irritaient Polixène. Elle avait pitié de lui; elle s'avouait avec dépit que ce n'était point de ce côté que se reportaient ses pensées. Elle prêtait une oreille distraite aux confidences de Mirovitch pendant qu'elle se répétait à elle-même : — Pauvre prisonnier! personne ne pense à toi!

Elle prit un parti : dès que le prévôt aurait réinstallé le captif dans son ancienne demeure, et que sa santé se serait rétablie, elle retournerait à Saint-Pétersbourg, descendrait chez les Ptitsyne, d'où elle enverrait une autre institutrice à sa place.

— Et notre mariage? disait Mirovitch.

— Il ne manquera pas d'arriver! Nous avons attendu : nous attendrons. J'ai un autre souci, comprenez-vous, un autre souci?

— Lequel?

— Je veux vous mettre à l'épreuve.

— Eprouvez-moi, induisez-moi en tentation! qu'elle soit pénible, peu m'importe.

— Soyez prêt!

— Quand donc?

— Je vous le répète, soyez prêt.

— Vous nous quittez, dit un jour Tchourmantéeff à Polixène. — Que faire! Le destin fait la loi. Que Dieu vous ait en sa sainte garde! Je ne désire qu'une chose, que mes filles se préparent à la communion pendant que vous êtes au milieu

8

de nous, et pour que Jean ne soit plus importuné du bruit de leurs jeux et de leurs allées et venues, faites-moi le plaisir de commencer dès aujourd'hui.

Polixène conduisit matin et soir ses élèves à la chapelle. En son absence, Mirovitch ne quittait pas le paravent derrière lequel était couché Tchourmantéeff; il répétait à Polixène ce qu'il avait observé et entendu dans les pays étrangers, ou bien encore, il lui lisait des pages de *Robinson Crusoé*.

Un jour, Polixène, tenant un plateau garni de dessert, prit sous le coussin le trousseau de clefs, disparut un moment, revint mettre les clefs à leur place et se rendit à la chapelle. Les petites filles et leur vieille bonne devaient, ce soir-là, après vêpres, aller à confesse. Tchourmantéeff resta seul avec son hôte.

Mirovitch ouvrit *Robinson Crusoé*; il en avait lu une dizaine de pages lorsqu'il entendit derrière le paravent un léger ronflement. Tchourmantéeff, épuisé par de longues insomnies, s'était doucement endormi. Mirovitch ferma le livre, s'enfonça dans son fauteuil et se prit à rêver.

— A quelle épreuve Polixène veut-elle me soumettre? A quoi vise-t-elle? Je suis prêt à faire ce qu'elle voudra.

Mirovitch était ainsi à réfléchir depuis longtemps, lorsqu'il fut réveillé en sursaut. Il avait entendu le grincement d'une porte et un bruit de pas, comme si quelqu'un avait, en passant, remué un meuble et s'était ensuite arrêté. Il croyait ou qu'il avait rêvé ou que le bruit venait du dehors, lorsque le frôlement se renouvela.

— C'est la servante qui sera allée faire les lits et qui s'en retourne, se dit-il. Mais non, ce n'est pas elle, puisqu'elle est à vêpres !...

La porte de la chambre voisine s'entr'ouvrit lentement. Une figure humaine apparut sur le seuil. Mirovitch demeura stupéfait. Cet homme, jeune encore, long, maigre, au nez régulier, tenait un flambeau à la main. Il avait de grands yeux bleus, une barbe naissante châtain clair, d'épais cheveux blonds qui lui descendaient sur les épaules. Il portait une vieille veste de matelot ouverte, une grossière chemise, des culottes bleues rayées et des souliers sans bas. Son teint, blanc et délicat, témoignait qu'il n'avait jamais été incommodé par les rayons du soleil. Son aspect, grave et doux à la fois, était celui d'un ascète. Son regard, qu'il élevait avec effort, était timide ; ses lèvres blêmes, hésitantes comme celles d'un enfant, proférèrent quelques mots. Il s'arrêta un instant et se retira dans la chambre voisine, d'où il continua à regarder avec une vague fixité.

— Serait-ce le prisonnier d'État ? Serait-ce Jean ? Comment est-il sorti ? Polixène aurait-elle oublié de fermer la porte ?

— De grâce, approchez, murmura d'une voix douce le mystérieux personnage.

— Polixène va répondre de tout, pensa Mirovitch en jetant un coup d'œil sur Tchourmantéeff qui dormait.

Il se leva et s'avança sur la pointe des pieds jusque vers la porte.

— Oh! Sauvez-moi. Où est-elle? dit le jeune homme.

— Qui? Majesté! articula Mirovitch.

— Cette femme, je ne sais comment on l'appelle...

— Il divague, ou il est fou! Et comme il bégaie! Défaut de famille! — De quelle femme voulez-vous parler?

— De cette fille aux cheveux d'or, qui surveille les enfants de cet homme. Je ne dors plus; je ne fais que songer à elle, toujours à elle. M'arracherai-je jamais à ces lieux?

— Qu'entends-je? pensa Mirovitch. Il aime Polixène! Elle est à lui, et elle me le cache! — Elle n'est pas ici! que désirez-vous d'elle?

— Elle m'avait promis un livre.

Jean hésita. Ses traits exprimaient la méfiance et la peur.

— Ne craignez rien. Quels livres vous a-t-elle promis?

— Un abrégé d'histoire, la généalogie des souverains de la Russie.

— L'ouvrage de Lomonossoff! S'y serait-il attendu?

— Il y est question des empereurs, de Pierre et de son frère, de mon arrière-grand-père, le tsar Jean...

— Je vous apporterai tous les livres qu'il vous plaira.

— Comme Jean-Baptiste, je suis persécuté et

une Hérodiade, un Frédéric, attentent à mes
jours.

— Quelle Hérodiade?

— Avez-vous entendu parler de ce monstre?
dit le prisonnier qui s'empara du bras de Mirovitch, de cette Hérodiade qui avait la rage et qui
demandait une tête? Dites, est-il vrai que cette
rousse n'est plus de ce monde?

- Hein?

— Je parle d'Elisabeth. Il n'y a pas d'être plus
méchant que la femme; Hérodiade s'est fait servir
une tête à son repas...

— Elisabeth est morte. C'était une femme de
cœur.

— Ah! Elle n'est donc plus de ce monde! Qui
habite maintenant mon palais?

— Pierre.

— Est-ce à lui que je dois un peu plus de liberté?

— On aura pour vous des égards, sans aucun
doute.

— Tyrannie, lâcheté! Les femmes n'ont pas de
cœur. Celle-là n'a fait quartier à personne, et n'a
rien respecté. Comment est-il, ce Pierre?

Mirovitch sortit de sa poche un rouble neuf à
l'effigie de l'empereur. Le prisonnier l'approcha
de la lampe et le contempla avec un vif intérêt.

— Vous, venez à mon aide! dit-il.

— De quelle manière?

— Une lime seulement! la grille franchie, un
canot sur le lac, des chevaux sur le rivage, et alors
à travers monts et forêts!...

8.

— J'ai pitié de vous. Mais j'ai prêté serment à
Pierre ; je ne puis le trahir... Écrivez à votre cou-
sin. On me coupera la tête, mais je lui ferai parvenir votre lettre, et si après, vous deviez jamais
être de nouveau maltraité, faites-le-moi savoir, je
viendrai à vous, je sacrifierai ma vie pour vous.

Ces paroles étaient sorties brûlantes du cœur de
Mirovitch. Jean, cédant à une joie enfantine, le
regarda, lui tendit une de ses mains et de l'autre
lui frappa sur l'épaule :

— Merci ! lui dit-il. Les autres sont des lâches.

— Voici un morceau de papier et un crayon.
Vous me jetterez votre lettre par le guichet. Ex-
posez tout, franchement, à l'empereur. Il ne garde
pas rancune ; ce sont les autres qui ont de la mémoire pour lui.

Mirovitch n'avait pas achevé que derrière lui des
pas retentirent. Il se retourna : c'était Polixène.

— Insensés ! qu'avez-vous fait ? dit-elle.

Elle saisit Jean par la main et le ramena dans
sa chambre. Elle reconduisit Mirovitch jusqu'au
perron et revint s'assurer que le malade ne s'était
point réveillé ; elle alla fermer la porte, éteignit la
lampe et se jeta en sanglotant sur son lit, la face
contre l'oreiller.

Le lendemain, Mirovitch arriva chez Tchourmantéeff, sombre, tourmenté par la jalousie et as-
sailli par le doute.

— Pour quelle raison m'a-t-elle caché la vérité ?
Toujours ce satanique orgueil, pensait Mirovitch !
Le sort de cet infortuné l'a-t-il troublée à ce
point ? Des femmes, des filles de geôliers se sont

amourachées de leurs prisonniers, données à eux ;
elles ont fui et péri avec eux !

— Vous avez vu le prisonnier, Polixène ? dit
Mirovitch.

— Jean a besoin d'aide, et je n'ai de compte à
rendre à personne.

— Pourquoi dissimuler avec moi ? N'auriez-
vous pas confiance ?

— Ce secret n'est pas le mien ; maintenant que
vous en avez connaissance, gardez-le religieusement. Savez-vous de quoi vous êtes menacé ?

— Je sais tout cela et vous n'avez pas confiance
en moi. Voilà ce qui m'offense ! En quoi ai-je mérité cette injure ? Ne m'étais-je pas offert à toujours
exécuter vos ordres, à me soumettre à toutes vos
épreuves ?

Polixène se domina ; câline comme une chatte,
elle lui prit les mains et le regarda avec un sourire
candide.

— La vie se déroule devant vous. Vous pouvez
vous attendre à tout ; lui, il restera dans son tom-
beau et personne ne songera à le secourir, à alléger
sa destinée !

Des larmes l'empêchèrent de continuer. Elle
pleura, sans détacher sa tête de l'épaule de Mirovitch, comme si elle eût été indifférente aux
baisers ardents dont il couvrait cette tête fière,
pleine d'énigmes, si sensible aux malheurs d'autrui.

A la fin de la cinquième semaine du carême,
les réparations du cachot furent achevées. Tchourmantéeff alla assez bien pour pouvoir marcher

sans béquilles et une nuit il procéda au transfert du détenu dans la tourelle.

Mirovitch, tout en pressant Polixène de partir, attendait que Jean lui jetât par le guichet ou lui transmît d'une autre manière une lettre pour l'empereur. Il se ressouvint d'avoir dans son enfance sauvé un petit chien qui se noyait : — Lui aussi, je le sauverai! se dit-il.

Quelques jours se passèrent ainsi. Le guichet était clos, et personne ne vint apporter de lettre. Mirovitch demanda à Polixène si le prisonnier lui avait dit en qui et sur quoi il espérait ; elle répondit avec humeur que Jean avait été emmené avec tant de mystère, qu'elle-même ne l'avait appris que le lendemain.

Le départ de Polixène fut fixé pour la fin de la semaine de Pâques. Elle invita Mirovitch à un entretien chez l'aumônier. Il vint; ils restèrent seuls. Polixène baissait la tête.

— Je suis coupable, Basile. Je vous ai longtemps laissé dans l'attente, dans l'inquiétude. Je vous posai, pardonnez-le-moi, des conditions insensées. J'y vois clair, à l'heure qu'il est. J'ai appris à vous estimer, j'ai confiance en vous.

Ces mots ravirent Mirovitch et le transportèrent au septième ciel. Brûlant et frissonnant tour à tour, il suivait avidement les paroles de Polixène, qui ne relevait pas la tête.

— Mais, je vous l'avouerai sans détours, continua-t-elle, j'oubliais, je perdais de vue la chose principale, mes obligations envers vous. Si le destin l'avait voulu, supposons que tout fût consommé, que vous aurais-je apporté? Je suis une orpheline sans nom, sans famille. Je suis pauvre; de plus, mes habitudes, mon caractère indocile...

— De grâce! Polixène: un mot seulement. Dites que vous êtes à moi. Que vous faut-il encore?

— Ne parlez pas ainsi. Ce qu'alors, j'exigeai de vous en plaisantant, je l'exige aujourd'hui sérieusement de moi-même, La vie est un chemin parsemé d'épines. Ecoutez-moi!

Elle se rapprocha de Mirovitch.

— Elevée au palais, j'ai pendant de longues années été au service de la défunte impératrice. On a été satisfait de moi; qui sait! on ne m'aura peut-être pas oubliée. Voici ma résolution. C'est à vous que je confie mon secret. Partez sur-le-champ pour Saint-Pétersbourg, demain, aujourd'hui même, et jetez ma lettre que voici dans la boîte, devant le palais.

Polixène sortit de dessous son corsage un pli cacheté.

— Que vois-je? Une lettre adressée à l'empereur?

— Oui, l'empereur ouvre lui-même cette boîte et il lira cette lettre. S'il exauce ma prière, je suis à vous, sinon, non, et alors vous me pardonnerez. Je demande un secours d'argent.

Mirovitch essaya de la dissuader, de lui prouver que rien de pareil n'était indispensable. Polixène ne céda pas.

— Et s'il n'y a pas de réponse, combien de temps faudra-t-il attendre encore?

— Si à Pâques, je n'ai pas eu de réponse, nous partirons d'ici, je vous en donne ma parole.

Mirovitch reprit la route de Saint-Pétersbourg et glissa la lettre dans la boîte du palais.

VIII

C'était le 17 mars. Un air tiède pénétrait l'atmosphère. L'eau ruisselait des toits, la neige fondait et disparaissait aux endroits exposés au soleil. La glace des fossés, d'un bleu d'azur, se fendait et craquait sous les pas, présage de l'imminente débâcle de la Néva. Les ouvriers en allant le matin à la forteresse s'attendaient à s'en retourner le soir en bateau. Un vent sec dissipa le vaste brouillard qui couvrait le lac Ladoga ; mais dans la nuit une violente tempête, mêlée de tourbillons de neige, se déchaîna avec fureur, ébranla les toits, les fenêtres et les portes ; elle hurlait dans les embrasures et dans les couloirs des fortifications.

La matin du 18, Bérednikoff, avec le prévôt et son adjoint, montèrent sur le mur extérieur pour examiner le fleuve. Le vent s'était apaisé. La Néva, dégagée de son armure, roulait en masses compactes d'énormes glaçons blancs.

Des barques transportaient les ouvriers et les gens de service de la forteresse. Sur la rive opposée, Bérednikoff aperçut avec sa lunette deux voitures attelées de six chevaux autour desquelles s'empressait une troupe de bateliers.

— Qui cela pourrait-il être ? dit Bérednikoff au prévôt.

— Cette voiture arrive de Saint-Pétersbourg, il n'y a pas de doute.

— Serait-ce une inspection, par hasard? Aurait-on eu connaissance de l'incendie dans la prison ? Heureusement, tout est terminé.

Il jeta un coup d'œil inquiet sur sa dragonne, sur son vieil uniforme, sur ceux de ses officiers :

— Hé! caporal Vérébieff, il faudra démarrer un canot et peut-être la chaloupe.

— C'est probablement quelque nouveau pensionnaire ! dit en soupirant Tchourmantéeff.

Les officiers descendirent de la muraille. Une chaloupe à huit rang de rames et un canot, montés de bateliers, pourvus de gaffes pour écarter les blocs de glace, quittèrent la forteresse et se dirigèrent vers Schlusselbourg.

Les hôtes inattendus, vêtus de pelisses d'ours qui cachaient les décorations dont leurs poitrines étaient couvertes, coiffés de tricornes ou de bonnets de zibeline, attendaient sur le quai, près des voitures. C'étaient l'aide de camp favori de Pierre, le général baron Charles d'Ungen-Sternberg, un homme d'une trentaine d'années, au visage couvert de taches de rousseur, le grand-maître de police de Saint-Pétersbourg, Nicolas de Korff, un bon vieux à la petite figure ronde et ratatinée, le fastueux et hautain grand-écuyer Léon Na-ryschkine, le général Melgounoff, enfin le secré-taire intime de l'empereur, Démétrius Volkoff, âgé de trente quatre ans seulement et déjà voûté. Les voituriers et les bateliers, frappés de la prestance de Narychkine, le prirent pour l'empereur. La populace se tenait à distance, chapeau bas, admi-rant les nouveaux venus. Ungern s'occupait des détails de la traversée. Au milieu de ces person-nages gesticulait un officier d'état-major de la garde, de taille moyenne, à la poitrine plate, ne payant pas de mine et marqué de la petite vérole; il portait un petit tricorne à la prussienne, une canne, un énorme sabre, de hautes bottes et un simple manteau. Ses yeux gris et ronds sem-blaient endormis; le vent lui avait rougi le nez; il ne s'était pas rasé ce jour-là; ses éclats de rire étaient bruyants comme ceux d'un enfant. Il plaisantait avec le grave entourage, qui prêtait une oreille complaisante à ses paroles prononcées avec un accent particulier d'une voix distincte et perçante.

— Sais-tu, Volkoff, qu'on dit que toi et ce... *dass Ihr Beide mit diesem renommirten Chica-neur*, mauvais coucheur de Lomonossoff, avez fait le projet d'expulser tous les Allemands de Russie?

— Double calomnie, Majesté! moi, un partisan de ce suppôt des libres penseurs!

— Gare à toi! C'est pour cela que tu as risqué d'être égorgé. *Und noch ein Punkt, Saperment!*

j'aurais dû te faire arrêter ; je te fais grâce ! Il
s'est permis de qualifier mon épouse d'impératrice ! Mais je me rappelle tes anciens services. Il
me livrait, à moi, grand-duc, copie des protocoles
secrets du conseil privé ! Il trahissait feu ma tante ;
moi, il m'a fidèlement servi. Je les dévoile tes
fourberies. Trop de zèle, brave homme !

— Majesté !

— Peut-être rapportes-tu tout à ma femme aujourd'hui, comme autrefois à moi-même ? *Pah!*
s'ist mir Alles Eins!... Madame La Ressource,
qui sait ? connaît tout, sans recourir à des délateurs. Ah ! femmes sans cœur et rusées ; elles sont
toutes les mêmes ! Voici la chaloupe, Charles,
Léon, *Herr Baron*, asseyez-vous. *Nun vorvœrts!*
partons.

Ungern, Korff et Melgounoff entrèrent avec
Pierre dans la chaloupe ; Narychkine et Volkoff
les suivirent dans le canot.

— Voilà comme il rit toujours ! il me raille et
m'humilie devant les autres ; c'est à ne pas savoir
où porter les yeux ! dit Volkoff.

— Et ce voyage ici ? ajouta Narychkine, qui
d'ordinaire était fort insouciant ; il s'y est pris
pour le faire, comme s'il s'agissait d'un incendie !
Il n'en a pas même informé son oncle, le prince
George !

— Moi, il m'a emmené par hasard, au moment
où il était déjà en voiture. Pourvu qu'il ait son
tabac à fumer et sa pipe de soldat, c'est tout ce
qu'il demande. Lui vient-il une idée ? *Vorwœrts,*
drauf los! cela lui suffit !

— Qu'est-ce que c'est que cette nouvelle aventure? Comment Schouvaloff n'en a-t-il pas été informé?

Volkoff se représenta l'œil droit de Schouvaloff enflammé par les scènes de question et de torture à l'ancienne chancellerie secrète. Comme cet œil aurait cligné! pensa Volkoff; comme sa joue droite se serait contractée! si on lui avait dit que l'empereur allait ainsi tête baissée à cette entrevue.

— Je devine. Pierre aura reçu quelque lettre anonyme. Il ne lui en a pas fallu davantage pour partir. Quelle nécessité de voir Jean!

— Qu'en pensez-vous?

— C'est pour faire enrager sa femme. Il lui répète sans cesse : Je ne connais pas Jean; mais il faut lui venir en aide.

— Votre avis?

— Jean est imbécile; il a le cerveau desséché. Schouvaloff en a parlé derièrement. Et il la connaît cette affaire; tous les rapports lui ont passé par les mains; on y disait que Jean avait perdu la mémoire, qu'il bégayait, qu'il était devenu mélancolique. La belle envie d'aller s'aboucher avec ce benêt. Tracas et perte de temps! Je manque ma soirée chez Vorontzoff; on y joue au biribi dans deux salons. Et le comte de Saint-Germain qui nous avait promis de raconter des histoires de revenants!

— Les vivants nous donnent assez à faire! Une lettre anonyme? Quelle peut être cette main qui extravague? Comment la surprendre? — Cela viendrait-il encore de Berlin, par hasard? Serait-ce un nouveau tour de Frédéric? Ou bien faut-il les chercher ici, tout près, ces intrigues?

Les bateaux abordèrent. La conversation avait été d'un autre genre sur la chaloupe.

— J'appréhende cette entrevue. Après tout, Jean est un homme, un gentilhomme!

— Mon embarras n'est pas moindre? C'est moi qui l'ai mené tout petit à Kholmogory.

— En toute justice, *schlicht und recht*, c'eût été à lui de régner.

— *Majestät*, intervint Ungern, avec suffisance, il était alors inutile de venir ici.

— Inutile! voici vingt-deux ans qu'il est détenu! Ah! c'est ainsi que vous êtes, vous. Vous allez entendre parler de moi.

Pierre se dirigea avec sa suite vers la porte, à gauche, où le commandant le reçut; il fut aussitôt reconnu. Il prit des mains d'Ungern un rescrit qu'il avait signé le 17 mars et adressé à Bérednikoff; il le lui tendit, en portant la main à son chapeau.

Ce rescrit lui notifiait, au nom du souverain, de laisser visiter les prisons de Schlusselbourg à Ungern, ainsi qu'aux autres personnages qui l'accompagnaient, et, s'ils le désiraient, d'avoir une entrevue sans témoins avec les détenus; en outre, de ne faire aucune opposition dans le cas où Ungern ordonnerait, comme il y était autorisé par la volonté impériale, de se transporter dans un autre lieu avec son prisonnier et le personnel sous ses ordres.

— Qu'est-ce que cela? demanda Pierre, en touchant de sa canne la pesante porte de chêne sur le battant gauche de laquelle on lisait cette inscription en suédois : 18 *mai* 1649.

— Punissez-moi d'avoir négligé de faire disparaître cette inscription, balbutia Bérednikoff.

— On n'efface pas des inscriptions comme celle-là ; ces chiffres datent de l'époque des Suédois. Ces dalles, Pierre le Grand les a foulées il y a soixante ans.

— Les dalles, on ne les a pas ôtées ! hasarda Bérednikoff.

— Il n'aurait plus manqué que de vous en servir pour paver votre escalier ! Où est le prisonnier anonyme ? Conduisez-nous vers lui.

Bérednikoff présenta le prince Tchourmantéeff.

— Vous boitez, Tchourmantéeff ? Blessé à cette guerre de Prusse ?

— Un simple accident.

— Un gendre d'Olderog, souffla Ungern à Pierre, — promu *in die Garde*.

— Charmé ! Conduis-nous ; mais ne nous fais pas casser une jambe ou un bras !

Ils tournèrent l'angle de la chapelle. Le long du bastion s'élevaient les lourdes casernes ; la maison du commandant était isolée à droite. Au fond de la place, par delà le canal intérieur qu'on traversait sur un pont-levis, on apercevait un mur sombre, recouvert de mousse. En face du pont était une porte gardée par une sentinelle. Derrière ce mur, se trouvait une seconde cour avec la maison

du prévôt et une tourelle solitaire à deux étages et
deux fenêtres grillées.

— *Ist aber fest zugestopft, alle Wetter!* fit
l'empereur, presque pas de jour, une étroite fenêtre
et bouchée encore par les bûchers. *Saperment!*

Pierre prit Tchourmantéeff à l'écart.

— Quel caractère a-t-il donc, le jeune prince?

— Je ne saurais vous le dire. Il y a peu de
temps que je suis préposé à sa garde.

— Dis-moi franchement la vérité, *als ein
Soldat.*

— Il est timide, docile et intelligent. Quand il
est calme, il parle avec sens; il raconte ce qu'il a
lu dans l'Evangile et ailleurs.

— *Tausend Teufel!* Et ton commandant qui
maintient pour complaire à Schouvaloff, *sclavis-
ches Pack!* que Jean est idiot.

— On lui en a tant fait! A la moindre vexa-
tion, il est bouleversé; il traite tout le monde
d'hérétiques; il bégaie au point que ceux qui sont
habitués à l'entendre ne parviennent pas à le comprendre, et il ne s'ouvre pas au premier venu!

— Sournois!... *Den Nagel auf dem Kopf
getroffen!* Et quand il est tranquille?

— Il est gai, il rit; il fait des projets comme
un polisson ferait des grimaces.

— Qui est-ce qui se permet de le vexer?

Pierre, qui se sentait la gorge irritée, sortit de
dessous son gilet une pastille au gingembre et
l'avala.

— Les soldats surtout, du haut des galeries, et
d'autres encore! Il ne supporte pas les avanies: il

est fier. Si, la nuit, le factionnaire tousse ou frappe
la dalle de la crosse de son fusil, il s'en plaint à
moi le matin. Comment ce malotru ose-t-il me
tourmenter ainsi ? me dit-il ; et il veut me prouver
qu'il est un personnage important.

— Que lui réponds-tu ?

— Je lui dis : Mensonges que tout cela ! Aban-
donnez ces folies, cessez de divaguer. J'ai beau
faire. — Bêtes féroces, crie-t-il, hérétiques ! vous
me torturez, mais le Seigneur vengera l'innocent
et vous exterminera.

— Calomnies de Schouvaloff ! La lettre disait
donc vrai !

Pierre s'avança vers la tourelle. A ce moment,
l'une, puis l'autre des petites filles sortirent en
sautillant de la maison du prévôt ; elles s'arrêtèrent en apercevant les nouveaux venus et couru-
rent se réfugier vers la porte, devant laquelle se
tenait Polixène.

— Les gentilles créatures et la belle personne !
Qui sont-elles? En ce lieu !

— Mes enfants et leur gouvernante.

Pierre reconnut Polixène ; celle-ci n'osa lever
les yeux.

— Dieu ! se dit-elle, serais-je la cause de tout
cela?

Les visiteurs montèrent les marches de pierre du
vieil escalier et atteignirent l'étroit palier. Tchourmantéeff, de sa grosse clef noire, ouvrit une petite
porte bardée de fer, pénétra avec ses hôtes dans
une pièce au fond de laquelle on voyait la porte
du cachot. Il fit place à Ungern qui entra le pre-

mier ; Pierre, qui s'était débarrassé de son manteau, le suivit avec les autres.

Le cachot était long de dix aunes sur cinq de
large. Les murs récrépis à neuf se cintraient en
voûte. A droite, une étroite fenêtre à gros barreaux, presque à fleur de plancher, donnait sur la
cour; à gauche, un grand poêle de carreaux de
faïence verts qui se chauffait par le vestibule; derrière le paravent, un lit; près de la fenêtre, une
table et une chaise. La lumière qui aurait pu pénétrer dans le cachot était interceptée par du bois
entassé devant la tourelle.

— *Ach! den Elend!* dit Pierre à voix basse à
Ungern. Quelle obscurité! on y étouffe! Et Schouvaloff qui me disait... *Nichts als Lueg und Trug.*
Je hais ces intrigues, cet esprit de mensonge. Et
où est-il?

— Derrière le paravent. D'après le règlement,
il lui est interdit de se faire voir à personne.

— Appelez-le!

A la vue des brillants visiteurs, Jean fut ébloui.
Il chancela, regardant de tous côtés, comme une
bête fauve prise au piège et, d'une façon grotesque,
se cacha derrière la cloison.

— Ne craignez rien, lui dit Pierre. Je suis envoyé ici par l'empereur. Approchez. De quoi man-
quez-vous? Parlez, j'écouterai vos paroles avec
toute l'attention qu'elles méritent.

Jean jeta les yeux sur cet officier aux brusques
allures de caporal et qui cependant souriait.

— Je l'ai vu, je l'ai déjà vu, mais où? se dit

Jean, vivement ému. Puis il fit un pas, tendit la main, et tomba à genoux.

— Relevez-vous ! dit Pierre, avec la courtoisie d'un chevalier, en lui frappant l'épaule de son gant en peau de buffle. Courage ! J'allégerai, je prierai l'empereur d'alléger votre sort ; je le vois de près ; il prête l'oreille à mes discours. Demandez, que vous faut-il ?

La face du prisonnier se couvrit d'une pâleur mortelle ; ses lèvres se contractèrent, il voulut parler, sa langue refusa de le servir.

Le sang lui montait au cerveau et il lui semblait recevoir comme des coups de marteau sur la tête. Il implorait l'assistance du regard et ne se levait pas.

— Demandez, demandez, lui souffla-t-on autour de lui.

— Je ne suis pas celui que... Je suffoque, il n'y a pas d'air ici — je donnerais tout, tout au monde, pour voir le ciel, la verdure, pour pouvoir marcher, fouler l'herbe. Je les supplie ; mais les lâches...

— Qui êtes-vous ? dit l'empereur.

Jean tardait à répondre.

— Qui êtes-vous et qu'est-ce qui vous a conduit ici ?

Le prisonnier frémit et se redressa :

— Je suis l'empereur, par la grâce de Dieu, Jean III.

— Qui t'a dit cela ? demanda Pierre le visage assombri et faisant résonner son sabre.

— Qui l'a dit ? Je me rappelle que...

9.

— Un empereur ne serait pas ici, ne porterait pas une barbe pareille.

— On me tient enfermé. Je vaux mieux que ces méchants !

— Vous souvenez-vous de votre enfance ?

— J'ai toujours été tourmenté. Quand j'étais tout petit, on m'a séparé de ma mère, de mon père. Sont-ils vivants ? je l'ignore.

— Après ?

— On m'appela Grégoire. Tu n'es pas empereur, tu es un prisonnier, me disait-on sans cesse. Je fus livré à des sorciers, oui ; leur bouche ne respire que du feu. On me transporta de forteresse en forteresse. Voici le palais de Jean !

Il se tut, les personnages qui l'entouraient le regardèrent en silence.

— N'avez-vous eu jamais affaire qu'à de méchantes gens ? n'en avez-vous jamais connu d'une autre espèce ?

— Deux seulement. Un vieillard avec sa femme, à Kholmogory, qui m'enseigna à écrire, et un autre plus jeune...

— Où est-il ? parlez, ne craignez rien.

— Ce fut lui qui me conduisit, lorsqu'on m'eut arraché à ma mère ; pendant toute la route, il ne cessa de me caresser, de me plaindre, de pleurer. Il me permit de courir sur le rivage, dans le jardin, un grand jardin, plein du parfum des fleurs ; il m'allait chercher des jouets chez les moines.

— Vous souvenez-vous de son nom ?

— Korff, je crois, oui, Korff.

Korff s'efforça de retenir ses larmes, elles coulèrent malgré lui sur ses joues rugueuses.

— *Merkwürdig, Majestæt!* Oh! *fabulos!* fit Korff, en se mouchant bruyamment.

Pierre fut profondément ému. Narychkine, indifférent d'ordinaire, était furieux; Melgounoff et Volkoff déconcertés avaient les yeux fixés sur le plancher.

— Ni idiot, ni fou, par tous les diables! pensèrent-ils. Ungern ne détacha pas de Pierre son regard irrité. Pierre soupira, fit résonner ses éperons et son sabre et sortit.

— Sire! cria Jean tout à coup.

— Comment sais-tu que je suis l'empereur? Trahison! il a été prévenu, dit Pierre aux siens.

— Ton effigie! Cette pièce de monnaie! C'est toi. Le même sang coule dans nos veines, tu es mon oncle, mon frère! Frère, à mon aide! Frère, donne-moi la liberté. Envoie-moi dans un désert, au fond de la Sibérie, où il te plaira, mais rends-moi... la liberté!

Pierre resta stupéfait. Il y eut une minute où l'empereur régnant allait tomber dans les bras de l'empereur prisonnier.

— J'y penserai. Messieurs, on ne peut empêcher la vérité de se faire jour; elle perce à travers les murs épais d'une prison, à travers les fentes d'un cercueil. On la voit toujours et partout! Béredni-koff, Tchourmantéeff et vous messieurs les officiers, écoutez-moi! Des mesures vont être prises sans délai à l'égard du détenu,

Pierre, le cœur soulagé, descendit rapidement l'escalier; Ungern resta seul avec le prince.

— Maudit Frédéric! C'est à cause de lui... cria Jean à Ungern en se frappant la poitrine.

— Chut! que fais-tu? et Pierre qui l'adore! *Herr Gott*!

Jean s'agenouilla devant une vieille image. Ses longs cheveux blonds, à chacune de ses génuflexions, effleuraient le plancher. Il se signa et récita avec volubilité et ferveur toutes les prières qu'il savait.

IX

Pierre allait et venait devant la tourelle;
Tchourmantéeff, qui boitait encore, essaya de régler son pas sur celui de l'empereur. Naryschkine
et Volkoff chuchotaient derrière le bûcher. Ungern
et Korff avaient déjà quitté la cour.

Pierre fit tomber sa colère sur Bérednikoff qu'il
chassa de sa présence. Le commandant alla rejoindre Vlassieff et Tchékine. Le personnel de la
police de Schlusselbourg, l'aumônier, les familles
d'officiers et les notables de l'endroit attendaient
près de la chapelle. Mirovitch se trouvait dans ce
groupe.

— C'est étrange! se dit ce dernier. Lui ici!
Dieu! pourvu que Jean ne lui ait pas rapporté
notre conversation! Si on découvrait les feuilles
de papier que je lui ai données? Soyons prêt à
tout! On pourra m'interroger. Je ne rétracterai

rien. Il m'en coûterait ma tête que je dirais la vérité. Le martyre de cet infortuné ne peut pas être
éternel !

— Dis-moi, Tchourmantéeff, fit l'empereur,
Jean a-t-il jamais parlé de moi?

— Comment le lui dire, pensa le prévôt, et
qu'en adviendra-t-il? Voudrait-il réellement délivrer le prince? Dispensez-moi, sire...

— Parle, je n'ai confiance qu'en toi, insista
Pierre, en frappant d'impatience ses gants l'un
contre l'autre.

Il prit une pastille; l'émotion lui avait desséché
la gorge.

— Jean ne m'a jamais fait mention de vous;
a-t-il connaissance de votre avènement au trône,
je n'en sais rien. Mais dernièrement...

— Eh bien?

— Il s'est tout à coup mis à parler...

— A parler?

— L'empereur régnant, a-t-il dit, c'est Pierre,
un petit neveu de Pierre; moi aussi, je suis prince
de cet empire. Je suis votre empereur Jean. N'est-
ce pas le moment de réconcilier les Pierre et les
Jean? Si Dieu le voulait, la paix descendrait sur
notre empire et la gloire de Pierre et la mienne
seraient éternelles.

— Un philosophe, *Saperment! Wahr! sehr
wahr*. Il faut que cela finisse.

Pierre tourna le dos à Tchourmantéeff. Il allait
rentrer dans le cachot.

— Un mot, sire! lui dit respectueusement
Volkoff.

— Qu'est-ce encore?

— Une prière, une seule. Ne décidez rien avant... La lettre, relative à Jean...

— Eh bien?

— Pardonnez-moi, Majesté; mais, ne serait-elle pas une intrigue des conseillers de madame votre épouse?

— Sottises, Volkoff!

— En rendant la liberté à Jean, vous vous créez, sire, un rival redoutable, implacable. Des flagorneurs, des traîtres peuvent seuls donner des conseils aussi contraires à une bonne politique. Je me permettrai d'ajouter...

— Ajoute, ajoute. Les malins! Que vas-tu encore inventer? Tu n'as sans doute pas goûté de la prison pour faire ainsi le brave!

— Vous daignez m'offenser, sire! Je ne suis pas l'homme aux arrestations et aux emprisonnements; c'est moi qui ai eu la bonne fortune de soumettre à la signature de Votre Majesté le mémorable manifeste relatif aux privilèges de la noblesse. Il n'y a plus qu'un pas à faire, vous l'avez reconnu, affranchir ceux de vos sujets qui gémissent dans la servitude. Mais, prêtez aussi l'oreille à la voix des génies qui seront un jour immortels. Le roi Frédéric a, plusieurs fois, conseillé à Votre Majesté de se garder de Jean et de le tenir en lieu sûr, de peur que, dans un moment d'illusion, poussé par quelques têtes chaudes, il n'essaie de monter sur le trône.

— Sottises, encore une fois! Du trône, il n'en

peut-être question. Ceci ne regarde que moi, moi seul.

Le nom de Frédéric troubla Pierre. Il jeta un regard irrité sur le visage sec et allongé de Volkoff, au front élevé, au nez régulier, aux yeux intelligents, à l'attitude respectueuse, mais où on ne lisait pas l'indécision.

— Qui sait? il a peut-être dit vrai, cet habil homme, pensa l'empereur; mes divers conseillers ont toujours quelque bonne raison en réserve. Qu'il y ait ou non du danger, il faut mener la chose à bien. J'avais déjà écrit au roi que j'ai soin de tenir Jean en lieu sûr, en prison.

Pierre froissa avec dépit la dragonne de son sabre; il mit cette fois de l'hésitation à franchir la porte de la tourelle.

— Je ferai tout ce qui me sera possible, se dit l'empereur, tout ce que permettent une saine politique et la raison d'Etat. Sans me soucier de ses prétendus droits, je lui ferai abandonner ses chimères, je ferai de lui, sinon un souverain, du moins un homme et un soldat.

Il entra dans la chambre de Jean; sa suite se rangea sur le seuil.

— C'est un usage populaire, le jour de l'Annonciation, de donner la liberté à...

La voix aigre de Pierre frémit légèrement et lui manqua. Il était visiblement ému.

— Vous vous êtes trompé, ajouta-t-il, en me prenant pour... Je suis un simple officier; mais l'empereur m'aime et me fait bon accueil. Commandant! la position du détenu est affreuse. Cette

voûte, ces murs, les barreaux de cette fenêtre!...
Du lieber Gott! Demeurer ici, sans lumière, sans
air. Une lettre a tout révélé à l'empereur. Chargé
de me convaincre de mes propres yeux, je me retire avec la conviction que Jean est traité plus du-
rement que le dernier des malfaiteurs!

Tous les regards étaient fixés sur Jean, qui se
tenait debout, les yeux baissés ; de ses doigts blancs
et effilés, il caressait convulsivement sa barbe
brune.

— C'est de la brutalité avec laquelle ce jeune
homme est traité, que je me plains. Vous vous
êtes permis de tout cacher, j'ai tout appris. *Im
Namen*, au nom de Sa Majesté l'Empereur, et en
vertu des pouvoirs à moi confiés par la volonté
suprême, je vous intime l'ordre d'entourer Jean
des soins les plus empressés. Il pourra se promener dans l'enceinte de la forteresse et même en
dehors.

Jean se jeta aux pieds de Pierre et s'accrocha au
pan de son habit.

— O Pierre! mon frère. Prends tout, je te cède
tout.

Pierre lui mit doucement la main sur l'épaule.

— Commandant! poursuivit ce dernier, vous
ferez construire une maison à larges fenêtres, ex-
posées au soleil ; je viendrai moi-même ici, assister à l'installation de Jean. Que tout soit prêt
pour mon... pour le jour de la fête de l'empereur.
Je ferai ensuite entrer ce jeune homme dans l'armée ; il fera un brave soldat, et avec le temps, un
capitaine, un général. Prince! êtes-vous satisfait?

— Pitié, Pierre, mon frère ! Ne pars pas, ne diffère pas. Pourquoi feindre ? Pierre, tu es l'empereur.

Ungern et Korff s'élancèrent vers Jean, qui se démenait avec violence. Pierre les retint.

— Laisse-moi sortir de suite, dit le jeune homme ; laisse-moi partir. Permets-moi de vivre avec elle, de la voir, de l'entendre. Envoie-moi au fond des forêts, en Sibérie ; mais ne m'abandonne pas ici. Toi parti, je ne vous reverrai plus, ni elle, ni toi.

— De qui parle-t-il ?

Ungern interrogea du regard Bérednikoff, et celui-ci Tchourmantéeff.

— Il s'abuse, il divague, répondit Tchourmantéeff inquiet. Chaque jour, une nouvelle chimère !

Jean se releva pour se jeter encore à genoux devant Pierre, dont il embrassa les pieds et l'habit.

— *Herr Gott ! Armes Kind !* Laissez-le sortir, respirer l'air frais.

— Il n'a pas de vêtement chaud, il se refroidira, interrompit Volkoff.

— Voici mon manteau ! *Auf Wiedersehen !*

Les personnages de la suite de l'empereur s'empressèrent de l'imiter. Ce fut à qui offrirait au prisonnier, celui-ci une bague, celui-là sa tabatière, cet autre sa montre.

— Qu'ont-ils décidé ? pensa en ce moment Polixène. Recouvrira-t-il sa liberté ?

— Me sourira-t-elle une fois, cette marâtre de fortune ? se demanda de son côté Mirovitch, perdu

dans la foule qui stationnait devant la chapelle.
J'ai abandonné tout espoir. Un homme de si
peu de valeur que moi! Mais, si un miracle allait
arriver, si Jean devait être ramené au palais? Qui
donc, si ce n'est lui, serait le protecteur des malheureux, des orphelins et de tous les déshérités?
Je le supplierai de me faire rendre le domaine de
mes ancêtres. Singulière pensée! Qui ira se soucier de toi, être chétif! On se souciera d'un Allemand, d'un laquais de la cour; mais de toi, non
pas! D'ailleurs, ai-je besoin de Jean pour que
l'empereur jette les yeux sur moi? J'ai beau
parler je n'ai pas de relations! Dire que j'ai été
à la guerre, que je me suis distingué! Baste!
indécis comme il est, il vaut mieux que l'empereur ne me remarque pas! Il m'en voudrait peut-
être encore d'avoir apporté le message de Panine,
qui propose de continuer les hostilités!

— Hé! le collet orange! fit une voix.

Mirovitch leva les yeux. Tous les regards étaient
fixés sur lui; on lui donnait des coups de coude;
les assistants lui firent place. Pierre se tenait devant lui, la main sur la poignée de son sabre, les
jambes écartées, l'air hautain.

— *Kreuzschck bomben donnerwetter element!*
Vous ne suivez pas l'ordonnance, cria Pierre au
commandant en lui désignant la nouvelle tunique
à la prussienne, étroite et écourtée de Mirovitch.
Voici un officier de tenue exemplaire. Il n'est
pas des vôtres! Toujours la même négligence, la
même fainéantise! L'un porte son chapeau,
comme une vache porte une selle, l'autre a

l'uniforme en je ne sais quel drap, la dragonne manque à l'épée d'un troisième! Je ne
souffrirai plus cela. *Saperment!* Vous-même, commandant, vous ne portez pas le manteau régle-
mentaire. C'est de la fourrure de peau de chat que
vous avez là? Les vieilles femmes s'affublent de
ces pelisses, mais non des soldats! Le service ne
marche pas ici.

— O miracle! se dit Mirovitch qui se trouvait
face à face avec Pierre! La guerre, cette dure campagne, ne m'ont conduit à rien; c'est ma tunique
qui me sauve! Combien traînent une existence
pénible et qui n'aboutissent pas, tandis que moi...
qui sait...

Pierre fit quelques pas, laissa de côté Mirovitch
et prit brusquement à partie Vlassieff, l'adjoint
du prévôt.

— Tu continues à me porter ainsi l'ancien uniforme, et il est malpropre encore! A quoi ressem-
bles-tu? Ton troisième bouton est cousu de
travers. Est-ce là l'ordre, la discipline? Vous ne
savez que vous vautrer dans les auberges et vous
négligez le service... qu'on me prenne note de
tout cela et qu'on m'en fasse un rapport. Je reviens
ici au mois de mai. Il me faut de la ponctualité,
de l'exactitude! Commandant, étudiez le règlement, vous le premier, vous me le réciterez d'un
bout à l'autre.

Pierre se dirigea vers la porte. Ungern lui
remit sur les épaules le manteau qu'il avait prêté
à Jean. La cour resta vide; seul, un factionnaire
y montait la garde. — Malheureux! on t'a de-

nouveau enfermé! se dit Pierre. Il regarda du
côté où s'était blottie Polixène ; elle avait disparu.

— Est-ce là tout? pensa Mirovitch qui avait
suivi la foule. Rêves, qu'êtes-vous devenus?
Va-t-il s'en aller et ne m'arrivera-t-il plus jamais
de l'approcher comme aujourd'hui? Moi qui me
préparais à lui dire toute la vérité, à solliciter pour
moi-même. Maudite destinée! L'occasion s'était
offerte, je l'ai laissée échapper.

— Hé! le collet orange! Je suis curieux de vous
voir de plus près!

— On vous appelle! s'écrièrent des complaisants autour de Mirovitch.

— Va, se dit-il, parle, sollicite maintenant, il
fera tout pour toi!

Il s'avança à grands pas comme s'il eût fait
l'exercice à la prussienne, porta la main à son tricorne, et raide comme un bâton, vint se planter
devant Pierre.

— Du régiment d'Essen, ci-devant de Narva?

— Oui, sire.

— Tu t'appelles?

Mirovitch déclina son nom.

— De service ou en congé?

— Attaché à l'état-major, actuellement en congé
pour raisons de famille.

Tchourmantéeff exposa à Pierre que Mirovitch
était fiancé, qu'il allait épouser la gouvernante de
ses enfants.

— J'en suis fort aise! — Tu n'as pas mauvais
goût! A vous deux vous ferez un joli couple.

Aber! il me semble avoir rencontré ta promise. Elle a servi chez feu ma tante; j'ai dansé avec elle. De quel état-major es-tu?

— De celui de Panine.

— *Gratulire*, à bientôt la fin des hostilités. Les conditions vont être insérées dans la *Gazette*. Assez de sang versé pour des futilités. Lieutenant Mirovitch, ta bonne mine, ta tenue martiale me plaisent. Je t'attache à ma personne; tu passeras du corps de Panine à la garnison de la capitale.

— Enfin! Fortune divine, je m'abandonne à toi, se dit Mirovitch.

— Je te reverrai après-demain à la parade! je te fais grâce d'une journée, tu la passeras avec ta fiancée. Présente-toi au commissariat de la guerre qui aura été prévenu. Le conseil t'enverra porter à Boutourline les dernières instructions sur les négociations. A son retour, tu m'inviteras à ta noce. En souvenir de ma tante, ce sera moi qui conduirai la mariée à l'autel!

Mirovitch, interdit, reçut les félicitations de ceux qui l'entouraient; on lui serra la main, on lui parla, il répondit sans savoir ce qu'il disait; Volkoff prit note de la volonté impériale. La foule se précipita derrière l'empereur, hors de la forteresse.

— *Herr Du, mein Heiland! ist das ein Volk!* dit Pierre à Ungern en montant dans le canot. Pauvre Jean! Il ne me sort pas de la tête. Maintenant, après les affaires sérieuses, fumons notre pipe, la bonne pipe du soldat.

— *Alles ist im Posthause bereit, Majestæt!*

s'écria Ungern, en aidant Pierre à descendre à terre.

Une députation de paysans et de citadins attendait sur la rive : hommes à barbe épaisse, vieux et jeunes, tête nue, en sarraux et pelisses de mouton. Celui qui offrit le pain et le sel de bienvenue à Pierre, était un grand maigre, imberbe, au teint jaunâtre, aux yeux ternes comme de l'étain, le fameux Sélivanoff, un hérétique qui de Saint-Pétersbourg était venu trafiquer à Schlusselbourg où il possédait une fonderie de suif et une hôtellerie, dans laquelle était descendu Mirovitch. Le chef de la police, du plus loin qu'il l'aperçut dans son canot, devint pâle comme un linge.

— Sire ! notre second sauveur ! s'écria Sélivanoff tombant à genoux, ces hypocrites de la maréchaussée nous maltraitent. Tu es notre seul espoir. Daigne nous honorer de ta visite, nous tes chétifs mais très fidèles sujets. Ma demeure est là tout près, dans le bois et sur ta route...

— Fais-nous cet honneur, de grâce ! répétèrent tous les autres en s'inclinant.

— Encore un de ces sectaires, un dissident ! fit à demi-voix Ungern.

— Tolérance, *der Glaube muss frei sein...* dit l'empereur.

Pierre se fit conduire chez Sélivanoff, qui lui offrit à déjeuner et régala copieusement sa suite ; après quoi, on fuma des pipes. La provision de la cave, les vins et les liqueurs étaient inépuisables. En prenant congé de son hôte, Pierre l'invita à se trouver à Oranienbaum le jour de sa fête.

L'impériale visite fit causer dans les cabanes enfumées des villages, sur les marchés, et dans les cabarets de la ville : on s'y disait à l'oreille :

— Il n'est entré ni chez l'aumônier, ni à la chapelle, mais il a bien su aller trouver l'hérétique à la grosse sacoche !

Korff et Volkoff montèrent avec Pierre. Volkoff s'assoupit. Le bon repas pris chez Sélivanoff avait délié la langue du baron ; le premier se mit à faire des gorges chaudes des anecdotes qu'il racontait. Il rapporta de récents commérages sur la colère d'Alexis Razoumovsky, éloigné des affaires et mis à la retraite ainsi que sur les dernières aventures galantes du vieux Nicétas Troubetzkoy, goutteux et édenté. Il fut aussi question des Orloff ; Korff réfléchit un moment, puis demanda à Pierre, s'il savait que Schvanvitch, qui avait battu comme plâtre le cadet des Orloff, s'était montré de nouveau à Saint-Pétersbourg.

— C'est un fanfaron, ton Schvanvitch ! dit l'empereur. Pourquoi s'est-il enfui ? Il aurait dû donner la même correction à l'aîné. Grégoire lève par trop le nez ; cela ne lui va pas ! Catherine aussi aura son compte.

— Pour les observer, je vous garantis, sire, que je les observe ! Tous leurs actes, toutes leurs fourberies, tout est enregistré, numéroté ! Laissez-moi faire, et je vous assure que nous saurons les surprendre.

— Moi aussi, baron, j'ai mon petit projet, dit Pierre, il est raisonnable et excellent ! J'éton-

nerai mon monde. Un peu de patience seulement !

Les deux voitures entrèrent dans Saint-Pétersbourg assez tard dans la nuit. Volkoff, enfoncé
dans son coin, ronflait ; Korff commençait à céder
au sommeil.

— Bravo ! mon secrétaire qui dort ! Korff, histoire de te taire, n'est-ce pas ? fit Pierre. *Ein Mann,
ein Wort !*

— *Ich schwœre, Sire !*

— Sais-tu ce qu'on me conseille ! Loyal soldat,
seconde-moi. Au mois de mai ou de juin, je fais
sortir Jean et je l'amène à Saint-Pétersbourg, je
lui fais épouser la fille du prince de Holstein, mon
oncle, et je le proclame... mon héritier.

— *Herr Gott !* Et l'impératrice, et votre fils ?

— *Meine liebe Frau !* j'en ferai une nonne
comme Pierre le Grand de sa première femme.
Elle aura le loisir de prier et de se repentir ! je
l'enfermerai avec son fils à Schlusselbourg dans
la maison que j'ai donné ordre de construire.
Was willst du sagen ? Ce sera leur catafalque,
castrum doloris !

— *Lieber Gott ! ist das mœglich, Majestœt !*
C'est la ruine de l'Etat et la vôtre !

— Vogue la galère ! aussitôt dit, aussitôt fait !
C'est ma devise ! ne pas céder ! que le diable m'emporte ! Tu trouves cela étrange ? *Wir wollen,* mon
cher, *ein Bischen Rebellion machen.*

— Quant à ma personne, sire, soyez tranquille, *meine Ergebenheit* pour vous, *Majestœt,*

est de marbre, de granit et ce secret je le garderai
jusqu'à ma mort!

Le lendemain, Korff, secrètement introduit au
palais dans les appartements privés de Catherine
par un escalier donnant sur la Moïka, rapporta
tout ce que Pierre lui avait confié; mais il avait
été prévenu. Volkoff, dans la matinée, avait vu la
femme de chambre de l'impératrice, Catherine
Schargorodsky, avec laquelle depuis longtemps
déjà il avait eu la précaution de se ménager des
intelligences; par elle il avait instruit Catherine de l'entretien que Pierre et Korff avaient eu
ensemble.

Les partisans de Pierre commencèrent à passer
dans le camp de ceux de Catherine. De graves
événements allaient survenir. Certains mémoires
de l'époque, écrits en Petite-Russie, les ont inti-
tulés les « Fameuses aventures de Saint-Pétersbourg. »

X

La visite inattendue de Pierre à Schlusselbourg, et l'envoi de Mirovitch à l'armée soulevèrent force bruits et hypothèses dans la société de
la capitale. Le parti des Holsteinois s'enhardit de
plus en plus. Ses chefs eussent voulu faire mystère de la chose; on devinait à leurs traits et à
leurs gestes, à leurs discours et à leurs sourires,
qu'il s'ourdissait quelque trame extraordinaire à
la cour. Les représentants du parti russe, amis de
Catherine, considéraient l'avenir avec effroi.

Polixène fut la première à connaître les conséquences de l'entrevue de Pierre avec son malheureux parent. La condition du prisonnier d'État
parut devoir en être allégée : le commandant et le
prévôt se parlaient à l'oreille, allaient et venaient
sans se donner ni repos ni trêve. Mais nul contre-
ordre n'arriva et les jours succédèrent aux jours

dans cette existence mesurée d'avance, d'une sempiternelle uniformité et glaciale comme la mort.

Mirovitch avait quitté Saint-Pétersbourg quarante-huit heures après le départ de Pierre de Schlusselbourg et fait savoir à Polixène qu'on l'avait expédié à l'étranger abondamment pourvu d'argent pour la route; il écrivit une seconde fois de Narva, d'où il mandait qu'il partait pour rejoindre le corps de Boutourline.

Polixène n'aspirait qu'à la tranquillité. Elle s'efforça de se représenter sa situation sous son vrai jour, hélas! elle ne réussit qu'à se tourmenter davantage; tout ce qui était récemment survenu avait été si imprévu, si étrange !

Ses soins une fois donnés à ses élèves, Polixène allait travailler dans sa chambre d'étude et, pendant que les filles de Tchourmantéeff jouaient, elle s'abandonnait à ses réflexions.

— N'y a-t-il pas eu des braves qui ont employé les prières, la ruse, pour arriver jusqu'à des infortunés comme Jean, qui leur ont donné les moyens de s'évader! pensait-elle! C'étaient des hommes, je ferai comme eux. Je choisirai le moment propice, je lui apparaîtrai. Il se jettera à mes pieds; son cœur aura parlé. Ma main sera le prix de sa délivrance. Nous concerterons notre fuite : Jean prendra le manteau de Tchourmantéeff; à la tombée de la nuit, nous nous cacherons dans une barque; un char attelé de trois chevaux nous emportera jusqu'aux forêts de la Finlande; de là, en Suède! Son heure viendra, qui sait! dans les pays étrangers, il se rappellera à la mémoire des hommes et revendiquera ses droits !

Il était dit que les rêves de Polixène se réaliseraient, mais d'une tout autre façon. L'incendie était venu bouleverser commandant et prévôt. Il fallut procéder aux réparations en cachette de la chancellerie secrète de Saint-Pétersbourg. Bérednikoff et Tchourmantéeff s'entendirent avec l'entrepreneur : les ouvriers introduits la nuit dans la forteresse travaillèrent à la clarté des lanternes. Le prévôt prit le prisonnier chez lui et répandit le bruit qu'on l'avait installé à l'infirmerie.

— C'est moi qui lui porterai sa nourriture. Vlassieff, dit-il à Polixène, mon adjoint, est parti pour Ladoga ; il m'a demandé une prolongation de congé. En attendant son retour, je ferai tout moi-même.

Le prevôt choisit, à la hâte, une salle servant d'entrepôt, contiguë à son appartement ; une sentinelle supplémentaire monta la garde devant la porte ; les provisions et les objets d'équipement furent censés avoir été transférés dans un lieu plus sec. Ces déménagements étaient fréquents à la forteresse et n'avaient rien qui pût surprendre.

Tchourmantéeff se rassura ; hormis un sergent et un aide-chirurgien, personne ne sut où se trouvait le détenu, lorsque l'état de son pied, traité à la légère au début, vint à s'aggraver. Il dit un matin à Polixène, en passant de la cuisine dans l'ancien garde-meuble, attenant à la chambre de ses enfants :

— Je viens d'installer ici un prisonnier trop
turbulent.

On n'entrait plus depuis longtemps dans cette
salle dont les portes étaient condamnées. Tchourmantéeff y retourna à dîner et le soir à souper. La
nuit venue, il se mit au lit. Son pied l'empêcha
de dormir ; il ne fit que gémir.

— Dois-je rappeler Vlassieff? Je ne puis suffire
à tout, dit-il.

— Faites cela, répondit Polixène.

La nuit ne fit qu'augmenter la fièvre ; il appela
dans son délire la vieille bonne de ses filles,
sourde et idiote.

— Il n'y a rien à craindre, se dit Polixène ! elle
ne cherchera pas à s'informer. Pourvu qu'elle ne
me trahisse pas, si on la questionnait ! Il faudrait
lui porter du pain, du lait.., Donnez-moi les
clefs, les enfants dorment,

— Chargez-vous en, s'il vous plaît! dit Tchourmantéeff; donnez-lui tout cela avec précaution, il
doit dormir encore, et allez-vous en vite. Vous
savez qu'il est... que nous sommes tous sur-
veillés...

Tchourmantéeff sentit sa tête tourner; il n'a-
cheva pas, tendit le trousseau de clefs et retomba
accablé de fatigue. Polixène, la tète enveloppée
d'un mouchoir, se rendit dans l'ancien entrepôt.
Les enfants et la bonne sommeillaient. Les rayons
du matin caressaient les fenêtres. Elle ouvrit une
première porte, puis une seconde, et s'arrêta hési-
tante sur le seuil. La chambre était obscure; elle

ouvrit le volet de la croisée. Un homme dormait sur un lit de fer. Polixène aperçut sur la table un ancien livre d'église entr'ouvert.

Le prisonnier, réveillé en sursaut, s'assit tout stupéfait sur son lit. Polixène n'oublia jamais l'étonnement de son visage, la douceur de son regard.

— Jean! dit Polixène, et elle resta interdite, joyeuse et terrifiée à la fois.

Jean prononça quelques mots. Que disait-il? Pour qui prenait-il la femme qui venait de s'introduire chez lui? Parmi les impressions effacées de sa première enfance, il avait conservé le vague souvenir d'une femme, douce et aimable aussi, toujours en pleurs, l'œil assombri par de continuelles angoisses et vêtue d'habits de deuil; cette femme c'était Anne, sa mère. Il crut la revoir. Mais non! celle-ci était là, près de la porte; il voyait ses yeux, les gracieux mouvements de sa taille, il entendait le frôlement de sa robe.

La serrure grinça; la visiteuse avait disparu.

A partir de ce jour, Polixène alla régulièrement visiter le détenu. Tchourmantéeff reconnaissait l'inconvénient de ces entrevues; impossible de les interdire, car il était malade et alité. Heureusement pour lui, on n'en sut rien à Saint-Pétersbourg.

L'état de Tchourmantéeff empira.

— Qu'elle s'y prenne comme elle voudra! pensa-t-il. Si je meurs, puisse-t-on me savoir gré de ce que j'ai fait pour cet innocent!

Un soir, Polixène entra dans la chambre de

Jean et ouvrit un livre. Il s'assit à ses côtés; il était triste; il la regarda avec tendresse, lui prit doucement la main et la porta à ses lèvres.

— Que faites-vous? s'écria Polixène, en sursaut.

— Sont-elles toutes... comme vous?

— Il y en a qui valent bien mieux!

— Dis-moi ton nom?

— A quoi bon? appelez-moi votre amie.

— Ne pars pas, reste éternellement avec moi.

Le prisonnier serra sur sa poitrine la main de la jeune fille

— Mon amie! ordonne qu'on me délivre; tous t'obéissent.

— Vous vous trompez, je ne suis qu'une servante.

— Non, tu es un esprit, un astre céleste, tu n'es pas une femme!

— Peut-être la plus humble.

— Prends un couteau et tue!

— En tuer un, à quoi bon, il en restera d'autres. Patience! le moment viendra où vous serez libre.

Pourquoi cette belle jeune fille, dont chaque geste, chaque parole, chaque mouvement avait un charme qui le fascinait, n'avait-elle pas le pouvoir de lui rendre la liberté?

— Suis-je privé de tout, de tout?

— Que voulez-vous dire?

— Y a-t-il eu des gens aussi malheureux que moi?

— Oui, il y a eu des hommes auxquels comme à vous-même on a ravi le trône.

— Et qui l'ont recouvré, n'est-ce pas?

Alors Polixène raconta à Jean l'histoire de Charles VII, roi de France, et de la bergère de Domrémy. Jean l'écouta avec attendrissement et l'adjura d'implorer pour lui l'intervention divine et de le sauver. Il sauta au cou de Polixène et l'embrassa de tout son cœur, avec une énergie toute virile. Elle le repoussa doucement.

— Soyez prêt, puisque vous songez à fuir; je vous aiderai peut-être. Et si on nous découvre, qu'on nous poursuive et qu'on nous tue après!

— Que je meure, mais que je sois avec toi!

Polixène se leva; son regard sévère marquait une calme résolution. Elle lui posa la main sur l'épaule qu'elle pressa de ses doigts frémissants et, attirant à elle le prisonnier, elle appliqua avec ardeur ses lèvres sur sa joue hâve et s'enfuit.

— Où vas-tu? mon soleil, mon bonheur?

La porte s'était refermée. Plus rien que le silence!

Ce fut le lendemain de ce jour qu'elle vit Mirovitch chez l'aumônier. L'idée de sauver Jean la travaillait sans relâche; les projets les plus chimériques s'enchevêtraient dans son cerveau; elle épiait une occasion qui pût la servir.

Tchourmantéeff, en récompense de ses services, fut nommé commandant d'une forteresse de la frontière d'Asie, au-delà du Volga; il fut mandé à Saint-Pétersbourg pour y donner des éclaircissements à une commission chargée des intérêts du détenu anonyme; cette commission se composait de Nàrychkine, Melgounoff et Volkoff. Craignant les mauvais chemins détrempés par la fonte des neiges, il laissa ses enfants avec Polixène, dans la maison du père Isaïe.

Son successeur, le major Jikhareff, et ses adjoints les capitaines Batuchkoff et Ouvaroff se concertèrent avec Bérednikoff sur les mesures à prendre. Ungern leur écrivit de Saint-Péterbourg le billet suivant : « Comme le détenu après la visite dont il a été honoré pourrait se forger de nouvelles illusions, faites en sorte qu'il renonce à des rêves absurdes qui ne sauraient que lui être funestes. Prenez soin de sa santé et qu'il respire un bon air ! »

La première sortie du prisonnier, après Pâques, se passa sans incident. Un jour le soleil était couché et tout était silencieux. Jikhareff conduisit Jean, affublé du manteau et du chapeau de Batuchkoff, sur les murs d'enceinte.

— Major ! qu'il fait bon ici ! Quel ciel ! Cette lune ! ce parfum ! dit le prisonnier.

— Rentrons, c'est assez pour aujourd'hui, dit Jikhareff.

— Partir déjà ? Demeurons un instant.

— Impossible. Une autre fois.

— Où est Tchourmantéeff.

— Parti.

— La jeune fille aussi ?

Pas de réponse. Ils rentrèrent.

La veille de la Quasimodo, l'aumônier célébra à la chapelle un service destiné aux détenus et sans témoins.

— Quel péché, de ne pas avoir permis pendant

tant d'années à ce cher enfant de pénétrer dans le temple de Dieu ! se dit le père Isaïe.

— Vois-tu cette étoile blanche, là ? c'est la mienne, dit Jean un soir à Jikhareff. L'étoile bleue qui est à côté, c'est celle de Pierre. Pierre ne me fera pas sortir d'ici, il ne sera pas heureux.

— Vous dites toujours des bêtises.

— Regarde ; l'étoile bleue s'est éclipsée derrière un nuage, avant la blanche ; lui aussi se retirera avant moi.

— Ne parlez pas ainsi à tort et à travers. Vous dites des sottises. Ne soyez pas toujours à mentir, sans quoi je ferai mon rapport. On cherche à vous consoler et vous... Rentrez, c'est l'heure.

Ils descendirent du rempart et se dirigèrent vers le corps de garde en passant par le préau de la chapelle. On voyait le presbytère derrière les arbres qui bourgeonnaient. Jean poussa un cri et se mit à courir. Il avait aperçu Polixène.

— Laisse-moi, insolent, fit Jean, en repoussant Jikhareff. — Chère amie, toi ici ! dit-il à la jeune fille. Sauve-moi !

— Mademoiselle ! éloignez-vous, je vous en prie, je vous l'ordonne, dit Jikhareff.

Jean s'arracha des mains de Jikhareff.

— Soumettez-vous, lui dit Polixène. Souvenez-vous que je ne vous abandonnerai pas ; où que vous soyez je vous retrouverai.

Jikhareff appela ; un peloton de soldats accourut et cerna la prisonnier qui se débattit en forcené.

— Bêtes féroces ! Pierre m'a donné la liberté et vous me maltraitez ! C'est moi, l'empereur !

— Remettez-vous. Que désirez-vous ?

— Je ne veux plus retourner dans mon antre.

— Votre nouvelle demeure n'est pas achevée.

— Alors installez-moi ici, chez l'aumônier.

— Il n'y a pas de place ; ce lieu ne vous conviendrait pas ; on ne le permettrait pas enfin !

— Allons, chien ; informe-toi. Sais-tu bien qui je suis ?

— C'est parce que vous êtes un personnage important que vous devriez me comprendre. En attendant, rentrez.

Jean dut s'exécuter. Jikhareff l'enferma et doubla la garde devant la tourelle. Le lendemain, Polixène fut invitée à quitter la forteresse ; elle se transporta avec les enfants à Schlusselbourg, d'où elle écrivit à Tchourmantéeff.

XI

Mirovitch avait quitté Saint-Pétersbourg, le cœur léger, rempli de joie et d'amour. Les relais se succédaient sans fin; les chemins étaient détrempés par les pluies du printemps, et les roues s'y embourbaient. Il vit Louga, puis Pskoff, la Dvina large comme un détroit, les rives du Niémen! La Lithuanie en pleine floraison exhalait les parfums des muguets, des bourgeons de bouleaux, des aiguilles de pins. Des volées d'oies sauvages et d'alouettes parcouraient les airs. Les forêts, les fourrés d'herbes marécageuses bleuissaient au loin dans la brume et retentissaient des cris des oiseaux.

— Une fois marié, je quitte tout, se disait-il. Je donne ma démission, j'obtiens mon congé et je vais au pays, revendiquer mes droits. Qu'avons-nous besoin de la capitale, de tout ce luxe? vanité

des vanités! Polixène, elle aussi, a dit : Ou à Saint-
Pétersbourg ou en Petite-Russie! Oh! les promenades dans les prés où l'herbe vous monte jusqu'à la ceinture, oh! les pommiers et les poiriers
en fleurs! c'est là que j'emmènerai Polixène.
— Tu n'as plus ton petit coin dans ta patrie,
mon brave! Je le retrouverai, moi; les honnêtes gens me viendront en aide; en attendant,
nous demeurerons chez des amis. Jamais je n'ai
autant convoité l'aisance ; tout sera pour elle; ce
qu'elle voudra, elle l'aura. Lomonosoff m'a donné
le même conseil. Là-bas, où je courais enfant, où
étaient nos ruches, là seulement est le paradis.
Puissé-je ne ravoir qu'un lopin de nos terres!
Dans son domaine, le moindre gentilhomme est
roi. Voyons! Les ruches sont-elles toujours en
bon état? le vieux Maïstruc est-il encore en vie?

Le soleil dardait ses rayons de feu. Mirovitch
s'était endormi; il rêva qu'il était dans un champ.
Les ondes dorées des blés bruissaient sous le
vent; il se dirigeait vers une colline au sommet
de laquelle était une chapelle; des cierges brûlaient; on entendait la voix des chantres, c'était
lui qu'on attendait; il épousait Polixène. L'immense champ frémissait au souffle de la brise et
ondoyait à perte de vue; il plongea voluptueusement ses regards dans cette mer d'épis. Il entrevit
des bluets, des coquelicots, sur lesquels se balançaient des scarabées noirs aux longues antennes,
des araignées velues aux gros yeux. — Holà, j'ai
des ailes! s'écriait-il. — Et il les déployait; il
planait sur cet océan de blé dont il ne parvenait

pas à apercevoir les limites. Arriverait-il à
temps ? La chapelle s'éloignait. Il se sentit dé-
faillir.

Il s'éveilla et revit devant lui le dos voûté et
les boucles rousses de son cocher juif. C'était le
relais !

-. Les négociations avec la Prusse avaient commencé avant l'arrivée de Mirovitch au corps que
commandait Boutourline. Il atteignit Berlin en
même temps que d'autres officiers chargés de mis-
sions analogues.

Mirovitch eut l'occasion d'envoyer des présents
à sa fiancée, une robe de soie grise, un dolman
de velours rouge, un châle, des bijoux, et d'autres
articles de toilette.

Anastasie Bavykïne, avant de remettre les cadeaux à Polixène, les fit voir à Lomonossoff.

— Où a-t-il trouvé l'argent pour acheter tout
cela ? dit-il, se serait-il remis à jouer ? Il est sans
doute monté en grade ; il a de l'esprit, il se sera
distingué ; il reviendra décoré, vous verrez.

Le lundi de Pâques, Pierre se transporta
dans son nouveau palais. Rastrelli, qui l'avait
construit, fut décoré de l'ordre de Sainte-Anne,
dont la légende était : *Amantibus justitiam, pie-
tatem, fidem.*

Pierre installa l'impératrice à une des extré-
mités du palais, et prit auprès de lui son fils
Paul, âgé de huit ans, ainsi que son précepteur,
le nonchalant et rusé Nicétas Panine. Il assigna
à l'entresol un appartement à Élisabeth Vorontzoff, et un autre à la fiancée qu'il destinait à Jean,

Catherine de Holstein, la fille de son oncle, le gouverneur général de Saint-Pétersbourg.

Pierre dînait et soupait habituellement avec sa suite qui était peu nombreuse. Les favoris, tous Holsteinois, formaient un cercle étroit.

Catherine ne visitait que rarement son époux et seulement dans la matinée. Quand celui-ci allait voir son fils, il aimait à railler l'éducation que les femmes lui avaient donnée : — Je ferais de Paul un gaillard, un brave soldat, si j'avais le temps de m'occuper de lui; il n'est maintenant qu'un gros moutard, gâté par ces commères. A l'armée, mon gars, à l'armée!

Il se donna pour maître de violon l'Italien Pieri, maître de chapelle du palais; celui-ci organisait à la cour des concerts auxquels prenaient part les dilettantes les plus distingués. Les frères Narychkine, dont l'un était chevalier de Saint-André, s'intéressèrent à ces tournois artistiques, avec Adam Olsoufieff, la main droite de l'hetman, le conseiller d'État Grégoire Téploff et l'académicien Stehling. Pierre venait assister à ces fêtes musicales.

— J'aurai des musiciens de premier ordre, disait-il. Je ferai venir de Padoue le fameux Tastini, le vétéran des violonistes. Il est, soit dit entre nous, *Saperment*, de la même école que moi, spécialement pour les sons filés, le mouvement grave, les transitions diatoniques. Jamais d'éclats vulgaires, de ces tours de charlatan de foire; chez lui, tout est mélodie, rien que mélodie!

Les Holsteinois, qui se faufilaient partout, s'adjugèrent pour eux et leurs partisans les emplois les mieux rétribués. Deux jours avant Pâques, on put lire, dans la *Gazette de Saint-Pétersbourg* du 4 avril 1762, un article qui attira l'attention, et que l'on supposa avoir été dicté par Goltz, l'ambassadeur de Frédéric. Il commençait ainsi : Notre très clément souverain, depuis son avènement au trône, ne laisse passer aucun jour sans nous combler de nouvelles faveurs, ou sans donner des preuves éclatantes d'une paternelle sollicitude pour ses sujets et d'une profonde intelligence de la chose publique, etc., etc.

Mais le mécontentement à l'égard des intrus augmentait; les anciens serviteurs d'Élisabeth ne les supportaient pas. Les récentes réformes, les derniers privilèges octroyés ne [rachetaient pas la façon brutale et humiliante dont les hôtes d'outre-mer traitaient les Russes.

Lomonosoff passait pour avoir dit : Nos choux et nos navets n'ont pas encore poussé que nous voyons poindre leurs réformes dans nos potagers !

La première chose que se demandait l'habitant de Saint-Pétersbourg, en se réveillant, c'était : « Qu'est-ce que le sénat a décidé, aujourd'hui ? qu'est-ce qu'il prépare pour demain ? » On avait en perspective un bouleversement prochain. Korff lui-même, l'omniscient grand maître de police, envoyait fréquemment en secret ses adjudants au palais : — Va-t'en voir Springer, disait-il à l'un d'eux, et tâche de lui tirer le ver du nez, adroi-

tement, *hœrst du* ; apprends avec qui et de quoi
s'occupe l'empereur.

Aussitôt après la suppression de la chancellerie
secrète et la concession de privilèges à la noblesse,
les favoris de Pierre lui conseillèrent de reprendre
le projet, abandonné depuis la mort de Pierre le
Grand, de confisquer les biens des couvents et de
faire salarier par l'Etat le clergé régulier et sé-
culier.

Ungern dit une fois à Volkoff, après un dîner
chez Alexis Razoumovsky :

— Vous feriez bien d'engager l'archevêque à
supprimer les carêmes. Vos plats maigres, à l'huile,
votre soupe aux choux ne conviennent plus aux
estomacs de nos jours. Faites-moi aussi le plaisir
de lui dire, à ce propos, que l'heure a sonné de
remanier, d'amender toute votre moinerie, et de
permettre aux prêtres de se raser et de se vêtir,
comme cela se passe en Europe, en habit de
ville.

— Qui est-ce qui donne ces conseils?

— Dis-le seulement à monseigneur, repartit
Ungern, avec un sourire mystérieux — et qu'il y
réfléchisse.

Ces paroles se répandirent promptement dans
la ville; on se rappela, dans les salons et ailleurs,
que Pierre, lors des funérailles de sa tante, avait
assisté à la messe de requiem à l'église catholique,
où fut exécutée une cantate du compositeur Man-
fredini, et qu'il avait déjeuné avec les religieux
de cette église.

Quelques jours après Pâques, Pierre donna or

dre de procéder, sans retard, à la construction, à
sa résidence d'été d'Oranienbaum, d'une chapelle
luthérienne, à l'usage des domestiques étrangers
du palais. — On introduit en Russie la religion
de Luther! entendait-on crier parmi le clergé
russe. Le texte même de l'édit de tolérance, à la
rédaction duquel le procureur général Gléboff
passait pour mettre la dernière main, était déjà
connu de tout le monde. Dans le peuple on chu-
chotait : Ce sont eux qui font tout cela, les mé-
créants! Un dicton populaire disait :

« Dans la détresse
« Au Holsteinois t'adresse!

Le bruit se répandit que les étrangers se propo-
saient de faire enlever des églises, par un décret
en bonne forme, les images défigurées ou décolo-
rées par le temps, et de faire fermer les chapelles pri-
vées : Il ne faut pas, disaient-ils, que le temple de
Dieu soit laid, et il ne convient d'en faire ni une
chaumière, ni une cuisine, ni quelque chose de
pire.

L'arrivée de Kiel, du prince Georges, renforça
l'influence des Allemands. Les piliers du parti
étaient Olderog, Zobeltich, Katzow, Zehe von
Manteufel, Zeitz. — Une nouvelle clique de Biron, disaient les Russes, sans se gêner. Les jeunes
conseillers de Pierre ne se laissèrent pas démon-
ter; profondément ignorants des véritables besoins
de la Russie, ils adulaient et promettaient à ses
plans le succès le plus complet.

Pierre commanda pour une de ses antichambres, à sa fabrique des Gobelins, dont il avait nommé directeur son chambellan, le perruquier Bressant, deux grandes tapisseries murales; l'une devait représenter l'avènement au trône d'Élisabeth, l'autre le sien.

Pendant ce mois de mai, on lança dans la Néva deux navires construits dans les chantiers de la capitale. Pierre baptisa l'un du nom de son ami, le ci-devant ennemi de la Russie, *Roi Frédéric*, le second de celui du premier prince du sang, le feld-maréchal et gouverneur d'Esthonie, *Prince George*.

Pour favoriser l'industrie et le négoce, il créa la Banque de l'Etat, au capital de cinq millions de roubles, fit construire un hospice pour les aliénés, à l'instar de ceux de l'étranger. Un soir qu'il se promenait dans les rues, il faillit être mordu par une troupe de chiens errants; rentré chez lui, il donna aussitôt l'ordre d'organiser une compagnie spéciale, chargée d'exterminer ces quadrupèdes sans feu ni lieu. Ladite compagnie, formée de gens du palais, fut autorisée à fusiller dans les rues et sur les places, les corbeaux et autres oiseaux sans propriétaires. Les trop zélés chasseurs s'amusèrent à faire feu sur les pigeons, que le peuple était accoutumé à respecter.

Pierre, qui avait mis à la retraite Alexis Razoumovsky, le visitait encore souvent dans son palais; au pont d'Anitchkoff, il aimait à fumer avec lui une pipe ou un cigare, dont la mode commençait à s'introduire. Razoumovsky, toujours clairvoyant, sut apprécier à sa manière ces suprêmes attentions...

— Permettez, sire, dit-il un jour à Pierre, à moi, indigne fils d'un laboureur et petit-fils d'un berger, qui doit tout à la bienveillance de feu l'impératrice, de témoigner à Votre Majesté ma reconnaissance — et il offrit à son hôte une canne à poignée d'ivoire, avec un million de roubles pour les besoins militaires.

— *Potz Blitz!* tu es un *Hexenmeister!* tu as deviné que j'étais dans la gêne. Merci, je m'en souviendrai et je saurai m'acquitter envers toi.

— Les soldats de la garde, ce sont mes janissaires! — dit un jour Pierre à l'hetman Cyrille Razoumovsky, chef du régiment d'Ismaïlovsky, le régiment préféré de Pierre le Grand et d'Élisabeth. — J'ai l'intention de les licencier, et je les remplacerai par des régiments de ligne, organisés sur le modèle de mes braves Holsteinois.

Ces mots mirent sens dessus dessous le monde militaire de Saint-Pétersbourg.

— Qui sommes-nous, disait-on, pour que Pierre s'entoure de cette bande vénale de mangeurs de saucisses! Vive son fils! vive l'impératrice; mais, pas de pitié pour ces chiens d'étrangers.

La paix avec la Prusse fut signée, et le 10 mai, on la célébra solennellement. Cette date resta mémorable à la cour.

Un dîner de gala fut servi dans la grande salle du palais. Des salves d'artillerie, tirées de la forteresse, de l'amirauté et des navires à l'ancre sur

la Néva, retentirent sans interruption jusque bien
avant dans la nuit; on but à la santé du roi Frédéric et à la perpétuité de l'heureuse paix. Pierre
qui, pendant le repas, avait porté un toast à la
prospérité de sa famille, envoya à l'impératrice
André Goudovitch, le ramier qui avait apporté la
paix de Berlin, lui demander pourquoi elle ne
s'était pas levée. Catherine répondit : Parce que
toute notre famille, hormis Sa Majesté l'Empereur, ne se compose que de moi et de mon fils,
qui n'est encore qu'un enfant.

— Va dire à l'impératrice qu'en dehors d'elle
et son fils, dit l'empereur, nous avons encore mon
oncle, le prince George, et Son Altesse le prince
de Holstein.

Catherine fondit en larmes. Le spirituel comte
Strogonoff, qui se tenait derrière sa chaise,
pour la distraire, lui raconta à voix basse une
anecdote toute fraîche qui courait la ville, sur le
compte d'un certain Béhléchoff qui, parti en expédition galante pour Schlusselbourg, y avait trouvé
un nouveau prévôt et avait failli être mis en
prison.

— Marlborough s'en va-t-en guerre ! fredonna
Strogonoff.

Catherine sourit à travers ses larmes. Cela fut
remarqué. Ce même soir le comte fut exilé et gardé
à vue dans sa villa de Kamenny-Ostroff. L'ordre
fut intimé à Catherine, par l'entremise du prince
Théodore Bariatinsky, de garder les arrêts forcés ;
mais celui-ci réussit à obtenir l'intercession du
prince George et l'ordre fut retiré.

On entendit bientôt parler d'un nouvel incident survenu à un dîner dans le palais d'Anitchkoff. Pierre, assis en face de Haxthausen, l'ambassadeur danois, lui dit à brûle-pourpoint, à l'ébahissement des convives, que le Danemark étant l'ennemi de la Russie, il avait l'intention de déclarer la guerre à son roi, en représailles des vexations que subissait le duché de Holstein. Le lendemain, il ne fut question que de prétendus projets de guerre contre les Danois, de deux fortes armées et de trente régiments de cosaques prêts à partir, ayant à leur tête l'hetman Cyrille Razoumovsky. Vorontzoff le grand chancelier et Volkoff conseillèrent de ne pas entreprendre cette guerre. Pierre ne voulut rien entendre.

— Nous n'avons ni capitaine expérimenté, ni munitions prêtes! lui disait-on.

— Sornettes que tout cela! Des munitions, nous en aurons. Quant au capitaine, je suis là, et c'est moi qui ferai marcher les deux corps d'armée. Les ducs, mes ancêtres, en temps de guerre, ne restaient jamais assis chez eux, les bras croisés. Sur ma route, j'irai présenter mes civilités et mes hommages à mon frère et seigneur, le roi de Prusse. J'ai eu l'honneur de servir dans ses armées, et aucun de ses frères ou de ses sujets ne lui est aussi dévoué que moi. Il craint pour ma vie, il m'annonce que les Russes ne sont pas aptes à apprécier la générosité du monarque qui les gouverne! Qu'on s'avise de se moquer de mes fidèles Holsteinois, mes braves taureaux! Si je suis rassuré, c'est grâce à eux! Moi parti, j'aurai soin de laisser ici une bonne arrière-garde de surveillants perspicaces.

La cour s'apprêtait à se transporter vers le 11 juin dans une des résidences d'été. On disait que Pierre irait habiter son château favori d'Oranienbaum, qu'il laisserait son fils avec Panine à Saint-Pétersbourg et que l'impératrice passerait l'été à Péterhof.

On s'amusait à la cour. Le jour, excursions aux environs, le soir, parties de biribi, alternant avec des concerts où l'on entendait des romances allemandes avec accompagnement de luths et de chansons russes, dont Béligradsky, virtuose du palais, avait composé la musique.

Dépités du silence de Lomonossoff, les favoris encouragèrent le ripailleur Barkoff qui, pour son ode à Pierre, fut créé administrateur de l'Académie.

Pierre décida de renvoyer son couronnement après son retour de Danemark. Il dit à Ungern :

— Il faudra commander ma couronne à Hambourg ; il n'y a pas de joailliers habiles en Russie. Cela coûte cher et je n'ai pas le temps d'y penser ; mettons plutôt sur notre front les lauriers de la guerre et de la victoire !

De Catherine, il ne disait plus un mot. Elle passait pour vivre en cénobite et attirait moins l'attention que la nièce du chancelier, Elisabeth Vorontzoff.

— J'aime la discipline, je suis exigeant, mais

bon prince, je veux que le peuple respire; le temps des rigueurs et des horreurs est passé, disait Pierre. La postérité reconnaîtra que j'aurais été clément comme Titus.

En effet, dès les premiers jours de son règne, il avait rappelé d'exil un grand nombre de ceux qu'Elisabeth avait proscrits. A partir du printemps de 1762, on vit journellement faire leur apparition dans la haute société de Saint-Pétersbourg, d'anciens dignitaires contemporains d'Elisabeth qui jadis avaient présidé aux destinées de la Russie, et qui maintenant étaient comme des cadavres sortis de leurs sépulcres ou comme des revenants inconnus à la nouvelle génération.

Au commencement de juin, Mirovitch se remit en route; à la frontière, il fut surpris par un ordre du conseil de la guerre, de faire halte et de ne pas retourner à Saint-Pétersbourg, mais d'attendre de nouvelles instructions. Il reçut aussi une lettre de Polixène.

Elle s'étonnait de son retard et ajoutait que Tchourmantéeff, transféré aux bords du Volga, avait quitté depuis longtemps Schlusselbourg et qu'il allait partir avec ses enfants pour sa nouvelle destination en passant par Kazan. Elle avait pensé rester chez Anastasie, mais elle s'était ravisée de crainte des commérages et des conséquences qu'ils auraient pu avoir. « Je ne sais où aller, écrivait-elle; vous êtes si avare de vos nouvelles; les Ptitsyne m'invitent et ce sera chez eux que j'irai demeurer; écrivez-moi à cette adresse; ils ont une maison à Kamenny-Ostroff et me pressent d'ac-

cepter ; auriez-vous par hasard un autre conseil à
me donner ? »

— Tchourmantéeff envoyé au delà du Volga,
Polixène de retour à Saint-Pétersbourg, des commérages et leurs conséquences ? Qu'est-ce que cela
signifie ! Et Jean ? On en a parlé dans les gazettes
de l'étranger... se disait Mirovitch.

Pierre, en se promenant par une belle journée
de juin dans les rues de Saint-Pétersbourg, alla
visiter l'hôtel des monnaies à la forteresse.

— C'est la fabrique que je préfère, disait-il, si
je l'avais eue plus tôt, j'aurais autrement arrangé
mes finances ; j'en aurais tiré un bon parti.

Au moment de franchir la porte septentrionale,
Pierre s'arrêta soudain devant l'inscription :
Porte Jean — 1740, dont les gros caractères com-
mençaient à s'effacer sous l'action du temps.

— Regardez, Korff : Jean, 1740 ! Ce nom qu'on
a gratté, fondu, brûlé partout, s'est conservé ici
à la forteresse. Quand mon neveu, ci-devant
Jean III, fera, à mes côtés, son entrée solennelle à
Saint-Pétersbourg, la première chose que je lui
montrerai, ce sera cette inscription.

Cette aventure eut ses résultats.

— J'avais oublié Jean et personne ne m'en re-
parlait, se dit Pierre. Pourquoi différer ? Faisons-le
sortir de Schlusselbourg. Il fera la connaissance
de la princesse, sa fiancée, et notre projet marchera !

Le surlendemain, Ungern expédia un courrier
à Schlusselbourg.

— On a pensé à l'étoile blanche, se dit Jikhareff en allant annoncer la bonne nouvelle au
détenu. Puissé-je aussi ne pas être oublié!

XII

Lomonossoff était allé respirer pendant quelques jours l'air de la campagne, à ses deux fermes dont Elisabeth lui avait fait présent. Situées au delà d'Oranienbaum, elles lui avaient été données pour qu'il y créât une fabrique de verre de couleur et de jais, car il était le premier Russe qui possédât le secret de cette nouvelle industrie. La Rouditsa, rivière profonde et rapide, arrosait ces propriétés et alimentait le moulin, la scierie et la verrerie construits une dizaine d'années auparavant, mais maintenant abandonnés.

La maison d'habitation en bois, aux contrevents fermés, donnait d'un côté sur les épaisses forêts de la solitaire Ingrie, de l'autre sur la mer. Une girouette de fer-blanc, grinçant sur le toit de lattes noicies, était tout ce qui restait de l'observatoire météorologique de Lomonossoff. Les dépendances, la clôture de planches et le pont, tombaient en ruines. Un sentier parallèle à une route tortueuse menait à Oranienbaum, un autre conduisait vers la colline, chez les propriétaires du voisinage dont le plus rapproché était celui de la ferme d'Annenthal, Jean de Vietinghof qui avait épousé la petite-fille de Munich.

Trente ans auparavant, un décret avait attribué à perpétuité deux cents serfs finnois à Lomonossoff pour les besoins de sa fabrique. Luimême, paysan et pêcheur, les avait traités avec sollicitude, tout en se montrant exigeant. Il les aimait, pourvoyait à leurs besoins; ils n'étaient pas pour lui des mercenaires; il excusait le pauvre diable qui oubliait de se découvrir ou qui, avec une naïve simplicité, venait s'asseoir et débiter devant lui le chapelet de ses misères. Il régalait de bière ce rustaud. « Je suis académicien, ne l'oublie pas, disait-il. Le ciel t'ordonne de me respecter; tâche de ne pas me faire honte, à l'avenir. »

Ces biens étaient on ne peut plus mal administrés. L'ancien du village, un Finnois retors, à cheveux et aux yeux de safran, n'avait que des comptes désolants à donner sur le moulin; il n'arrivait jamais à nouer les deux bouts. Lorsque Lomonossoff passait devant sa cabane, il en sortait couvert de sciure de bois, de monceaux d'écorce de mousse, la tête et les pieds nus; pour mieux affirmer son humilité et sa pauvreté, il intitulait son maître comte et excellence; entre temps sa bourse s'arrondissait.

Lomonossoff s'occupait plus de météorologie que de surveiller la scierie et le moulin qui s'effondraient de vétusté. Assis devant la porte avec l'ancien et les paysans, il s'entretint avec eux des réparations indispensables, puis il repartit pour Saint-Pétersbourg en suivant le bord de la mer calme et unie, à travers des bois odorants, pleins du chant des oiseaux.

— Bon peuple ! pensait-il chemin faisant. C'est par l'intérêt qu'on leur porte qu'on les rend dociles et reconnaissants. Il faudrait pouvoir résider au milieu d'eux, pénétrer dans ce monde inconnu. Hélas! les affaires, le service n'en laissent pas le loisir !

Lomonossoff entra dans sa maison de la Moïka, régénéré, le cœur ouvert aux joies tranquilles de la famille.

— Dans une semaine, tout sera prêt à la ferme. Vous pourrez y passer l'été, dit-il aux siens.

Hélène, sa fille, sauta de joie.

— En ville, la vie est très chère ; là-bas, l'on n'a rien à acheter; tout est à foison : potager, basse-cour, grenier à blé ! des vaches qui paissent dans a prairie. Il n'y a qu'une ombre au tableau : le revenu est nul.

— Baste! *Herr Professor!* repartit sa femme, nous n'avons pas l'habitude de faire des dépenses ! nous restons toujours à la maison! Mieux vaut rester chez soi à travailler ou à étudier loin du bruit et du monde, loin de ces êtres insignifiants qui passent leur vie à jouer la comédie et à critiquer les autres. Ce sont eux qui introduisent dans

les familles les mauvais exemples, les enseigne-
ments pernicieux, les mensonges et les extrava-
gances.

— Convenez, *Frau Professorin*, qu'on ne
devient pas hypocondre en s'occupant de son ménage et de sa famille ? dit l'académicien.

Le lendemain, de bonne heure, Lomonossoff
entra dans son jardin, élagua les branches dessé-
chées ou inutiles et examina les greffes et les
bourgeons des arbres fruitiers; après avoir longtemps bêché, il sema toute une plate-bande d'é-
chantillons d'*asclepias syriaca*, puis il alla
s'asseoir, flanqué de livres et de manuscrits, dans
son pavillon de travail.

— Il n'en sortira plus ! dit sa femme. Il oubliera même de manger. *O du mein Gott! Ist
das ein Mensch!* Il est capable de rester une
semaine, des semaines sans se débarbouiller, sans
se raser ! Toujours à écrire et sur quoi ? sur la
Sibérie, sur la Chine et les Indes. Aussi n'ai-je
qu'une seule robe de soie. Pendant que les femmes
des autres académiciens en ont une demi-douzaine
et roulent carrosse, nous autres nous allons à pied.
Nous avions des locataires ; mais voilà le tailleur
qui, à cause de réparations qu'il réclamait, mais
en réalité, pour des raisons d'économie, est allé
demeurer ailleurs ; le boulanger s'en va à Oranienbaum, à la suite de la cour; la Bavykine a
trouvé une place, au diable, au pont de Kalinkine ! Nous, nous irons à notre ferme, au milieu
de grossiers paysans ! Hélas ! Marburg, ma chère

patrie! Il pense à ses livres, mon mari, et pas du
tout à nos aises.

Lomonossoff, à midi précis, quitta son pavillon, dîna avec appétit et plaisanta avec sa
fille.

— Hélène, ma belle Hélène, aux joues de lys,
aux cheveux d'or, puisse-t-on jamais ne me séparer de toi ! dit-il.

Il alla faire une sieste d'une heure et demie et
retourna à ses travaux.

La nuit venue, il quitta le jardin et se dirigea,
son portefeuille sous le bras, vers le perron de sa
maison, sur la Moïka. Les passants ne l'inquié-
taient guère ; il aimait, débarrassé de sa perruque
et en robe de chambre, à passer ses soirées sur
cette galerie ombragée de bouleaux. C'était dans
cet accoutrement qu'il avait coutume de travailler
et de recevoir jadis son ami Jean Schouvaloff,
qu'une voiture dorée amenait tout enrubanné du
palais.

Le vaste perron entouré d'arbres donnait sur la
rive verdoyante de la Moïka. Des femmes lavaient
du linge sur un radeau. On entendait des bateliers
halant une barque chargée de briques, qui s'inter-
pellaient. Une troupe d'enfants des maisons voi-
sines, garçons et filles, couraient en liberté, soulevant des tourbillons d'une épaisse poussière
jaune, chaque fois que leurs pas remuaient le
sable d'une ornière. Une vache, de retour du pré,
attendait devant l'étable que le portier la laissât
entrer, pendant qu'un porc grognait et se vautrait
au pied de la palissade.

Hélène apporta à son père une cruche de bière fraîche qu'il vida d'un trait; il en redemanda une nouvelle, embrassa sa fille et la laissa courir dans le jardin. Il avait trouvé deux lettres sur la table.

L'une, était une invitation de son voisin de campagne le baron de Vietinghof, à venir passer chez lui sans cérémonie la soirée du 9 juin.

— Connu, sans cérémonie! Une soirée en l'honneur du retour de Munich! Toute l'aristocratie s'y trouvera avant que la cour n'aille à Oranienbaum ou à Péterhof. Les deux camps s'y installeront jusqu'à une nouvelle prise de bec. Ce sera un conciliabule d'Allemands, des principaux maîtres de nos destinées. Leurs propos et leurs visages me dégoûtent. Que le diable les emporte! Je n'irai pas. Aller, moi un vieillard, me faire encore bousculer par ces gens de cour! Ils ne savent qu'intriguer contre Catherine. En voilà une qui ferait fleurir mes chères sciences! Dans sa retraite elle étudie les grands génies. Elle parle et écrit notre langue comme une Russe, que dis-je, mieux que bien des Russes! Lui demanderai-je une audience? Non, n'allons nulle part, enfermons-nous et observons.

La seconde lettre était de Mirovitch.

— « Mon vénérable protecteur, écrivait-il, pardonnez-moi le peu d'opportunité de la présente! De singulières et tristes choses me sont arrivées. La paix est conclue depuis longtemps; moi qui avais été envoyé en mission, j'ai été retenu à Kovno pour y garder les blessés, puis dans une

autre sale ville juive, à Schavli, où je me trouve
actuellement. Cher patron et ami, venez à mon
aide. J'ai expédié estafette sur estafette, j'ai ré-
clamé médecins et médicaments; on est sourd à
mes réclamations. Tais-toi, m'a-t-on répondu;
reste coi et patiente. Voyez, de grâce, un de ces
influents étrangers, ils ont tout pouvoir maintenant, ainsi qu'on l'assure. On dit que Biron,
Munich, sont revenus d'exil et planent comme
des milans au-dessus de la capitale. Essayez de
leur demander à eux ou à un des Allemands de
votre académie de me faire partir d'ici. On fera
cela pour vous. La justice serait-elle bannie de ce
monde? Suffirait-il d'avoir du mérite pour être
humilié? le talent n'engendre-t-il que tourments? Je vis comme un ermite, j'apprends à
patienter et j'accepte mes peines comme un sti-
mulant qui me sera profitable. Conformément aux
instructions de notre grand ordre, je dépouille le
vieil homme, je lutte contre la séduction. Mes
forces suffiront-elles? Autour de moi, que vois-je?
l'envie, la méchanceté, l'ivrognerie, la débauche,
la discorde. Il me prend des fantaisies de tout
abandonner et de fuir; ce serait déserter et prononcer ma propre condamnation. Je patienterai
encore; mais aidez-moi. Je ne sais qu'entreprendre et que penser. Ah! si vous connaissiez ce
triste séjour, plein d'un ennui mortel où l'on n'est
ni vivant, ni mort! »

Cette lettre donna à réfléchir à Lomonossoff.

— Aller chez ces *Donnerwetter!* se dit-il. Te
moques-tu de moi, mon Dieu! Le pauvre enfant

me fait de la peine ! Il a de l'esprit et du cœur. Il
dépouille le vieil homme ! Ce sont ces têtes d'Allemands qui lui ont enseigné cette franc-maçonnerie, cet ascétisme mondain contre nature !
L'objet de son amour n'est pas sans le chagriner !
Toujours ce même désordre, cette même inquiétude à notre horizon politique et social, ouvert à
tous les vents !

Lomonossoff prit son cahier de travail, en tourna quelques feuillets et s'arrêta sur une poésie
intitulée la *Cigale* qu'il venait de composer en
traversant la forêt de Péterhof :

> Je t'envie, heureuse cigale,
> Tu végètes, pauvre et frugale ;
> Dans l'herbe, sous l'azur du ciel.
> La douce rosée est le miel
> Dont ton gai palais se régale.
>
> C'est parce que tu vis obscure
> Au sein de la mère nature,
> Que j'en vois beaucoup te blâmer,
> Quand ils devraient te proclamer
> Reine, divine créature.
>
> Reine qui saute et qui chantonne !
> Ce titre-là je te le donne,
> Car tout ce que tu vois est tien ;
> Tu ne veux, ne demandes rien,
> Et tu ne dois rien à personne.

— Tu ne demandes et ne dois rien, tu es libre
surtout. Liberté ! liberté qui m'a vu naître ! Mer
Blanche, maison paternelle, que vous êtes loin de

moi! Ici, ce sont des intrigues perpétuelles et des guerres souterraines! O Pierre le Grand! Est-ce pour rassasier et préparer le triomphe de cette bande hypocrite d'étrangers voraces que tu as mis au monde Saint-Pétersbourg, ton enfant bien-aimé? Puissé-je quitter cette turbulente Babylone, séjour menteur! Revêtons-nous de nouveau de nos habits de paysan, laissons pousser notre barbe et retirons-nous pour toujours au milieu des champs. Sorti des rangs du peuple, je veux y rentrer!

Les cris et les ébats des enfants sur la rive avaient cessé. Lomonossoff jeta un coup d'œil de ce côté; il aperçut à deux cents pas de là, près du pont Bleu, une voiture de louage qui venait de s'arrêter. Un jeune homme questionnait les enfants groupés autour de lui. Hélène accourut essoufflée.

— Qui est cet homme? dit son père.

— Vous savez, c'est l'étudiant de Moscou qui vous a écrit.

— Qu'il entre chez nous. C'est donc le jeune homme qui aspire à faire partie des bureaux des affaires étrangères et qui m'a envoyé des vers de sa composition!

La voiture avança jusqu'au perron. Le jeune homme, malgré son embonpoint, ne paraissait guère âgé de plus de dix-huit ans. Il avait bonne mine, des joues vermeilles, couvertes d'une barbe naissante, des lèvres épaisses et de grands yeux expressifs. Il portait le costume des étudiants. Ses gestes rappelaient la gaucherie d'un jeune cheval

qui folâtre dans un gras pâturage. Il monta les
degrés gai et souriant ; il exhalait un parfum de
cinnamome, alors à la mode.

— Sergent dans la garde et étudiant de Moscou ! dit-il. J'ai eu l'honneur de vous être présenté
il y a quatre ans, chez notre recteur, le comte
Jean Schouvaloff.

— Certes je m'en souviens, vous êtes le bienvenu, répondit Lomonossoff.

— Vous rappelez-vous m'avoir demandé à quoi
je me vouais ? A l'étude de la langue latine, ré-
pondis-je, et vous m'en avez fait compliment.

— C'est vrai, Von Vizine, — fit Lomonossoff
en invitant poliment son hôte à s'asseoir. — J'ai
reçu votre lettre et j'approuve le plan de votre comédie. Quel titre pensez-vous lui donner, est-ce
le *Brigadier* ?

— J'y travaille, mais je n'avance pas.

— Qu'est-ce qui vous gêne ? les roses du plaisir
ou les épines de l'étude ?

— Vous avez deviné. J'ai trop de distractions
autour de moi. C'est si gai Moscou, j'y ai tous
mes parents, et aux environs, ma vieille grand'-
mère ; elle est alerte, elle pince encore de la harpe,
aime la société et sait tous vos vers par cœur. Je
continuerai peut-être quand j'aurai un emploi.

— Écrivez, jeune homme, poursuivez les méchants et les sots. Vos idées sont nobles et le sujet
est conforme à l'esprit du siècle. Est-elle assez
surchargée d'ignares et de fainéants, notre pauvre
terre ! Persiflez surtout avec vigueur la femme
de votre principal personnage, ce fadasse mili-

taire ! Comme elle est bien l'image de nos mondaines qui ne savent que courir les réunions, les soirées, les bals, les spectacles. Raillez avec tact, lancez le mot juste, choisissez vos flèches ; atteignez nos vices, notre fureur de la mode, notre frivolité, notre ignorance, notre corruption. Vous saurez faire cela. Ne pas écrire serait un péché. Votre talent est incontestable.

— Et mes vers ? Avez-vous daigné les parcourir ? Je vous en avais envoyé quelques pages.

— Ils ne sont pas bons, ils sont parfaits. Les voici ; je les porte sur moi. J'avais voulu vous répondre de suite ; mais j'ai dû aller visiter ma ferme. Ils ne me quittent pas, vos vers, j'en fais mes délices. Par exemple, l'éloge que fait le renard du lion défunt est délicieux :

De son si noble cœur il a chéri les bêtes ! »

Les regrets de la taupe sont pleins de malice.

« Du trône du lion les marches vénérées,
« D'os d'animaux tués étaient tout entourées.
« Les favoris royaux, seigneurs grands et puissants
« Sans contrôle écorchaient la peau des innocents.»

— Vous avez du talent, le trait de Swift et le sel de Boileau. Suivez les traces d'Horace. De la persévérance seulement, rien que de la persévérance ; une patience à toute épreuve et du travail !

— Ah ! que c'est bien cela ! Et nous courons chercher la sagesse dans les pays étrangers ! Nos ânons de Russie visitent les théâtres et les cafés d'Europe, et reviennent au pays, non pas plus savants mais ânes bâtés comme devant! Hélène, sers-nous des mûrons! Ce sont des amis de Kholmogory qui m'en ont envoyé pour le carême.

La conversation continua. Le soleil avait disparu; les rives de la Moïka devinrent désertes; tout le monde était parti, les enfants, les lavandières, les oies, la vache et le porc.

Lomonossoff et Von Vizine allèrent au jardin.

La lune se dégageait des toits environnants, et montait dans le ciel profond et pur; ils prolongèrent leur entretien, se promenant sur les sentiers sinueux, respirant l'air frais de la nuit et l'arome des sapins.

— Vous souvenez-vous des paroles de notre ami? s'écria Lomonossoff comme poussé par une inspiration soudaine et en ralentissant sa marche. — Aspirez à cette réunion de toutes les vertus, à cette alliance de toutes les forces qui convergent vers la prospérité publique; soyez les messagers de l'éternelle vérité, fuyez le luxe, la cupidité, les bassesses, tout ce qu'adore une plèbe asservie aux passions. Avez-vous vu de près ces gens-là? leur tête est vide; tel n'a pas sur lui une bonne chemise qui est vêtu de drap fin et étale ses diamants. Voilà comment nous sommes! Voulez-vous que je dise un mot en votre faveur au chancelier?

— Je vous en serais reconnaissant jusqu'à la fin de mes jours, dit le jeune homme.

— En quoi ce que je pourrai dire vous servira-t-il mieux que la recommandation de Jean Schouvaloff auquel vous avez été présenté?

— Un favori n'est qu'un favori, tandis que Lomonossoff restera Lomonossoff jusqu'à la fin des siècles.

— Vous me faites trop d'honneur, je crains que vous ne vous trompiez.

— Le chancelier fait grand cas de vous et ne vous refusera rien. Et quel service vous m'aurez rendu ? Un emploi me créera une place dans la société et me donnera des moyens d'existence ; mes parents, malheureusement, sont pauvres ; c'est seulement lorsqu'on a de la fortune et qu'on est appuyé par des amis, qu'on peut être écrivain.

— J'en ai fait l'expérience. Oui, il faut des appuis, des amis, si l'on veut tirer parti de son labeur ! C'est en bourdonnant que les abeilles font leur miel. Un auteur est encore considéré comme un agresseur public ou comme un bouffon ; on croit aussi que le savant doit comme Diogène vivre avec des chiens. Oh ! les arrogants, les hypocrites. Oh ! les méchants, les ignorants ! Ne m'arrive-t-il pas de ne pas avoir de quoi payer des remèdes, quand la maladie visite ma famille ? Ma fabrique de mosaïque, ma verrerie, mes autres entreprises ont épuisé mes revenus. Un fripon comme notre Schuhmacher, mauvaise langue s'il en fut et mon ennemi personnel, a donné l'Académie en dot à son gendre Taubert, et cette triple bûche d'Allemand ne veut pas entendre parler de mes ouvrages !

— Permettez-moi de vous réitérer ma demande de parler de moi au chancelier.

Lomonossoff, plongé dans ses réflexions, resta un moment sans répondre.

— Il y a longtemps que je ne suis sorti de chez moi! se dit-il. Si je mettais perruque et uniforme et si j'allais chez Vietinghof, je parlerais pour Mirovitch et pour ce jeune homme! — Où demeurez-vous? lui demanda-t-il.

— Chez mon oncle. Voici mon adresse, quartier d'Izmaïlovsky. Vous trouverez d'abord un étang, derrière l'étang un verger, au milieu duquel vous verrez une maisonnette, une ancienne forge. C'est là où je descends quand je viens à Saint-Pétersbourg.

— Je suis invité à une soirée dans le même quartier chez un voisin de campagne. Il y a longtemps que j'ai vu le chancelier. Vorontsoff est de leur bord! S'il s'y rend, je le saurai, je m'y trouverai et je profiterai de l'occasion pour lui dire quelques mots en votre faveur.

— Je ne saurais trop vous remercier.

— Le pays a besoin de la vigilance d'une jeunesse intelligente. Voyez les progrès de Catherine dans l'étude de la langue russe. Il n'y a pas longtemps encore qu'elle faisait des fautes d'orthographe dans ses lettres à ses amis; aujourd'hui, elle nous en remontrerait à tous deux.

XIII

Le baron Jean de Vietinghof, époux de la
comtesse Anne de Munich, demeurait dans une
grande maison dont les fenêtres donnaient sur la
Fontanka. C'est sur cet emplacement aujourd'hui
occupé par des casernes que quelques années après,
Garnovsky, l'homme d'affaires de Potemkine, cons-
truisit son hôtel. Munich, revenu d'exil, y demeura avant d'aller habiter le palais Narychkine.

Cette soirée du dimanche 9 juin réunit un
nombre considérable d'invités. La rive de la Fontanka et les abords de la maison, entourée d'une
haute palissade, étaient encombrés de carrosses
dorés, sur lesquels étaient peints des amours et des
fleurs, attelés de quatre ou de huit chevaux ; ils
pénétraient les uns après les autres dans la cour ;
les fenêtres, grandes ouvertes, étaient illuminées
de deux éclatantes rangées de feu.

Ici, le carrosse à glaces de Narychkine, le grand-écuyer, le landau de Goltz, l'ambassadeur de Prusse ; là, arrivant au grand galop avec nègres et coureurs, la berline bleu ciel à six chevaux de Sobansky, le beau lancier polonais, parent de Radzivill. L'orchestre du palais, dirigé par Pieri, alternait avec le chœur des chanteurs de Béligradsky, installé dans le parc derrière la maison. Les allées et les plates-bandes étaient brillamment illuminées et on préparait un feu d'artifice sur l'étang.

— Un bal, diable ! disaient les badauds. Il y aura des fontaines de feu ! Restons jusqu'au matin ! On nous jettera des noix et des roubles par les fenêtres ! Le deuil de l'impératrice Elisabeth n'est pas terminé que ces hérétiques se gobergent déjà !

De belles femmes en toilette de bal, enguirlandées de fleurs, descendaient de leurs carrosses et comme de légers papillons montaient les marches du perron recouvert de drap rouge.

— La comtesse Bruce ! la princesse Gagarine ! la femme de l'hetman et ses filles ! Et celui-là, qui est-il ?

— Lequel ?

— Celui qui vient d'entrer.

— C'est un baron.

Aux fenêtres étincelantes de la lumière des lustres apparaissaient les visages connus des principaux dignitaires couverts de rubans et de décorations, les têtes poudrées des petits-maîtres de l'armée et de la cour, les nouveaux uniformes blancs, jaunes et rouges de la garde.

Il était neuf heures du soir. La chaleur dans les salons devint suffocante, et danseurs et danseuses se transportèrent dans la vaste serre qui donnait sur le jardin. Le cotillon succédait au menuet, qui faisait place à la gavotte, celle-ci à la polonaise, la polonaise au quadrille. Le violon de Pieri roucoulait comme une tourterelle, trillait comme un rossignol ; les flûtes, les clarinettes, les hautbois répliquaient aux sons stridents des instruments de cuivre ; les contrebasses bruissaient comme un essaim de gros bourdons.

— Le grand-maître de police ! Korff ! voilà Korff ! Place ! faites place à l'hetman !

— Où donc ?

— Là-bas, voyez-vous ses piqueurs qui passent le pont, entendez-vous son coureur ? Rentre ton museau, si tu veux le conserver !

Là-dessus, on entendait les rires des drôles qui se gaudissaient.

On jouait aux cartes dans la salle des portraits et dans le cabinet de l'amphitryon. Des laquais apportaient des plateaux chargés de vins exquis, de liqueurs, de rafraîchissements. Un gros et grave huissier, à la face rubiconde, coiffé à la façon des hussards, d'une énorme perruque, à longues et fines tresses qui lui descendaient sur les tempes, se tenait comme un mâtin, sa hallebarde au poing devant la porte de la grande salle. Il était vêtu d'un habit cramoisi, à brandebourgs et à jabot de dentelles, et portait des bas blancs et des souliers à boucles; il annonçait, mode nouvelle alors, de sa forte voix de basse les noms des personnages qui entraient : Oppermann, Zeitz, Medem, Olderog, Bukshevden, Katzow, Ungern, Frederichs, Schweidel, Stoffel, Rosen, armes : roses d'argent, Rosen, armes : roses de gueules, Schlippenbach et autres; parmi les Russes, le procureur général Gléboff, le feld-maréchal Alexis Razoumovsky, bel homme encore, quoique fatigué; ses yeux veloutés ne souriaient déjà plus sous leurs épais sourcils noirs; Alexandre Schouvaloff, le chef de la ci-devant chancellerie secrète, tout ridé, clignotant convulsivement de l'œil droit, Volkoff, Lomonossoff. A ce dernier nom, les regards se portèrent avec une curiosité dédaigneuse sur l'uniforme brun, peu élégant, du savant, sur le visage sévère et hardi, la carrure athlétique de l'académicien plébéïen dont la muse, depuis six mois, se drapait dans un opiniâtre silence. Lomonossoff disparut au milieu de cette réunion aussi bigarrée que bruyante; il alla s'asseoir dans un couloir entre deux salons et se mit à observer.

Il remarqua, resplendissante de beauté et de grâce, en robe de soie grenat à traîne, la comtesse Hélène Kourakine, la favorite de Pierre Schouvaloff, mort quelque temps auparavant, entourée d'un essaim de soupirants jeunes et vieux.

— La noblesse lui doit ses privilèges; aussi, que de diamants, que de diamants! disait-on malicieusement, à voix basse.

La comtesse répondait avec des éclats de rire, aux aimables compliments de ses adorateurs, pen-

dant qu'elle considérait d'un œil perçant, dissimulé
sous son éventail et en souriant d'un air de triomphe, les toilettes éblouissantes de ses rivales.

A ce moment passa, accompagnée de deux pages, ses neveux, la vieille Boutourline, une grosse
dame en robe à panier de velours bleu, son grand
cordon en écharpe, sur la tête une toque, nuance
feu et fumée. Tous les yeux se fixèrent sur la
comtesse Kourakine. Quelqu'un dit à demi-voix :
— Grégoire Orloff l'a enlevée à feu Schouvaloff;
il a de l'audace, il réussit ! — La chevalière de
Boutourline cherchait, haletante et en se dandinant, la maîtresse de la maison ; elle s'approcha de
la baronne Anne Vietinhof et affecta de trébucher
en faisant maladroitement sa révérence, à la mode
de la nouvelle cour ; la baronne et toute l'assistance se prirent à rire.

— Une intrigante qui critique les actes de
l'empereur ! dit Alexandre Schouvaloff à Volkoff.

Razoumovsky, le rusé renard, les larmes aux
yeux, comblait de caresses et d'embrassades Ungern, le favori de l'empereur.

— Baiser de Judas ! murmura, en s'asseyant,
le doucereux Betsky, à l'oreille de Lomonossoff.

Bientôt une brillante jeunesse, enveloppée de
soie, de velours, de dentelle, se rua sur le passage
de plusieurs vieillards à têtes chenues, aux allures
dégagées. C'étaient les exilés, Munich qui revenait
de Sibérie, Lestocq, d'Ouglitch et Biron de Jaros-
lavl. La foule s'empressa de leur faire place;
Lomonossoff fut acculé à l'embrasure d'une fenêtre.

Jean de Munich, un octogénaire de haute stature, avait conservé des vestiges de son imposante
beauté. Ce céladon aux cheveux blancs, aux joues
roses, poudré, robuste encore, ne semblait pas revenir d'un exil de vingt années. Il avait à un bras
la belle et frivole Hélène Kourakine, à l'autre, la
jeune comtesse Bruce ; il fut aussi galant qu'il
l'avait été sous l'impératrice Anne ; il embrassait
les petites mains des deux sirènes, ravies de ses
attentions et raillait avec esprit les nouvelles
figures, à manières de caserne, à langage de caporal, qui donnaient le ton à la cour.

Un peu plus loin, se tenait le duc Ernest de
Biron, goutteux, aux petits yeux noirs ; c'était le
même Munich, qui l'avait envoyé dans cet exil,
dont ils étaient revenus ensemble à un mois d'intervalle. Il donnait le bras à la maîtresse de la maison. Son épaisse lèvre inférieure pendante indiquait le dédain ; son regard oblique s'échappait
de dessous ses paupières appesanties ; sa grosse
tête sèche, froide, dure comme du granit, avait
des frémissements nerveux.

Derrière eux venait Lestocq, cet aventurier
sans vergogne, à la bouche menteuse et au front
d'airain, gracié depuis le mois de décembre ; il
portait un habit de velours couleur olive, une
perruque ébouriffée et malpropre ; édenté, bar-
bouillé de tabac à priser, il se traînait, pliant
sous le poids des ans, de la misère et des désillu-
sions.

—C'est le sixième règne heureux que je vois dans
cette heureuse Russie, disait-il en ricanant et en

gesticulant devant de vieilles coquettes, jadis les plus belles dames de la cour d'Elisabeth.

Lomonossoff crut respirer une odeur de cadavres; son cœur se serra. Il voyait comme derrière un voile ces cruels vieillards, vivants encore mais déjà décomposés qui, un jour, avaient tenu en mains les destinées de la Russie.

— Les voilà ces anciens dieux ! pensait-il, graciés aujourd'hui ! vrai troupeau de loups affamés, alors que Bestoujeff, exilé, reste oublié! Biron ! je te vois donc de près, méchante araignée de Courlande, ventrue et avide, qui t'es gorgée dans nos jours de deuil, du sang de milliers de Russes ! Te voici, vieil intrigant de Munich, qui écrasas Biron, ton ami et ton compatriote! Vous souvenez-vous du haro de vos odieux délateurs, du relais où vous vous êtes rencontrés, l'un allant en Sibérie, l'autre en revenant? Ils se font des révérences, se disent des compliments, se passent leurs tabatières, et se détournent de cet ignoble Lestocq, qui porte sur lui l'odeur du sang des parents de Jean, ses victimes!

L'affluence augmenta. Biron, la tête branlante, la démarche peu assurée, se mêla à la foule. Munich voulut passer dans le salon adjacent, lorsqu'il fut enveloppé par un flot de dames. Ses yeux vifs étincelaient d'esprit. Il dit quelques mots à l'oreille de la comtesse Kourakine.

— Y pensez-vous, Altesse! répondit-elle en riant, flattée, et elle lui frappa la main de son éventail.

— Il y a vingt ans, — continua à méditer Lomonossoff, mêlé à la populace, je l'ai vu ce même Munich, toujours aussi résolu qu'insouciant, se pavaner sur l'échafaud à côté du bourreau. Il portait l'uniforme rouge de feld-maréchal ; sa tête chauve était découverte ; il gelait à pierre fendre. Il plaisantait avec les soldats pendant qu'on lui lisait la sentence qui le condamnait à être écartelé. — Il fait froid, mon vieux, dit-il en souriant à l'exempt de police ; — un petit verre d'eau-de-vie me ferait du bien ; il est midi ! — Oui, l'empereur aura en lui un sûr appui !

Le bruit étourdissant de l'orchestre et le va-et-vient de cette réunion joyeuse arrachèrent Lomonossoff à ses pensées. Il se dirigea vers les groupes de danseurs.

— Messieurs les fumeurs, où êtes-vous donc? dit-il, dans le cabinet ou au pavillon chinois?

Dans le cabinet, il était question du mécontentement de la France et de l'Autriche, d'une guerre possible avec le Danemark. On n'y parlait qu'allemand.

— Savez-vous comment Narychkine a le cordon de Saint-André? — Il se l'est mis, pour rire, dans l'antichambre ; quand l'empereur l'a fait appeler, il a dit : Permettez-moi, sire, de le garder, autrement on, se moquerait de moi.

— Ha! ha! ha! bravo! crièrent en applaudissant les graves auditeurs.

Une partie des invités passa au jardin dans le pavillon illuminé par des lanternes.

— Où est le chancelier? demanda Lomonossoff

à Stehling, ancien précepteur de l'empereur, coquet comme une poupée.

— Qu'as-tu besoin de lui ? tu creuses toujours ta route des Indes ? Pierre le Grand qui était, lui, d'une autre taille que toi pourtant, n'y a pas réussi.

— J'ai quelqu'un à lui recommander.

— Cherche-le dans le jardin. Lui qui n'a jamais fumé, il suit la mode aujourd'hui.

— Fais-moi voir Zeitz, le commissaire en chef des guerres.

— Le voilà. C'est ce grand, avec ce panache. Aurais-tu composé des vers, une ode en son honneur ?

— Es-tu fou ?

Il aborda Zeitz, déclina avec dignité ses noms et qualités, et pour le mieux disposer, lui parla de Mirovitch en allemand. Zeitz, un franc imbécile, grossier et plein de morgue, fronça ses épais sourcils roux, réfléchit en allemand et répondit en mauvais russe :

— Vous n'avez aucune notion du règlement et de la discipline, ne soyez pas surpris de mon refus. *Bitte um Verʒeihung !*

Le long aide de camp, maigre comme une perche, inclina brusquement son buste anguleux, fit résonner ses énormes éperons, et s'en alla vers un groupe d'autres généraux.

— Pouah ! la triste engeance ! dit Lomonossoff. Et il pense me faire la leçon ; je regrette de lui avoir parlé !

Lomonossoff, qui avait encore à solliciter pour

Von-Vizine, alla trouver le chancelier dans le fond
du jardin, où il était plongé dans une pénombre
mystérieuse. Le silence le plus complet y régnait.
Les sentiers contournaient de gros arbres touffus,
et s'enchevêtraient en un labyrinthe tortueux.

Sous un vieux tilleul, trois personnages étaient
assis autour d'une table ; leurs pipes scintillaient
dans l'obscurité comme des yeux de lynx. Un
quatrième marchait à côté d'eux, à pas lents, et
leur parlait. Ils voyaient tous ceux qui allaient et
venaient devant la maison, alors qu'on ne pouvait
les apercevoir ; ils s'étaient isolés pour s'entretenir
à l'aise et respirer l'air de la nuit, humecté de la
vapeur blanche et légère qu'exhalait le sombre
étang. Deux d'entre eux, à un des derniers repas
au palais, avaient trinqué ensemble : cérémonial
de cour ! A peine l'empereur eut-il tourné le dos,
que chacun se retourna de son côté, sans porter la
coupe aux lèvres. Ici, les deux adversaires parais-
saient réconciliés.

— L'empereur est mécontent de sa femme —
dit Vorontsoff debout. Ce désaccord fait que rien
n'avance ; il n'a encore rien été décidé pour les
fourrages. Les fournisseurs ne savent où donner
de la tête.

Un murmure accueillit ces paroles, puis tout
redevint silencieux sous le tilleul. Le grand chancelier reprit, moitié en français, moitié en russe :

— On s'attend à seize millions et demi de dépenses ; comment couvrir ce déficit d'un million
et demi ? Et cette guerre avec le Danemark ? Le
mécontentement est général. Pierre n'est pas

même sûr de sa famille. On ne peut rien lui demander, rien espérer de lui.

— Il ne trouve de plaisir qu'auprès de votre nièce, répliqua Lestocq en russe, en bourrant sa pipe. — On pourrait les marier secrètement.

— Il est dangereux de jouer au mariage! Jeu de dupes! Nos ennemis ne nous le pardonneraient pas; ils nous soupçonnent déjà! Ma nièce tient de près à Pierre, oui! La garde, le peuple, tiennent pour Catherine. Partout, l'agitation, l'inquiétude, la suspicion!...

— Un peu de monastère! au pain et à l'eau, Catherine! grogna l'ancien conseiller d'Élisabeth, qui en avait goûté, lui, de la vie monastique. — Qu'elle apprenne à le connaître, le dicton qui dit que ce n'est pas tous les jours fête!

— Elle est gracieuse, affable, pleine de délicatesse, répliqua Munich, avec un accent allemand très prononcé. — Elle lit Plutarque, les Annales de Tacite, Bayle, Voltaire. C'est une tête intelligente!

— Capricieuse et rusée! murmura d'un ton brutal le troisième interlocuteur, silencieux sur sa chaise. — Je ne vois que des rebelles et des conspirateurs! Céder aux femmes, c'est devenir leur proie!

— Que faire, alors? Altesse — demanda doucement Vorontsoff, en s'adressant à ce troisième. — Parlez, votre expérience, votre prudence...

— Arrestation et prison à perpétuité, — lança une voix terrible, dans l'obscurité.

— Mais, qui nous garantit? — On en sort, de

la prison. Que de gens s'évadent, malgré les donjons et les verrous !

— Il y a encore un méthode, la bonne...

— Laquelle?

— Le billot et la hache! ajouta le duc de Biron, cette fois purement, sans accent.

Des pas retentirent dans l'allée. Vorontsoff se retourna, se composa un visage aimable et se porta, en se dandinant nonchalamment, à la rencontre de son vieil ami Lomonossoff.

Il s'arrêta à quelque distance du tilleul.

Le chancelier roulait sa tabatière d'un air impatient.

— Ne vaudrait-il pas mieux passer outre? se dit Lomonossoff. Quelque conseil secret? Non, je n'ai pas de temps à perdre!

Il surmonta son hésitation et exposa en quelques mots au chancelier l'objet de sa requête.

— Ah çà! vous êtes donc toujours le même rêveur; vous faites donc métier d'intercéder pour autrui? dit le chancelier. Je suis heureux de te voir; il y a longtemps que tu aurais dû venir me trouver. Mais, convenons-en, est-ce ici le lieu, à ce bal, de me parler de tout cela? Tu sais l'affection que je te porte et combien je suis toujours prêt... mais, avoue...

— Votre Altesse sait que je reste chez moi, comme un ours dans son trou, et que je ne rôde pas dans les salons — pardonnez-moi ma témérité, mais, cette fois, je ne cesserai de vous importuner.

— Peine perdue, cher ami! pas une vacance

pour l'instant! il y en a de plus méritants qui sont
à la piste, et qui ne perdent pas courage. Où
veux-tu que je fourre ton protégé? encore un de
ces parasites, un de ces blancs-becs, un enfant
gâté de Moscou.

— Il n'est nullement gâté, je vous prie de le
croire, et je n'ai de ma vie sollicité pour des blancs-
becs. Je vous demande, pour Von-Vizine, comte,
un emploi de translateur. Il a déjà traduit l'*Alzire*
de Voltaire. Son premier ouvrage a été publié aux
frais de personnes qui le protègent. Les hommes
qui s'adonnent à la science, ne savent à qui avoir
recours. C'est précisément de ces Russes-là qu'il
ne faut pas faire fi! Si nous ne voulons pas
glisser sur la pente des fausses doctrines, et nous
laisser déchirer par les factions...

— Factions, fausses doctrines! De qui m'en-
tretiens-tu? de quelque chétif étudiant, ou d'un
pauvre diable de scribe, qui aura composé un bou-
quin. Cela vaut-il la peine de tant s'en occuper!
Tu t'échauffes, tu prends feu! Nous avons bien
d'autres chiens à fouetter. Le monde a d'autres
affaires en tête! à la rigueur, comme surnuméraire, sans appointements, et moyennant examen
préalable...

— Lui, un étudiant de la Faculté des lettres de
Moscou, pendant qu'on accepte le premier Allemand venu. Quand y verrons-nous clair? Cet aveuglement nous sera fatal.

Il n'avait pas achevé, qu'une fusée, partie de
l'étang, siffla en serpentant dans les airs, pendant
que des feux de toutes couleurs éclatèrent autour

du bassin. Les portes de la serre s'ouvrirent à
deux battants, et tambours et clairons se mirent à
jouer une marche militaire. Pendant que les étincelles des fusées et des soleils jaillissaient à droite
et à gauche, Pierre apparut avec Goudovitch et une
brillante suite de généraux et d'officiers. Il portait son uniforme blanc à revers bleu de turquoise
avec des aiguillettes et une seule épaulette.

— Comte ? prendrez-vous ma prière en considération ?

— O Cicéron ! *Quo usque tandem...* Moyennant
examen, et comme surnuméraire, te dis-je.

Le chancelier disparut précipitamment dans
l'allée latérale ; Lomonossoff le poursuivit en gro-
gnant et faillit, dans sa hâte, s'accrocher à la perruque de Lestocq.

— Ne pas apprécier ce jeune talent ! Racaille !
va !

— Quel mot ! exclama une voix sous le tilleul.

— Des rebelles et des conspirateurs ! *Nichts
weiter !* — conclut Biron.

— Russie ! ta fin est venue ! *Punctum !*

Lomonossoff arriva au pavillon chinois, qu'il
trouva vide ; les fumeurs et les buveurs s'en
étaient allés voir le feu d'artifice. Il prit place près
d'un guéridon, resta inerte, prêtant malgré lui
l'oreille à la musique et aux applaudissements de
la foule.

— Où suis-je ? et qu'ai-je eu besoin de me faufi-
ler ici ? se dit-il.

La première partie du feu d'artifice était finie.
Les danses allaient recommencer. Dames et cavaliers, rafraîchis par l'air de la nuit, rentraient par
groupes joyeux.

La serre était comble. Lomonossoff se fraya
avec effort un passage à travers ce fouillis d'uniformes d'officiers de la garde, d'épaulettes et de
sabres, de têtes féminines poudrées, émaillées de
fleurs, ruisselantes de perles, de bras féminins,
de gorges découvertes, d'épaules nues, de torses
luxuriants. Il chercha à rencontrer Zeitz pour le
prier, avec le concours de Razoumovsky, de ne
pas refuser un peu d'intérêt à Mirovitch.

Cet empressement fiévreux, cette agitation et
cette impatience qui s'emparent d'une foule au
début d'une danse, obligea Lomonossoff à se
mettre à l'écart; il put voir, de l'autre côté de la
balustrade, au milieu de l'orchestre, Pierre devant
un lutrin, tenant dans ses mains un violon, qu'il
accordait, riant de bon cœur, et parlant à la baronne. La fameuse Élisabeth Vorontsoff, une
femme de taille moyenne, aux formes arrondies,
surnommée la Belle hôtelière par les plaisants de
la capitale, était là. Léon Narychkine en habit de
velours couleur cerise, à gros boutons de diamants, le cordon de Saint-André en écharpe, allait, venait, courait, s'arrêtait, agitait son mouchoir, puis se remettait à courir : il organisait
une danse à la musique de laquelle Pierre se disposait à prendre part.

— Ils s'amusent, pensait Lomonossoff. Voilà
la favorite que tous adulent et devant laquelle

tous s'inclinent. Elle, la sage Catherine, retirée,
lit et étudie, visite la tombe de la défunte impératrice. Je l'ai rencontrée, vêtue de deuil, voilée
comme une nonne; elle se rendait à l'église de la
forteresse.

A l'autre bout de la salle, le visage pâle, grave
et inquiet d'une svelte jeune fille attira l'attention
de Lomonossoff. Elle donnait le bras à une de
ses amies, à la face enjouée; immobile, le cou
tendu, les lèvres serrées, elle ne détachait pas ses
yeux de la personne de l'empereur. Sobansky, un
pétulant lancier polonais, en veste blanche, une
fourrure de panthère sur l'épaule, l'invita à danser.

— Ce grain de beauté sur la joue, se dit l'académicien, cette fossette au menton, ces yeux allongés en amande, impassibles comme ceux d'un
sphinx, pleins de mystère, cette robe, ce dolman...
mais ce sont les cadeaux que m'a montrés la Bavykine! Serait-ce la promise de Mirovitch, Polixène
Pchélkine? Elle est telle qu'il me l'a décrite! Comment est-elle venue ici? Singulier hasard!

Le bruit de la musique interrompit ces réflexions. Les tourbillons de la danse avaient rejeté
Lomonossoff du côté de l'orchestre. Naryschkine
était à la tête de cette troupe multicolore; ses mol-
lets gras et élastiques, serrés dans des bas de soie,
s'acquittaient à merveille des entrechats et des
pirouettes. — Amusons-nous! s'écriait-il. Amusons-nous! Les autres danseurs dont les légers
essaims voltigeaient et tournoyaient sans fin,
semblaient l'approuver des yeux.

13.

Lomonossoff ne réussit pas à retrouver la trace de la svelte danseuse qu'il avait vue prendre son vol dans les bras du lancier; il se sentit enveloppé des parfums d'une robe de gaze à reflets d'or. C'était la gracieuse maîtresse de la maison, suivie de la belle Élisabeth Vorontsoff, le sourire aux lèvres, coiffée en panier de fleurs. La baronne le présenta à cette dernière.

— Il y a longtemps que j'entends parler de vous, lui dit la favorite d'une voix assez rude et en traînant ses mots. Qu'écrivez-vous maintenant?

— Rien, j'ai été malade, madame.

— Tant pis ! votre muse se tait, on ne la voit plus.

— Elle ne porte pas de robe à queue !

Les deux dames se regardèrent avec surprise.

— Nous avons lu votre *Cigale,* dit la baronne, qui cherchait à se rendre Lomonossoff favorable.— Vous êtes un génie...

— Que ne suis-je cigale, baronne, il y a longtemps que je n'aurais fait qu'un saut d'ici dans les herbes de la steppe, bien loin, bien loin.

— Pas la moindre petite ode ! Est-ce que cela se fait? continua en minaudant la favorite, véritable enfant gâté et capricieuse maîtresse. Et de si belles occasions ! la païx avec la Prusse, des feux d'artifice, des lancements de vaisseaux. Vous êtes poète et académicien, ne l'oubliez pas !

— Il y en a d'autres pour cette besogne ! adressez-vous à Stehling, à Barkoff. On ne les a pas mis pour rien à l'Académie des sciences !

Les dames se retirèrent en haussant les
épaules.

— C'est un malhonnête et un grossier personnage, voilà tout, — dit Élisabeth Vorontsoff, en
jetant un coup d'œil inquiet vers l'orchestre.

XIV

Pierre n'était plus parmi les musiciens, derrière la balustrade ; après la première danse, il avait passé son violon à Olsouieff ; le couple du lancier et de la danseuse avait attiré ses regards ; Pierre se dirigea vers eux.

— Sire, daignez sacrifier une minute à une malheureuse..., dit la jeune fille.

Pierre tendit la main à Polixène et l'entraîna à l'écart ; il avait repris sa contenance martiale ; ses pas étaient d'une régularité militaire.

— Qui parle à l'empereur ? demanda une dame.

— La Ptitsyne, la fille d'un major, répondit une autre dame.

— Ma chère, vous vous trompez. Quelle erreur ! elle est plus grande et plus forte.

— Qui donc alors ?

— Demandons à Oppermann. Où est le baron ?

— Regardez ses grimaces ! est-ce assez ridicule ?

— Et ses yeux ! voyez ce qu'elle fait de ses yeux, de ses épaules !

— Elle est d'une pâleur !

— Pâle, vous êtes charitable ! Elle est jaune, jaune, noire...

— Oh ! mais regardez-la ! Elle en est à sa déclaration !

— Ça... une déclaration ! je ne vous aurais pas crue aussi pédante !

— Mesdames et messieurs ! à vous de recommencer, s'écria du milieu de la salle, Narychkine exténué, écarlate et ruisselant de sueur. Tournez à gauche ! balancez ! chaîne de dames !

Et le long cortège sinueux, semblable à un serpent chatoyant, s'ébranla en tourbillonnant et en entremêlant sa marche folle de balancés, d'entrechats, de révérences et de pliés. Pierre et Polixène allèrent jusqu'au treillis de la serre ; les invités qui ne dansaient pas, selon l'étiquette, formaient un demi-cercle à distance.

— Que demandez-vous ? dit Pierre à la jeune fille.

— Je suis promise, fit timidement Polixène ; d'après vos ordres, Majesté, mon fiancé a été envoyé à l'armée.

— Votre fiancé ? Vous souvenez-vous de certain menuet à la cour en costume de nymphe ? dit Pierre en riant.

— Est-ce le moment de m'en parler, sire ? je viens en suppliante...

— Impatiente, vous brûlez de le revoir à ge-

noux devant vous? Nous sommes en carême !
Attendez le jour de ma fête. J'ai fait bien des promesses pour ce jour-là; par la même occasion
nous célébrerons vos noces !

— On parle d'une nouvelle campagne, sire,
vous partirez... J'ai encore à intercéder en faveur
de quelqu'un, j'ai déjà voulu me jeter aux pieds
de Votre Majesté à l'église, sur la place, devant le
palais. Vous êtes l'empereur, ayez pitié.

— Ce n'est pas à vous à être à mes pieds... repartit Pierre avec un sourire malicieux. De qui
parliez-vous ?

— Vous avez promis, sire, de délivrer Jean.
Pardonnez ma hardiesse, ma folie. J'ai demeuré
chez le prévôt; il a été destitué à cause d'une lettre.
Ce n'est pas lui qui vous l'avait adressée. Châtiez-
moi, car c'est moi qui ai osé, c'est moi qui ose
encore aujourd'hui...

Polixène n'avait pas achevé, que Pierre aperçut devant lui Elisabeth Vorontsoff, pâle de
colère et de jalousie; des taches écarlates vinrent
colorer le front et les joues de la belle comtesse.

— Deux mots, sire ! dit-elle en français. Il
s'agit d'une affaire très sérieuse !

— Sérieuse au point de m'interrompre, madame !
Dans une minute je serai à vous, dit Pierre à
Polixène.

Il prit le bras d'Elisabeth; ils passèrent dans le
salon contigu.

— A qui parliez-vous? dit-elle.

— A une jeune fille qui s'intéresse à son
fiancé.

— A son fiancé! Pendant que vous ne voyez, ni n'entendez rien de ce qui se passe ici! Interrogez mon oncle, votre plus fidèle serviteur; mais vous ne l'écoutez pas. L'impudence de vos ennemis croît, non pas de jour en jour, mais bien d'heure en heure. Vous partirez, on m'enfermera, puis on me condamnera, fit-elle les larmes aux yeux.

— Élisabeth, vous êtes ennuyeuse. Vous me répétez, comme la Bible, toujours la même chose, vous, votre oncle et Goudovitch; ah! sombres Pythies que vous êtes! *Ihr alte Russen Alle auf einer Schicht!* Toujours des pièges, des conspirations! O Suède! peuple tranquille! Pourquoi, mon Dieu! ai-je été amené ici?

— Votre épouse trame quelque complot! On assure que les rôles sont distribués. Si vous ne voulez pas de mon oncle, questionnez Biron, Munich, et vous saurez... Elle va en public voilée comme une nonne, elle cherche à plaire au clergé, à la plèbe...

— Patience, Élisabeth; attends que nous soyons à Oranienbaum.

— La jeunesse aussi est pour elle, et, tout entière, — et elle frappa du pied. — Interrogez qui vous voudrez, jusqu'aux poètes qui raffolent d'elle!

— *Nichts als Eifersucht, mein Kind!* Tu vas te soucier de ces rimailleurs, de ces gribouilleurs! Fi! je te ferai couronner avant de partir; tu seras régente! Soyons philosophes, comme notre grand

Frédéric! Qu'entends-je! Un bouquet de fusées: la fin du feu d'artifice! A propos, tu me parlais de gens qui écrivent; je viens de remarquer un de ces fâcheux. Laisse-moi lui dire deux mots.

Musique et danse avaient cessé, on se ruait sur la terrasse. Au delà de l'étang, une colonnade de feu se réfléchissait sur l'eau comme sur un miroir; des colonnes flamboyantes supportaient des urnes dont s'échappaient des grappes d'étoiles; derrière, jouaient des fontaines aux mille couleurs. Dans la fumée, au-dessus de ce tableau embrasé, comme dans une nuée, on voyait resplendir un écusson, avec deux initiales entrelacées

— P et C, Pierre et Catherine, dit quelqu'un en allemand à une dame.

— P et E, Pierre et Élisabeth, Lisette Vorontsoff, — répondit en russe une autre voix. A quelle branche l'impératrice fera-t-elle pendre la maîtresse?

— Dieu est grand! pensa Lomonossoff. — Notre souveraine a des amis ici même!

Lomonossoff se remémora les fêtes données vingt ans auparavant en l'honneur de Jean. Même éclat, même bruit, même cohue! et qu'était-il advenu de ce héros?

Une dernière gerbe partit et s'épanouit avec fracas. Les danses recommencèrent; c'était Sobansky, lancier galant, qui les dirigeait.

— A vos places, mesdames et messieurs! dit-i en frappant des mains et en faisant résonner ses

éperons, pendant que ses yeux cherchaient Polixène. Mille diables! qu'elle est gentille; elle a
des griffes, la tigresse!

Toute cette jeunesse dorée afflua par couples à
cette dernière danse. On entendait tinter l'argen-
terie et la porcelaine sur les tables dressées pour le
souper dans la salle des portraits, dans la serre et
dans le salon du coin. Jeunes et vieux accouraient
pour danser et finir avec le plus de folies possibles,
ce bal féerique.

Polixène attendait Pierre, lorsque le gros Béhléchoff apparut, comme s'il fût sorti de dessous
terre; il la regarda avec opiniâtreté; elle prétexta
la fatigue, pria une des personnes présentes de
faire valoir ses excuses auprès du lancier et partit
avec son amie.

— Malechance! se dit Lomonossoff. — Pas
moyen de revoir ce Zeitz! Il n'y a rien à faire; un
échec! voilà tout ce que j'emporte!

— Sa Majesté daigne vous faire demander, vint
lui dire Goudovitch. — L'empereur est au jardin,
au bas de la terrasse, à gauche. Je vous accompagnerai.

— Accompagne-moi, si cela te fait plaisir! pensa
Lomonossoff, qui était fier de voir le public s'écarter devant lui.

Pierre se tenait assis, la tête découverte, s'éven-
tant de son mouchoir, sous le tilleul où, une
heure auparavant, le chancelier avait conversé
avec Munich, Lestocq et Biron. Ungern et Korff

se tenaient debout; Pierre les invita à se retirer dès qu'il vit Lomonossoff s'avancer.

— Il y a longtemps que je ne t'ai vu, dit à ce dernier l'empereur. Tu m'as oublié; tu as adressé des odes à ma tante; tu m'aimes moins que jadis, je m'en aperçois.

— Dieu qui vois dans les cœurs, éclaire-moi ! se dit l'académicien.

— Le bruit court que tu as rédigé un petit projet qui consiste à expulser les Allemands de Russie.

— Pure calomnie ! Je ne fais pas de ces enfantillages ; je suis quelquefois raide dans mes expressions, surtout à mes heures d'hypocondrie. Cette mesure n'est pas urgente, elle n'est pas dans notre intérêt ! Les étrangers, j'entends les meilleurs, sont nos maîtres; moi-même, j'ai chez eux, dans leur pays, été initié aux lumières de la vérité. Ce n'est pas à une Saint-Barthélemy de nos instituteurs exotiques que nous devons penser; l'essentiel c'est de relever et de faire prospérer les forces vives de la nation. Devenons sages, et nous nous passerons de ces mentors de passage.

— Je finirai par m'attacher cet homme-là ! pensa Pierre ironiquement. Mais non ! il n'est qu'un vieux grognon et un cuistre ! On me pronostique toute espèce de difficultés, dit-il. Ceux-ci me conseillent une chose; ceux-là m'en conseillent une autre. À qui se fier ? Demande-moi ce que tu voudras, je le ferai; mais réfléchis et donne-moi ton avis. Je veux t'entendre. *Primo*, sollicite, *secundo*, conseille...

Lomonossoff se taisait.

— Il va me demander de l'argent! dit Pierre.

— Je ne veux rien, et jamais personne, sire, ne dira que Michel Lomonossoff, l'ancien pêcheur, ait vendu ses odes pour une aumône. J'ai chanté, j'ai célébré votre tante, et j'ai salué avec joie vos débuts, Majesté. Aujourd'hui, je me tais.

— Et ton avis! et ton avis! interrompit Pierre en frappant d'impatience sur la table.

— Volontiers, sire; mais mettez un frein à votre colère. Le pays qui vous est échu n'est pas un électorat quelconque de Teutonie, c'est... la Russie! Il vous faut des conseillers sages, des hommes de génie!

— Ne vas-tu pas, peut-être, m'offrir tes services?

— Réconciliez-vous, sire, avec votre épouse. Vous n'avez pas de meilleur conseiller, de plus fidèle amie!

— C'est ce que voudrait Frédéric, dit Pierre, — en cela, rien qu'en cela, il se trompe; il ne connaît pas madame La Ressource. — Elle est désobéissante, têtue; elle dédaigne mes plus dévoués serviteurs. La prétraille a pris son parti, toute la jeunesse de la garde raffole d'elle...

— Pardonnez-moi, sire, je suis un de ses adorateurs!

— Ils se sont tous donné le mot!

— Offensée, maltraitée, éloignée de sa famille, elle cherche ailleurs appui et protection. C'est la loi de la nature!

— Assez!

— Réparez, sire, une faute de feu l'impératrice. Donnez la liberté au malheureux qui fut notre souverain. Vingt années de prison crient miséricorde! Et s'il ne doit pas s'approcher de votre trône, au moins laissez-le partir.

Pierre fit un mouvement d'impatience.

— Cela n'est pas possible, dit-il. Un prétendant!

— Votre puissance vous permet d'être clément. Laissez-lui finir ses jours comme un autre homme. Rachetez le passé! Si Votre Majesté veut trouver grâce devant Dieu et devant l'histoire, ce tribunal de l'humanité, renvoyez Jean dans sa famille.

Pierre mit brusquement son chapeau et porta la main à son épée.

— Cette jeune fille vient de m'adresser la même prière. J'ai promis, je tiendrai parole... Ton avis est juste dans un sens. Quant au reste, tu te trompes. Mais tu ne m'as rien demandé? tu ne souhaites rien pour toi, en sollicitant pour les autres. J'écoute.

Lomonossoff lui parla de Mirovitch et de Von-Vizine. Pierre appela Ungern.

— Ton étudiant obtiendra son emploi, dit l'empereur. Quant à ton officier, tu n'es pas seul à intercéder pour lui. Sa fiancée vient de me bombarder de ses instances! *Ein Teufelsmædel!* elle est diablement gentille et intelligente, la petite!

Content de lui-même, Lomonossoff traversa la foule, au milieu de toutes ces têtes qui s'inclinè-

rent devant lui. Il refusa de souper, prit congé de
ses hôtes, et prenant son chapeau et sa canne, il
s'en retourna à pied, s'entretenant avec lui-même,
à sa maison de la Moïka.

Vorontsoff alla rejoindre Munich; ils se prome-
nèrent longtemps dans les allées retirées du jardin. Ils en étaient revenus au même chapitre : au
mauvais état des finances, au peu de certitude de
l'avenir, à la question des vivres pour l'armée.

— Je conjure Votre Excellence d'employer
votre autorité à ce que l'empereur m'accorde cette
grâce, dit Vorontsoff.

— *Was kann, ich, mein Liebster?*

— Je vous offre encore une fois d'être en compte
à demi avec moi dans l'affaire. Nous partagerons :
à vous une moitié, à moi l'autre. Mais pas un mot
de ceci; à la moindre allusion, nous serions évin-
cés; les gens qui s'en vont flairant, ne manquent
pas.

Munich prit d'un air protecteur le bras du chancelier; ils quittèrent ensemble le jardin.

— Le plus dangereux de tous, c'est Grégoire Orloff, dit Pierre à Korff, à l'oreille, après souper.
Faites-le surveiller discrètement.

— J'entends, répondirent les yeux du grand
maître de police.

— Le meilleur surveillant qu'on puisse donner
à la Dachkoff, continua Pierre, c'est sa sœur. Qui
l'aurait cru? Une pareille dissimulation! Je n'ai
pas tort de ne pas encourager les savants; j'ai fait
en sorte qu'il n'y eût pas un seul livre grec ou latin dans ma bibliothèque!

Le matin, Pierre fit appeler Goudovitch avec lequel il s'entretint longtemps, et expédia un nouveau courrier à Schlusselbourg.

— Jean ira à l'armée, pensa-t-il, je veux le refaire, ce garçon! Je lui dégagerai la cervelle de ses chimères, et il ne divaguera plus.

Un soir, une voiture de louage, couverte de poussière et soigneusement fermée, s'arrêta devant la maison de campagne de Goudovitch, à l'endroit le plus écarté de l'île boisée de Kamenny-Ostroff. Il en sortit un officier d'un certain âge, au regard inquiet, portant l'uniforme des troupes de garnison, et un jeune homme pâle, vêtu du manteau d'ordonnance.

Hormis Pierre, Goudovitch et deux ou trois dignitaires, personne ne sut rien de l'arrivée des deux voyageurs. Ils occupèrent une aile vide, au fond de la cour, et les premiers jours ils ne sortirent pas de chez eux.

XV

Lomonossoff résolut d'aller voir Von-Vizine.

— Par la même occasion, je ferai visite à mon ancienne locataire, se dit-il ; en attendant qu'on expédie les ordres à l'armée, je saurai l'adresse de Mirovitch et c'est de moi qu'il aura le plaisir d'apprendre l'agréable nouvelle.

La vieille Bavykine demeurait près du pont de Kalinkine. La maison de l'oncle de Von-Vizine se trouvait non loin de là, près d'un étang, au point où sont aujourd'hui les casernes d'Izmaïlovsky.

Lomonossoff passa d'abord chez Von-Vizine. Il s'adressa dans la cour à une jeune et robuste servante qui portait un plat et une pile d'assiettes. — Quoi donc ? Quoi donc ? dit-elle en indiquant la maison entourée d'acacias. C'est là qu'ils demeurent.

Il n'était que dix heures du matin, et l'on entendait déjà le cliquetis des couteaux et des fourchettes, on sentait le fumet d'un rôt appétissant. Une balle et les battoirs d'un jeu de paume traînaient devant la porte. Les discours, les rires de quelques jeunes voix retentissaient derrière les contrevents.

— On dîne de bonne heure ici! pensa Lomonossoff en poussant la porte.

Il trouva une chambre spacieuse remplie de fumée de tabac, encombrée de livres, d'armes, de vieilleries de toute espèce ; il devait se passer des semaines sans qu'on la balayât. Trois jeunes gens étaient assis près de la fenêtre qui donnait sur un verger tout verdoyant, autour d'une table de bois blanc flanquée de bouteilles vides; une épaisse vapeur s'échappait d'un plat de pâtés à la viande qui nageaient dans la graisse bouillante. Ces jeunes gens, des militaires, étaient en manches de chemise, le cou nu, la sueur leur tombait du front.

Lomonossoff reconnut sur-le-champ l'un d'eux, les deux autres lui étaient inconnus.

— Que devenez-vous, Von-Vizine? vous avez ensorcelé un vieux sédentaire comme moi et vous disparaissez, dit-il.

— Lomonossoff, vivat ! Permettez que je vous présente...

— Pas tant de façons ! Nomme-moi tes amis et baste !

— Michel Lomonossoff.

Les jeunes gens allèrent endosser leurs tuniques et mettre leurs cravates.

— J'ai interrompu votre conversation ; je ne serais pas entré si j'avais su. Restez tels que vous êtes, ou je me retire.

— Non, permettez ! s'écrièrent les jeunes gens en achevant de s'ajuster.

— Nous nous sommes éreintés à jouer à la paume et nous déjeunions, dit Von-Vizine. Mes amis revenaient de l'École militaire... Gabriel Derjavine, un ami de mon oncle, à Kazan, soldat au régiment de Préobrajensky et mon émule en littérature, auteur de poésies sentimentales et drôlatiques ; Pierre Passek, capitaine au même régiment, c'est à lui que revient l'idée des pâtés d'aujourd'hui. Tous, vos admirateurs !

Lomonossoff, rayonnant de joie, s'inclina et raconta son entrevue avec le chancelier et l'empereur.

— Comment vous remercier ? Vous me rendez le plus heureux des hommes ! dit Von-Vizine.

— Le chancelier ne voulait de vous que comme surnuméraire ! C'est l'empereur qui a donné l'ordre de vous attribuer un traitement. Un examen seulement ! c'est indispensable.

— Bagatelle ! Je vais à Moscou chez ma grand'mère, je lui demande de l'argent ; elle est riche, grand'maman ; elle vous sait par cœur, et avant la fin du mois je serai prêt à subir toutes les épreuves. Une pipe ? en voici une et du tabac.

— Tant mieux. Plus de soucis, alors !

— Vous écrivez ? demanda Lomonossoff à Derjavine.

— La nuit, oui, quand tout dort à la caserne, — je gribouille ce qui me passe par la tête, sans rime ni raison ! Notre soldatesque ne pense qu'à son équipement, aux revues, à jouer aux cartes ou à boire.

— Qu'écrivez-vous ?

— Des triolets à ma belle... des épigrammes sur notre vie au régiment, j'ai aussi essayé de traduire *Télémaque*...

— En fait de style, qui avez-vous pris pour modèle ?

— Excusez-moi, je me suis appliqué à imiter le vôtre.

Le rouge de la modestie colora les joues hâves de Lomonossoff, qui bourrait sa pipe.

— Voyons une de tes pièces de vers, dit Von-Vizine, celle qui commence ainsi :

> N'aurais-je appris à te connaître
> Que pour que tu fusses mon maître !...
> . . . .

ou celle-là :

> C'est le moment fatal pour toi, mon camarade,
> Qui t'en vas doucement frapper chez la Flora !
> S'il arrive trop tard à la grande parade,
> Gare ! aux arrêts forcés, bien sûr, on l'enverra.

— Vous m'obligez à ennuyer notre cher hôte, dit Derjavine.

— Travaillez, jeunes gens, travaillez, reprit Lomonossoff, vous êtes nos successeurs, nos héritiers ! Faites que notre pauvre empire prospère. Réveillez, ressuscitez une nation morte. Mais votre âme se garde de tout ce qui est extravagant, pernicieux. La panacée universelle c'est le travail. Jamais le pain n'a couru après le ventre, et avant de devenir pain, la farine veut être broyée.

Ils parlèrent sciences, littérature et passèrent aux nouvelles de la cour et de la ville. Les pâtés furent oubliés, les cravates et les uniformes furent ôtés sur la demande expresse de Lomonossoff.

A ce moment entra un jeune homme, d'environ dix-huit ans, pâle, aux yeux naïfs et pensifs, au front large et fuyant; ses lèvres fines et souriantes respiraient la bonté.

— Encore un de vos admirateurs, Nicolas Novikoff, soldat au régiment d'Izmaïlovsky. — Michel Lomonossoff, notre immortel. Eh bien, quelles nouvelles ?

— Mais je ne sais rien, répondit Novikoff.

— Ne te gêne pas ; Lomonossoff est des nôtres.

Novikoff ôta sa ceinture et s'assit.

— La situation est tendue... Mais plutôt mourir que de changer d'opinion ! dit-il.

— De quoi parlez-vous ? demanda Lomonossoff.

Les amis se regardèrent, Von-Vizine fit un signe de tête.

— Notre régiment marchera comme un seul homme, reprit Novikoff, nous nous ferions tuer pour elle.

— Notre régiment de même, ajouta Derjavine.

— Trinquons, amis, à la prospérité et au salut du pays, s'écria Passek. Il y a dix-huit ans qu'elle habite la Russie, elle a appris à la connaître, à la chérir, elle est devenue Russe. Élisabeth et Bestoujeff destinaient le trône à cette femme supérieure ; son mari devait être écarté, elle n'a pas réussi ; les Schouvaloff l'en ont empêchée, Bestoujeff a été exilé.

— Entendez-vous cette jeunesse! dit Lomonossoff, Pierre a eu raison : ils ne se font pas connaître, ils sont modestes comme des champignons dans le creux d'un arbre. Personne ne s'en doute, mais ils sont tous de ses amis, tous sont épris d'elle ! Mais de quoi s'agit-il ?

Les trois amis avaient les yeux fixés sur Novikoff.

— Notre régiment a résolu aujourd'hui, ceci sous le sceau du secret, de ne plus se plier aux fantaisies des étrangers, il ne veut pas entendre parler de cette campagne en Danemark. En outre, est-il vrai qu'on pense introduire ici la religion de Luther, qu'on construit un temple à Oranienbaum ?...

— Notre régiment marchera avec vous, s'écria Derjavine, débouchant une nouvelle bouteille. Je doute aussi que cette campagne se fasse.

— Pourquoi ?

— Nous avons pris une décision ; le pont Kalinkine passé, nous faisons halte et nous demandons où l'on nous mène et pourquoi nous quittons l'impératrice, notre Catherine !

— A laquelle nous nous faisons gloire d'obéir, jusqu'à notre mort !

— Elle, à qui, encore enfant, le chanoine Mengden a prédit trois couronnes !

— Celles de Moscou, de Kazan et d'Astrakhan ! Hurrah ! vivat !

— Nous n'irons pas au Danemark, dit d'un air décidé Derjavine en versant à boire, nous ne suivrons pas ces Allemands, voilà tout !

— Malheur! fit Lomonossoff, si on apprenait cela, si on vous découvrait!

— Il n'y a pas de danger. Jamais, moi surtout... dit Passek.

— Ne jurez de rien. Sacrifices inutiles et prématurés! D'autant plus que ce que nous possédons de mieux en intelligence s'intéresse au succès de l'entreprise.

— Il n'y a ici-bas ni meilleurs ni pires, interrompit Novikoff; l'homme a reçu de la nature le droit à l'égalité et à la liberté. L'égalité est détruite par la propriété, la liberté par les aberrations législatives de gens grossiers et ignorants. Dieu, matière ou esprit, c'est tout un.

— Connus ces sophismes, objecta Lomonossoff; ils ne sont pas nouveaux! Rose-croix! illuminé! Ces idées ne devraient pas être celles d'un jeune soldat du régiment dont vous portez l'uniforme.

— Vivent Weisshaupt, Wellner, Saint-Germain!

— Au milieu des illustres étrangers que vous venez de citer, nous autres petites gens, nous nous trouvons à l'étroit. Adieu! Je me retire. Que faites-vous de votre fameux Saint-Germain, l'alchimiste-charlatan, ce *caro padre* qui a le secret de vivre éternellement?

— Le comte est à Saint-Pétersbourg et ceux qui tiennent à le voir peuvent s'adresser à Grégoire Orloff; il fréquente les tavernes de la Dresdoise et de l'Ambacher.

— Lui, un comte! diable! un comte! cet animal qui fait du surnaturel en mêlant de l'opium aux

14.

aliments dans les loges maçonniques. Quant à la chimie, cet imbécile n'en sait pas le premier mot. Il ressuscite les morts et rend les chauves chevelus avec sa pierre philosophale. Cela plaît aux dames dont la bigoterie a affaibli les nerfs ; aussi, comme il les gruge !

Lomonossoff prit congé de ses jeunes amis. Von-Vizine l'accompagna jusqu'à la porte.

— Je pars pour Moscou, lui dit-il, mais je serai de retour le 28 juin pour la fête de mon oncle.

— Vous viendrez partager notre gâteau ?

Lomonossoff refusa tout d'abord. Le 29, c'était la Saint-Pierre ; il y avait séance solennelle à l'Académie et il était chargé de l'éloge de l'empereur en latin ; il serra la main du jeune homme et promit de venir.

La scène dont il avait été témoin resta long-temps gravée dans son esprit. Ce sont là de mauvais, de très mauvais desseins ! se dit-il. Pauvres oisillons ! Ils seront pris et ils pâtiront ! Et le jeune homme en lunettes, Passek, qui prétend que jamais on ne l'attrapera. Oh ! les petits moineaux, qui crient et qui hérissent leurs plumes !

Trois jours après, Lomonossoff apprit au conseil de la guerre que l'autorisation pour Mirovitch de retourner à Saint-Pétersbourg avait été signée et qu'elle avait été déjà envoyée. Il se proposait d'aller à la recherche de la veuve Bavykine, lorsqu'il rencontra Ouchakoff dont il avait fait la connaissance au printemps le jour où Mirovitch était parti pour Schlusselbourg. Il lui annonça la

nouvelle et le pria de la communiquer à Anastasie. Ouchakoff s'exécuta.

La chambre qu'habitait Anastasie, voisine d'un
poulailler, exhalait une odeur nauséabonde. La
veuve était couchée sur un coffre, et recouverte
de son vieux manteau.

— Comment vous portez-vous, ma vieille? Êtes-
vous en bonne santé? Vous ne donniez plus de vos
nouvelles. Je serais venu vous voir, dit Ouchakoff.

— Tu serais venu me voir, répondit-elle! Toi
et ton ami vous faites bien la paire! Il y a longtemps que je devrais être morte! Ouvre-toi, terre,
prends-moi! La voilà! la destinée de la vieille
Anastasie! A son âge, garder les poules! Que
faire? il faut vivre! C'est moi qui porte mon eau!
J'ai failli mourir de la fièvre, après le départ de
ton ami, quand je suis venue demeurer ici.

— Et moi qui apportais une bonne nouvelle.
Dame! tout le monde ne réussit pas! Moi aussi,
me voilà dans la débine, je n'ai plus le sou. On
a reçu une lettre de Basile, l'autre jour; il demandait qu'on se mît en quatre pour le faire revenir,
sans quoi, il laisserait tout en plan et déserterait,
advienne que pourra. Des gens influents s'en sont
mêlés et hier on a écrit au régiment et à Boutourline.

Anastasie releva la tête; son regard qui errait
inquiet, se porta avec effroi vers un rideau d'in-
dienne, tendu du poêle au buffet. Ses lèvres s'agitèrent.

— Que dites-vous? je ne vous entends pas,
balbutia-t-elle.

Elle ne détachait pas ses yeux du rideau.

— Qu'est-ce que cela veut dire ? et Ouchakoff souleva la draperie.

Mirovitch ! Mirovitch, en tenue de voyage, les bottes éclaboussées !

— Juste ciel ! qui vois-je ? Toi ? Quand ? Comment ? Ton congé ne t'a été envoyé qu'hier ?

— Je suis parti sans congé.

— Tu as déserté ? Comment as-tu pu t'y résoudre ?

— La belle affaire ! Je n'ai pas pu attendre, voilà tout ! Il faut bien que j'aie eu un motif, n'est-ce pas ?

— Quand es-tu arrivé ?

— Cette nuit. Ce sont des juifs qui m'ont amené.

— Tu n'as pas eu peur ? Et si tes juifs te vendaient ?

— Ils ne me trahiront pas. Il n'y a pas que des Caïn et des Judas parmi eux ! Ils le feraient, eh ! bien, ma foi ! tant pis ! Un officier, maçon de la même loge que moi, accompagnait un convoi de munitions venant de Mitau ; j'étais caché dans un des ballots ; c'est ainsi que j'ai passé la barrière.

Ouchakoff n'en revint pas : Mirovitch, qu'il savait lui être supérieur en intelligence comme en moralité, lui parut en cet instant méprisable et nul.

— Et maintenant ? C'est le tribunal militaire, c'est ta perte ! Basile, te souviens-tu de notre rencontre chez la Dresdoise, de tes discours sur la puissance de la volonté, sur la raison ? Tu pensais arrêter le soleil, comme Josué, ouvrir et fermer le ciel avec Élie, et tu n'as pas eu la patience d'attendre ton congé !

— Va-t'en au diable ! Morigène-moi, là ! Si je suis perdu, eh bien ! je serai perdu. Mensonge, duperie partout; partout des lâches, des misérables, toi, tout le premier. Il n'y aurait peut-être qu'une chose de vraie au monde, l'amour ! Qui sait ? Elle aussi ! Baste ! Que tout cela finisse au plus tôt !

— Modère-toi, Basile. Raconte-nous d'abord ce que tu as fait. Quant à l'objet de tes pensées, aujourd'hui même, tu lui parleras. Je l'ai vue, cette digne fille ; elle t'attend avec inquiétude. Quant au tribunal, puisses-tu trouver des protecteurs puissants qui t'en délivrent ! ton cas est exceptionnel.

Mirovitch bâilla avec indifférence et ne répondit pas. Ouchakoff informa Lomonossoff de l'arrivée de son ami et le pria d'intervenir auprès de l'hetman ; à Mirovitch il rappela la connaissance qu'il avait faite chez la Dresdoise, de Grégoire Orloff. Le lendemain, Mirovitch se rendit chez Orloff.

— Mon fatal cinq de pique ! s'écria Grégoire Orloff. — Le pharaon, le billard ? cela va-t-il toujours ?

— Hélas ! je suis sans le sou !

— De l'argent ?

— Merci, pas aujourd'hui ! Vous m'avez déjà une fois rendu service, je vous en resterai éternellement reconnaissant. J'en ai un second à vous demander...

— Lequel ?

Mirovitch lui raconta sa fuite ; les bras lui tombèrent.

— Aïe ! es-tu maçon ? dis, ne crains rien. Moi, je le suis.

Mirovitch fit le signe convenu.

— Bravo ! se dit Orloff, j'ai pensé qu'il pourrait nous servir. Franc-maçon et joueur ! On a chargé Perfilieff de nous surveiller ; nous aurons, nous, l'œil sur Perfilieff, en lui mettant ce dindon à dos. Perfilieff qui sait le fin du fin au piquet aura du guignon à la mouche. Ah ! la bonne distraction que cela lui fera, et quelle revanche ! Cela va le démolir au premier tour ! Reviens demain ; nous reparlerons de ton affaire.

Mirovitch fut bientôt équipé à neuf et pourvu d'argent ! Pour le justifier de s'être éloigné de son propre chef, Orloff fit égarer son dossier et informa son régiment qu'il avait passé provisoirement dans l'artillerie. A Mirovitch, Orloff ordonna de ne pas quitter Perfilieff et de ne mettre le nez nulle part. Dans toutes ces démarches, Orloff fut secondé par ses confrères en maçonnerie.

Depuis son départ de Schlusselbourg, Polixène demeurait à Kamenny-Ostroff, chez les Ptitsyne ; Mirovitch la vit. Polixène parut enchantée, pleura même. Il ne la trouva cependant pas telle qu'il s'attendait à la voir. Assis, silencieux, il la questionnait du regard, et la laissait parler. La dame Ptitsyne présente à l'entrevue se dit en elle-même :

— Quelle petite louve ! et comme elle a l'air de peu se soucier de lui ! Ses yeux sont de vrais poignards.

Ce fut à la loge, qu'Orloff, le grand intendant des menus plaisirs des officiers de la garde, retrouva Mirovitch avec Perfilieff. Les deux nouveaux amis, une fois à leur table de jeu, ne se levèrent plus. Les jours, les nuits passaient, ils jouaient sans relâche, et passaient du biribi au pharaon. L'opium de la franc-maçonnerie, l'ivresse des cartes finirent par asservir entièrement l'esprit et le cœur de Mirovitch.

Le 23 juin, Mirovitch se rendit chez Lomonossoff; il avait le visage défait, les joues creuses, le regard égaré, terne et dur. Il trouva le savant au pavillon et s'assit à côté de lui; il était très agité.

— Savez-vous ce qui est arrivé ? lui dit-il.

Mirovitch, les mains sur ses genoux, les yeux baissés, les cheveux en désordre, resta muet pendant quelques secondes; il attendait que Lomonossoff lui adressât la parole.

— Je reviens de Kamenny-Ostroff. Polixène est allée se promener hier avec les enfants de la maîtresse de la maison au bord de la Néva.

— Eh bien ?

— Les enfants cueillaient des champignons, Polixène lisait... elle lisait ! Tout à coup elle entend marcher, elle se retourne, deux hommes passaient...

Il sourit avec amertume.

— Qui croyez-vous qu'étaient ces deux hommes?

— Comment voulez-vous que je le sache?

— Jean et son prévôt.

— Jean?

— Lui. Polixène ne s'est pas trompée, elle l'a reconnu. Il réside depuis deux semaines chez Goudovitch, dans le bois...

Lomonossoff leva les yeux vers le ciel inondé de la sombre rougeur du crépuscule, et se signa.

— Autre chose! J'ai appris cela par hasard...

— Parle.

— On s'attend sinon pour aujourd'hui, tout au moins pour demain, à des troubles, à une révolte. Tout est prêt à ce qu'on prétend : les plus sûrs, les plus empressés serviteurs de Pierre passent, s'ils n'ont déjà passé, à ses adversaires.

— Bavardages! Dieu nous garde de mauvais jours, tout serait mis sens dessus dessous!

— Vous n'y croyez pas?

Il se leva et arrangea ses cheveux d'une main fièvreuse.

— J'ai souffert de la pauvreté, du dénûment, de la misère! de la misère affreuse, sans issue; alors que mes amis, eux, étaient tous riches, considérés! Je veux en sortir! Et si je n'obtiens pas satisfaction, c'est qu'il n'y a pas de justice en ce monde!

Lomonossoff ne répondit rien à Mirovitch qu'il laissa partir sans l'accompagner.

La dernière lueur du soleil couchant avait disparu de l'horizon. Lomonossoff, resté seul, songea encore longtemps au prince Jean qui avait passé sa vie à languir dans les cachots.

XVI

A la chaleur étouffante d'une journée de juin
succéda une nuit claire, colorée des rayons bleuâ-
tres de la pleine lune, qui se réfléchissaient sur le
fleuve sombre, sur les éclaircies de la forêt, sur les
maisons et les jardins ; des chauves-souris achar-
nées après leur proie passaient et repassaient devant le disque de l'astre nocturne. La vapeur
embaumée des marais et des champs envahissait
l'atmosphère, pénétrant tout, les clairières comme
les fourrés les plus écartés. L'air était immobile.
De longs essaims d'insectes se balançaient et pla-
naient voluptueusement sur les bois endormis des
bords de la Néva. Une nuée blanche comme un
suaire rampait du bord de la mer, dans laquelle le
globe empourpré du soleil était allé pendant quelques heures prendre un court repos. Une senteur
d'herbe des prés et de sapins parfumait cette soli-

tude. La brise qui précède l'aube, à peine sensible, soufflant par-dessus la crête bleu foncé de la forêt, vint bientôt effleurer les tiges des fougères, dispersant doucement les troupes des moucherons et réveillant les rares rossignols de passage.

La campagne de Goudovitch, entourée d'une haute et solide palissade, était située au bord de la petite rivière sans nom qui sépare l'île de Kamenny-Ostroff de celle de Krestovsky. La façade de la maison, à laquelle était adossée une serre, donnait sur la route; le fond de la cour était, entre autres dépendances, occupé par un bâtiment attenant au jardin qui se prolongeait jusqu'à la rivière. Quand le propriétaire, ce qui était rare, venait se reposer dans sa villa, ce n'était guère que pour y visiter ses chevaux.

Goudovitch, qui était avec l'empereur à Oranienbaum, avait fait savoir à ses gens qu'ils eussent à l'attendre; sa vieille mère et ses sœurs se couchaient tard, espérant toujours le voir arriver. Des lumières brillaient fort avant dans la nuit, dans la grange, où, depuis peu, des gendarmes et des invalides de la forteresse venaient se relayer mystérieusement; deux hommes, le mousquet au bras, étaient constamment de faction devant les deux portes de la petite maison du fond de la cour. Les servantes hochaient la tête, leur maîtresse et ses filles chuchotaient: on avait apporté un uniforme complet brodé d'argent.

Minuit avait sonné: Deux personnages étaient couchés dans la grande chambre de la maisonnette; du linge et des vêtements épars à droite et gauche, des malles ouvertes, un fusil dans un étui poudreux, suspendu à la muraille, témoignaient de la récente arrivée des nouveaux locataires. Jean et Jikhareff (c'étaient eux), s'étaient promenés la veille dans le jardin, d'où ils avaient passé dans le bois et dans les champs.

Jikhareff avait fermé la porte donnant sur la terrasse dont il gardait les clefs; il dit quelques mots à Jean, et comme celui-ci dormait, il souffla la lumière, et se prit à rêver.

— Que je suis malheureux! pensait-il, que d'années passées en garnison! Marié, père de famille, j'espérais terminer mes jours dans la capitale! On m'expédie à Schlusselbourg! C'est une confiance qui m'honore! mais quelle responsabilité! Va-t-on mettre Jean en liberté? Obtiendrai-je ma retraite? On m'allouera une pension par égard pour mes enfants, on me fera cadeau d'un petit domaine là-bas au bord du Volga, ou dans les steppes, au delà de Moscou! C'est alors que je vivrai à ma guise! Foin des soucis, de la discipline, de mes assommants supérieurs!

Le sommeil de Jean fut agité; lui aussi il rêvait d'un cachot ténébreux, de geôliers grossiers et cruels, de sa captivité de chaque jour, de chaque heure, uniforme, muette comme la mort. Une abondante sueur inondait son visage. Quelque chose d'écrasant comme un rocher pesait sur sa poitrine.

— O mort! disait-il, est-ce toi enfin! Grand Dieu! daigne me l'envoyer, prends-moi, reçois-moi!

Il poussa un soupir et se réveilla.

Il vit une vaste chambre. Ce n'était plus l'odeur infecte de sa prison, il aspirait l'air parfumé des jardins et de la forêt. Devant une image, une lampe scintillait faiblement; elle clignota encore une fois, puis une autre fois, puis enfin elle s'éteignit.

Les rayons de la lune pénètrent dans la chambre et l'envahissent tout entière. Le cœur de Jean, oppressé, bat péniblement; il entend les rossignols, les alouettes, le tintement des grelots, au loin, des trompettes qui sonnent la diane, et qui tout à coup se taisent; des chants, des cris, le murmure des cloches, comme à l'aube d'un jour de fête. Où est donc cette allégresse, pour qui ces réjouissances? Quel est l'heureux mortel que l'on fête ainsi?

On dirait que quelqu'un marche! un léger bruit se fait entendre; une forme blanche, sans tête et les bras étendus, grandit dans l'obscurité et s'est assise. Derrière l'armoire, c'est une autre forme noire échevelée, à longue queue et à longs éperons pointus, et dont l'ombre se projette sur le plancher. Les deux objets s'entrelacent comme des serpents et disparaissent dans un coin. Puis quelqu'un franchit la porte et s'avance en zigzags vers le lit du prince. Jean se lève, ô terreur!

— Hérodiade! s'écrie-t-il. Elle! Où suis-je? Où m'a conduit le destin?

C'est la vision qui le hante pendant ses longues nuit d'insomnies de tant d'années de captivité! Mais ce lieu-ci ne ressemble pas à une prison; les fantômes apparaissent et disparaissent, pendant que, devant la fenêtre, les oiseaux chantent en liberté.

Jikhareff, que sa promenade à travers la forêt et le long de la mer avait épuisé, s'était rendormi.

— Si je pouvais fuir, pensa le prince, aller jouir de cette fraîche et odorante nature, aujourd'hui même, jour de la Saint-Jean ! Oui, pour qu'on me reprenne et qu'on m'enchaîne ! pour que des murs m'empêchent de revoir le ciel, la mer, elle, que j'ai aperçue ici, tout près, s'enfuyant tout épouvantée. Fille aux cheveux d'or ! au parfum de myrrhe et de roses, où es-tu ? C'était un rêve. Elle m'est apparue rayonnante de pourpre, un croissant sous les pieds, sur la tête une couronne d'étoiles qui portait écrit : Mystère ! Liberté !

Un bruissement se fit entendre sur la terrasse ; quelqu'un s'était penché vers la fenêtre, plongeant dans l'obscurité de la chambre, et avait par deux fois heurté à la vitre.

— Dieu ! on m'appelle ! se dit Jean.

Et il se précipita vers la fenêtre. Sur la terrasse, parsemée de sable, entourée d'arbres et d'arbustes, le gendarme dormait, étendu devant la porte ; sous la fenêtre un barbet blanc, celui du maître de la maison, agitait la queue et clignotait d'un air confiant.

Jean ouvrit la croisée. Le chien sauta dans la chambre. Jean lui donna les restes du souper. L'air frais de la nuit, imprégné des émanations du fleuve et du bois de sapins, pénétra jusqu'à lui par larges bouffées, l'invitant à la liberté.

Jean jeta un coup d'œil sur le prévôt qui dormait et s'habilla.

— Pst ! ici, fit-il au barbet qui achevait de lécher le plat et dont les yeux brillèrent de contentement.

Le chien sortit par la fenêtre ; Jean le suivit sans déranger le gendarme, ils s'enfoncèrent dans le jardin et s'arrêtèrent devant la porte. Elle était fermée. Les pins et les sapins, inondés de rosée, se dressaient comme des géants noirs. Le barbet attendait, la patte levée. Le calme était parfait ; on n'entendait que le bruit léger que faisaient les poissons à la surface de la Néva, et bien haut dans les airs, le sonore battement d'ailes d'oiseaux aquatiques qui se transportaient par bandes, avant l'aube, des marais vers la mer.

Jean grimpa sur le tronc d'un vieux bouleau ; mais il ne put atteindre jusqu'à la clôture faite d'ais lisses et très élevée. Il erra à droite et à gauche ; son chien avait disparu, lorsqu'il l'entendit courir de l'autre côté de la palissade et effrayer les oiseaux endormis. Il avait découvert un passage ! L'herbe à cet endroit était foulée ; un filet d'eau serpentait parmi les fougères ; il le suivit et trouva une issue sous la planche inférieure de la clôture. Il se coucha, passa la tête, puis le corps tout entier, et s'échappa.

C'était le bonheur, le grand air, l'espace, la liberté !

Jean marcha sans se retourner, droit devant lui. Rien ne l'arrêta : ni les bruyères, ni la mousse, ni les creux ; les branches s'accrochaient à lui, arrachaient les galons de son uniforme.

Polixène dormait dans une chambre de l'étage d'en haut de la maison des Ptitsyne. On y avait passé la soirée avec des amis; on s'était couché tard. A peine abandonnée à son premier sommeil, elle s'entendit éveiller; une jeune servante se tenait devant elle, effarée.

— Qu'as-tu, Lisette? dit-elle.

— Quelqu'un se promène sur le perron, j'ai peur, répondit la servante.

Polixène alla voir. Elle faillit s'évanouir.

— Va-t'en au lit, Lisette! Qu'est-ce qui te prend? tu as rêvé, il n'y a personne.

Elle s'habilla à la hâte et descendit.

— Vous? par quel hasard? dit Polixène à Jean.

— Oui, moi. Tu vois que je t'ai retrouvée. Partons!

— Pour quel endroit, je vous le demande. On nous entendra, nous serons poursuivis.

— Tu es toute mon existence! Je te revois, tout est recouvré, la vie, la liberté...

— La liberté! hélas! vous n'êtes pas comme les autres hommes! Les caprices vous sont défendus, vous êtes dangereux, on vous épie; on vous retrouvera partout et toujours. — Le voilà, pensa-t-elle, — celui qui fut l'héritier d'un grand empire; pour le délivrer on a ourdi des complots, tant qu'il vivra le trône sera en danger! A cause de lui, des émissaires ont été lancés; un schisme a failli éclater. On avait voulu l'emmener à Berlin; il devait servir de diversion à la guerre. Son souvenir était éteint, on l'a cru mort et le voilà, suppliant, traqué par la fortune adverse. L'empereur doit arriver d'Oranienbaum, il y aura parade demain sur la place du palais ! — Ne craignez rien, on ne vous séparera plus de moi. Je vous sauverai ; liberté, bonheur, je vous rendrai tout ! Et dans l'éclat de votre puissance et de votre gloire...

Elle n'acheva pas ; Jean l'embrassa avec frénésie et la couvrit de baisers ; les mains frémissantes, la respiration haletante, il proféra des paroles insensées. Polixène essaya de s'arracher à son étreinte ; il l'attira dans un bosquet.

— Que faites-vous ? balbutia Polixène au moment où ils franchirent la lisière du bois.

Le jour commençait à poindre. Une éclaircie laissait apercevoir la Néva.

— Il n'entend pas, il ne veut pas comprendre ! Il n'y a plus de temps à perdre !

— Là-bas, c'était la torture, ici la liberté ! Ah ! je ne crains plus maintenant que de la perdre, que de ne pas la revoir ! disait Jean.

— De qui parlez-vous ?

— Je suis coupable ! Ah ! si elle cessait de m'aimer !

— Voici le matin. Vous n'êtes pas en sûreté ici. Rendez-vous chez l'empereur ; lui seul peut vous sauver. Partez seul ; avec moi, vous seriez reconnu. Voici le sentier qui mène à la Néva. Là, il y a un pont de bateaux. Arrivé à la ville, devant la forteresse, reprenez un canot et allez droit au palais. Votre main... Allez, je vous ai tout dit. Voici de l'argent.

15.

Polixène mena Jean jusqu'à l'extrémité de l'île de Kamenny-Ostroff; de la rive, à travers la brume matinale, on apercevait le faubourg de Koltovskoy. Des canots étaient amarrés au bord. Le fugitif et sa compagne s'arrêtèrent.

— Pas un mot à personne, une dernière fois pas un mot. Vous souviendrez-vous?

— Moi, oublier!

Et ils se quittèrent.

— A votre service, s'il vous plaît? cria un vieux batelier presque aveugle.

— Au palais, chez l'empereur..., dit Jean.

— A la parade? Hein! la gentille matinée! Vous n'êtes pas d'ici?

— As-tu fini de questionner? grommela un second batelier étendu devant sa cabane. — Il y a des gens à l'autre rive qui attendent, qui font des signes.

— Suffit! Nous savons notre affaire. Depuis que je suis de ce monde, j'ai connu trois impératrices, et c'est le troisième empereur que je vois régner!

Jean, rongé d'impatience, aurait voulu parler, il se rappela l'injonction de Polixène. On aborda. Jean glissa dans la main du vieillard la pièce de monnaie qu'elle lui avait donnée, se reposa un instant, puis s'engagea dans les rues tortueuses du quartier de Saint-Pétersbourg à peine réveillé. Des passants lui indiquèrent la route; il arriva sur le marché aux Comestibles, devant la forteresse.

Ce singulier personnage attira l'attention des femmes de la halle. Elles se regardèrent en chuchotant et lui montrèrent le chemin.

— Grande perche d'Allemand ! Il ne sait pas ce qu'il dit, c'est quelqu'un des gens du palais, ou un domestique étranger ! Il se sera attardé chez des filles. Joue des talons maintenant ! disaient-elles.

Le soleil se levait lorsque Jean traversa le vaste pré au pied des bastions. Un pont jeté sur le fossé menait à la forteresse ; l'inscription : *Porte Jean*, 1740, le frappa. Il s'arrêta, et contempla cette date mémorable.

— Voici mon nom ! car j'ai régné, dit-il.

Il essuya la sueur qui coulait de son front et entra en hésitant dans l'enceinte.

En même temps, à l'endroit où se reposait l'un des bateliers, un chien sortit en aboyant de la forêt, et fut bientôt suivi de deux cavaliers.

— Hé ! n'as-tu pas vu passer quelqu'un en habit vert ? dirent-ils à cet homme.

— Oui, il a dit qu'il allait chez l'empereur, au palais.

Les cavaliers partirent au galop dans la direction du pont qui reliait en amont l'île de Kamenny-Ostroff à celle des Apothicaires.

Une vieille mendiante aveugle saluant jusqu'à terre, ouvrit à Jean la porte de l'église de la forteresse.

— Entre, il n'y a que le diacre. Ici sont enterrés les empereurs et les impératrices, Pierre, le premier à droite, puis Anne, Élisabeth...

Le cœur du fugitif palpita douloureusement. Il marcha à pas furtifs dans cet édifice aux voûtes sombres, imprégné de l'odeur de l'encens et s'arrêta devant le sépulcre neuf d'Élisabeth !

— Hérodiade, tu es à mes pieds! qu'es-tu à cette heure, une vaine poussière? pensa-t-il.

Jean jeta un regard sur le monument de Pierre le Grand et alla s'agenouiller devant la tombe d'Anne, sa tante.

— O, toi qui fus si bonne pour nous! reconnais-tu celui que tu choisis pour te succéder? Moi, Jean ton neveu qu'on a humilié, tourmenté, surnommé Grégoire! Vingt ans de prison, jour et nuit, depuis mon berceau, vingt ans dans les cachots!...

Les pensées du prisonnier se confondirent. Agenouillé sur les dalles de marbre, il pria longtemps et avec ferveur.

— Personne n'a comme moi connu la servitude ni versé des larmes de sang! Où est-elle, la femme qui m'a sauvé, mon soleil, mon bonheur? Puissiez-vous revenir, heures de félicité!

— On va fermer! fit le diacre en agitant son trousseau de clefs.

— Ah, que ne suis-je le gardien de cette église! se dit Jean.

Sur le parvis, la vieille lui indiqua le chemin du pont de la Néva.

— Quand je mourrai, m'enterrera-t-on ici? se dit-il encore.

La large Néva, inondée des rayons d'un soleil splendide, roulait ses flots bleus; des embarcations à rames et à voiles blanches voguaient sur sa vaste surface. Sur l'autre rive se prolongeait une longue série de beaux édifices à balcons et à cariatides, entourés de jardins, parmi lesquels le palais d'hiver avec ses rangées de statues et ses fenêtres aux vitres scintillantes.

Jean fit signe à un batelier et traversa le fleuve.

Deux cavaliers qui venaient d'arriver devant le palais avaient réuni devant eux un groupe de badauds. Pendant que l'un promenait les chevaux essoufflés, l'autre arrêta une voiture de louage sans perdre de vue une barque qui voguait sur la Néva ; c'était celle qui amenait Jean, dont l'uniforme brodé d'argent s'apercevait distinctement.

— D'où venez-vous ? lui dit Jikhareff accouru à sa rencontre, l'empereur vous attend, voici une voiture.

— Ce n'est pas un mensonge ?

— Pourquoi ces doutes ?

— Et où est l'empereur ?

— A Oranienbaum.

Jean témoignait de la défiance ; il allait refuser. Trop de curieux s'étaient réunis ; il monta sur le marchepied et s'assit.

— Dépêchons-nous alors, dit Jean, et la voiture partit.

— Qui emmène-t-on ? demanda un passant de haute taille, un portefeuille sous le bras.

— Un fou qui s'était enfui et que le major Jikhareff a rattrapé.

Lomonossoff courut vers le quai, mais la voiture avait disparu derrière le bastion de l'amirauté. Elle traversa le pont de la Néva passant par Koltovskoy et revint aux îles.

XVII

Le 26 juin au matin, un carrosse armorié, avec
un valet de pied de la cour, en livrée jaune, roulait sur la route qui va, en suivant la rive, d'Oranienbaum à Péterhof. Il emmenait une jeune
personne d'environ dix-neuf ans, à la physionomie
vive et mobile. Sa chevelure bouclée ondoyait sur
un cou remarquable de délicatesse et de grâce.
Son front était large et blanc ; ses grands yeux intelligents au regard fier, mais bienveillant, exerçaient
un charme irrésistible. Elle paraissait agitée.

C'était la princesse Catherine Dachkoff, la sœur
de la comtesse Vorontsoff. Elle venait de voir l'empereur chez sa sœur et les paroles qu'elle avait en-
tendues lui étaient restées gravées dans la mémoire.
Pierre lui avait dit avec sa franchise ordinaire :

— Traîtresse ! je sais tout...

— Que savez-vous, sire ? avait-elle répondu.

— Je sais tout, vous simulez inutilement la surprise. Votre connivence avec mes adversaires m'est connue. Vous aimez la ville, vous fuyez la Cour, nos jeux, nos divertissements. Comment ces gens ont-ils pu vous séduire ? Parce qu'ils vont à la chasse à l'ours, qu'ils passent leurs nuits au milieu des cartes et des orgies ? Quelles bacchanales ! Vos amis sont des gentilshommes ruinés et de petits officiers ! Sont-ce là les héros que vous ont fait trouver vos lectures de d'Alembert, Diderot et Rousseau ?

— Quelles calomnies, sire !

— Je comprends votre attachement pour elle. *Saperlot !* Qui n'arrive-t-elle pas à charmer ! Mais vous avez une sœur. Faites-en plus de cas. Ses qualités lui réservent une haute destinée. Vous l'apprendrez bientôt. *Mein holdes Kind !* L'amitié de votre sœur n'offre pas le danger des liaisons que l'on peut avoir avec ces habiles qui jettent l'écorce d'une orange après en avoir extrait le jus.

— Que peut-il avoir appris ? Le devancerai-je pensa la princesse en traversant le parc de Péterhof ;— elle sortait à tous moments avec impatience la tête de la portière. — Une nouvelle dénonciation ! Sur qui et sur quoi ? Il est bientôt dix heures ; l'impératrice doit être habillée ou bien elle achève sa toilette. Tous mes billets lui sont-ils parvenus ? Nos adversaires ne dorment pas !

Le carrosse gravit la berge boisée, toute remplie du frais parfum des sapins et des tilleuls. La princesse descendit, ouvrit son parasol et continua la route à pied. De la hauteur elle aperçut les dépendances du vieux château de Péterhof, et chercha à découvrir à travers le feuillage la toiture de tuiles de Monplaisir, la résidence de Pierre le Grand habitée maintenant par Catherine.

— Pour nous faire peur, que ne dit-on pas? se dit-elle, que ses amis sont excités, qu'ils ne sauront patienter et qu'ils provoqueront une explosion. Sornettes! Tout est tranquille! Panine tient à observer la légalité; il est pour une régence et un régime semblable à celui de la Suède. Je ne m'y entends guère. Mais le temps presse. Que fait Catherine? Elle paraît se tenir à l'écart, elle fouille dans ses livres. Son secrétaire s'agite, se remue. De grands événements se préparent.

Catherine Dachkoff replia son parasol et remonta en voiture.

— L'impératrice est indécise, se dit-elle encore. Elle va aujourd'hui dîner à Oranienbaum, demain à Gostilitsa, pendant que là-bas, on trame un coup décisif!

La façade du pavillon de Monplaisir donne sur la mer; les appartements intérieurs ont leurs croisées sur un jardin traversé d'allées de bouleaux et orné de jets d'eau. Schkourine, le maître de la garde-robe, dormait les bras croisés dans le vestibule, sur un bahut en bois de chêne sculpté, reluisant de vieillesse. Dans la serre contiguë au boudoir de l'impératrice, Catherine Schargorodsky, la femme de chambre favorite, en bonnet et avec ses grosses lunettes en argent, tricotait devant la fenêtre, au-dessous de laquelle clapotaient les flots bleus du golfe.

Un morne silence régnait autour du pavillon ;
la Schargorodsky bâillait, laissait tomber ses aiguilles, soupirait et se remettait au travail toujours en bâillant, ou bien, elle portait ses yeux
fermés à demi sur les arbres et les statues de la
terrasse, sur les voiles blanches des navires, sur
la vaste nappe d'eau que le soleil colorait et dont
le murmure se faisait discrètement entendre à ses
pieds.

— Neuf heures ont sonné depuis longtemps ;
on va m'appeler, pensa-t-elle.

Elle bâilla avec délices, voluptueusement ins-
tallée dans son fauteuil ; ses bras et son ouvrage
s'affaissèrent ; sa tête s'inclina ; elle s'assoupit.

La pièce voisine, petite et gaie, servait de boudoir et de chambre à coucher à l'impératrice. Les
arbres touffus qui abritaient les fenêtres n'empê-
chaient pas les rayons du matin de s'y répandre
largement. Tout ici respirait le comfort et une
élégante simplicité : aux croisées, des rosiers, des
giroflées, des héliotropes ; derrière un paravent, un
lit à couverture blanche ; près du chevet, un guéridon sur lequel était placé un chandelier à écran
vert, à deux flambeaux de cire dont il ne restait
que des restes noircis. A côté du poêle, sur un
coussin de soie capitonné, reposaient deux petits
chiens, présent d'une lady anglaise. Quelques fauteuils, une armoire, un sofa, une glace, une table
à écrire et à tiroirs complétaient l'ameublement ;
le sofa et les fauteuils étaient recouverts de hous-
ses de toile d'une blancheur de neige. Sur la table,
un encrier, du papier et des livres : Boileau, Mon-

tesquieu, Bayle, Voltaire. Une porte, entre le
paravent et le divan, ouvrait sur une antichambre
où se trouvait Maure, la plus jeune des chambriè-
res.

Une belle femme, blonde, de taille moyenne,
aux formes arrondies, d'environ trente-deux ans,
les manches retroussées, lavait des dentelles dans
une cuvette d'argent posée avec une aiguière sur
un tabouret.

Un chat gris nonchalamment couché sur le sofa
clignotait avec satisfaction aux rayons du soleil,
qui se jouaient sur le plancher, sur les meubles,
sur les pots de fleurs.

Un roulement de voiture retentit. Schkourine,
réveillé en sursaut, regarda l'horloge à coucou.

— L'impératrice! est-elle prête? part-elle? demanda brusquement la princesse, faisant irruption
dans le vestibule.

— La toilette de Sa Majesté doit être terminée;
veuillez entrer, s'il vous plaît!

Catherine Dachkoff passa sans la réveiller devant la femme de chambre et frappa à la porte du
cabinet.

— *Herein!* fit une voix.

— Que vois-je?

— Mais oui, mon Dieu! je lave mes dentelles!

Catherine était en négligé de matin en piqué
blanc et coiffée d'un bonnet de tulle; deux petites
mèches de cheveux blonds faisaient gracieusement
le tour des oreilles sans ornement aucun. Ses
yeux bleus souriaient d'un air joyeux et bienveillant. Ce visage plein, vermeil, ce nez régulier et

arrondi, ce large menton respiraient la fraîcheur
et la santé. Des bottines de velours chaussaient
son petit pied ferme et raide. Catherine avait la
voix un peu rude; c'était pour l'adoucir qu'elle traî-
naît ses mots en parlant; son accent tudesque
était prononcé.

— Et vous vous occupez de pareilles choses,
dans un temps où toutes les heures, où toutes les
minutes sont précieuses ! dit la visiteuse.

— Que voulez-vous ? c'est mon habitude, répondit flegmatiquement Catherine, qui frottait
ses dentelles pendant que des gouttes d'eau sa-
vonneuse jaillissaient jusque sur ses lèvres.

— Vous allez régner et vous pensez à votre
linge ?

— J'aime faire cela moi-même ! Nous avons
tant de loisirs. Hier, j'ai achevé de parcourir les
œuvres de Baronius, et j'ai traduit en vers une
ode de Voltaire. Dans les pensées de cet homme,
quelle largeur ! « La liberté consiste à ne dépendre
que des lois ! » Sagesse, esprit, style...

— C'est bien le moment de parler littérature.
Nous sommes sur un volcan, sur un tonneau de
poudre. Panine est lourd comme un gros sac, il
ne fait que mâchonner, pendant que ce rustaud
d'hetman n'a que son patois petit-russien à la bouche ! L'empereur a l'air d'avoir appris quelque
chose ; il fait des allusions; il menace. Pardonnez-
moi ma franchise ; vous tardez trop.

Des larmes vinrent aux yeux de la princesse.

— Dieu soit loué ! il ne sait rien de précis !
pensa Catherine.

Elle prit doucement la main de la princesse et
la fit asseoir à côté d'elle. Elle se ressouvint des paroles de Pierre à Panine devant la tombe de l'impératrice Élisabeth : « Je te déboucherai les oreilles quand je serai sur le trône; tu m'écouteras
alors ! » — Panine ne pouvait passer son temps à
attendre, à patienter. Il a dû véritablement avoir
vent de quelques-unes de nos bévues ! O leurs
fadaises, leurs bavardages ! Croient-ils peut-être
que cela leur vaudra une grand'croix ?

— Vous ne nous donnez pas d'instructions.
Vous rappelez-vous cette nuit de décembre, où je
m'ouvris à vous, où je vous demandai conseils,
pleins pouvoirs? Vous me répondîtes qu'il ne fallait compter que sur la Providence.

— Je vous le répète.

— Au nom du ciel, le temps presse. Je ne parle
pas pour moi, mais pour vous.

— Je le reconnais, ma chère, mon sort n'est
pas enviable. Je suis Russe de cœur, j'aime
ma seconde patrie, et, advienne que pourra,
on ne m'arrachera pas cet amour. Je tiendrai
bon.

— Il faut agir alors et non parler ! Sans quoi,
je vous le jure, il sera trop tard.

— Il faut agir, mais avec prudence. Je n'attends de vous, mon amie, qu'idées et mesures
raisonnables... Et de qui ai-je reçu cette semaine
quinze billets, qui m'arrivaient par des messagers
à pied et à cheval ? N'ai-je pas répondu à chacun?
N'est-ce pas là agir, dites, ma belle ?

L'impératrice serra Catherine Dachkoff sur son
cœur et l'embrassa avec effusion.

— Mais vos hésitations, la façon dont vous con-
sidérez la situation, nous perdront et vous avec
nous!

Catherine ne répondit pas ; des larmes humec-
tèrent ses paupières. Elle avait une main dans la
main de son amie, et l'autre était passée autour
de sa taille. Ces deux femmes qu'unissait une
longue amitié, restèrent quelques minutes sans se
parler.

— Ne m'en veuillez pas, bonne et chère amie ;
le malheur est mon partage. J'apprécie votre
compassion ; mais nous divergeons d'opinions ;
vous comptez sur vos amis ; moi, je crois que le
secours ne peut me venir que d'en haut.

— Vous seriez prête à vous incliner devant le
hasard, à accepter qu'on vous enfermât dans un
cloître, ou à Schlusselbourg, à la place de Jean ?

— Nous n'en sommes pas encore là !

Catherine Dachkoff se leva ; ces derniers
mots de l'impératrice achevèrent de la bouleverser.

— Pauvre poltronne ! Dites, qu'avez-vous encore appris ? Dix heures ! Partons.

La princesse parla de sa visite à Oranienbaum,
de son entretien avec l'empereur. Catherine
sonna. Les deux femmes de chambre accoururent,
apportant un costume de deuil. Un lourd carrosse
à six chevaux vint bruyamment s'arrêter devant
le perron.

— Que faire enfin ? demanda Catherine Dachkoff en français.

— De la patience et de la prudence ! nous nous
appelons toutes deux Catherine ; soyons sages
l'une et l'autre.

— Le moment viendra où elle ne fera plus tant
de cérémonies ! pensa la princesse, tirant une révérence de la plus rigoureuse étiquette...

— Mouche du coche ! pensa à son tour l'impératrice, en rendant le salut, — qui vole, bourdonne, et tout cela pour dire : C'est nous, nous qui
avons crié, nous qui avons fait une chose ou une
autre ! Elle croit compter pour beaucoup, être du
complot ; elle n'a été admise qu'à des conversations !... Mais je suis injuste ! J'ai la manie de
railler ! La princesse ! elle est ardente et généreuse ! Elle et son mari ont beaucoup d'amis. Ils
ont pour moi de l'attachement et du zèle, d'accord ; mais cela n'est pas tout ; il faut autre chose
encore !

Les pensées de Catherine la portèrent aux temps
déjà éloignés, où, invitée par Élisabeth, elle était
arrivée en Russie, passant par Riga et Pskoff, où
elle entrevit cette contrée de plaines désertes, de
villages isolés, d'interminables forêts, où, pour
la première fois, elle rêva qu'un jour elle devien-
drait la souveraine de ce pauvre et immense
pays.

Le carrosse parcourut à fond de train les dernières allées du parc de Péterhof ; on apercevait
déjà au bord de la mer la haute terrasse, et les fe-

nêtres du château d'Oranienbaum. Des uniformes
jaunes, blancs, bleus se faisaient voir par-ci, par-
là derrière l'épaisse grille de fer. Des courriers galopaient; des équipages arrivaient de Saint-
Pétersbourg, d'autres y retournaient.

XVIII

Le dîner, à Oranienbaum, auquel assistèrent cinquante personnes, et servi dans la salle japonaise par des nègres, en cafetans jaunes et turbans rouges, ornés de plumes d'autruche, fut d'un apparat exceptionnel.

L'impératrice était assise à côté de Munich. L'empereur fut de mauvaise humeur ; il n'adressa que quelques paroles à Alexandre Schouvaloff et à Goudovitch ; il interrogeait Catherine du regard. Il fut plus gai le soir au bal masqué.

— L'impératrice, sire, lui dit Élisabeth Vorontsoff, ne porte pas la grand'croix de Sainte-Catherine ; est-ce parce qu'il vous a plu que je fisse partie de l'ordre ?

— Mais non, Élisabeth, je l'ai questionnée. Elle l'a, par mégarde, laissée tomber et l'a brisée...

Le lendemain, Pierre et Catherine se retrouvèrent à la magnifique fête donnée à Gostilisa en l'honneur de l'auguste couple, par Alexis Razoumovsky et son frère Cyrille. On y vit les plus belles dames de la cour. La joie fut générale : il y eut promenade en bateau sur le lac, avec musique; les toasts étaient salués de salves d'artillerie. Les deux Razoumovsky, l'hetman surtout, le favori du souverain, rivalisèrent de zèle : « Baisers de Judas, » chuchotaient les initiés.

— J'espère dîner chez vous demain, — dit Pierre à Catherine, au moment où elle repartait pour Oranienbaum. — Nous aurons l'occasion de nous entretenir de tout, sans nous faire d'illusions. C'est après-demain ma fête, nous passerons ce jour ensemble, n'est-ce pas?

L'impératrice ramena sans rien dire la traîne de sa robe noire qui recouvrait le marchepied, et, la portière refermée, le carrosse reprit, au grand galop, la route de Péterhof.

Pierre et Catherine ne devaient plus se revoir.

— Mon Dieu ! se dit-elle, contenant son émotion et bercée par le trot continu des chevaux, — qu'est-ce qui m'attend ! Le dénouement est proche. Personne ne soupçonne que Panine et l'hetman sont prêts ! Faut-il patienter encore ou prévenir le coup ? Sera-ce la liberté ou la prison, le diadème ou le cloître ? Je ne peux pas céder comme Anne. Je convoquerai les meilleurs autour de mon trône; je gouvernerai par la modération ; la voix de la vérité se fera entendre. Je régénèrerai, je ressusciterai ce pays pauvre et riche à la fois, que seule je sais comprendre; ou je mourrai, ou je régnerai.

De retour à Péterhof, Catherine renvoya ses servantes, ferma les portes et ouvrit une fenêtre. Les flots de la mer venaient bruire doucement au bas de la terrasse de Monplaisir.

— Chère Dachkoff, se dit-elle ! Tu n'es pas à mes côtés à cette heure, et tu me serais si nécessaire ! Aurais-tu dit vrai ? Avons-nous tardé et n'y a-t-il plus d'espoir ?

Catherine alla visiter ses tiroirs et brûla quelques paperasses ; puis, relevant ses manches, et en proie à une vive agitation, elle parcourut sa chambre de long en large. Le plus petit bruit sur le rivage ou au jardin la faisait frissonner.

Pierre quitta Gostilitsa plus tard ; il n'était pas moins inquiet.

— Attends ! — pensa-t-il en promenant ses regards sur les champs qu'envahissait l'obscurité. On s'en ressouviendra de la Saint-Pierre d'après-demain. Tout est prêt. Élisabeth est d'accord. Jean est là. L'hetman me garantit le succès. Je présente Jean au peuple, je le proclame héritier et je me remarie. Les autres, je les expédie à Schlusselbourg ; j'établis une régence avec Nicétas Troubetskoy, Goudovitch et l'oncle George ; moi avec l'armée, je commence la campagne. — Quel calme, quelle paix ! personne ne se doute de ce qui se prépare ! Pas la moindre brise, pas le moindre murmure ! Que de force dans l'âme d'un homme qui voit, qui sait, qui veut ! J'enverrai Panine en Suède, afin d'écraser l'anarchie qui est déchaînée, et je crée Goudovitch hetman.

Une demi-heure après, Narcisse, son nègre favori, pénétra dans son cabinet et déposa une lettre sur sa table à écrire. C'était Bressant, l'ancien perruquier de l'empereur, qui l'avait secrètement envoyée par un courrier. L'enveloppe portait ces mots en français : « *Confidentiel et très pressé!* » C'était une dénonciation.

Pierre, en cherchant des cigares, remarqua le pli et fut sur le point de l'ouvrir ; fatigué et distrait comme il l'était, il l'ajouta aux autres papiers préparés pour le lendemain. Il passa dans sa chambre à coucher, se déshabilla et s'abandonna à ses réflexions.

Il avait besoin de respirer ; il prit son violon, présent de Tastini et sortit sur la terrasse ; jusque fort avant dans la nuit, les sons de tendres cavatines retentirent au milieu du silence environnant.

Minuit sonnait lorsqu'il rentra. Ce fut avec un cœur heureux et paisible qu'il se mit au lit ; il écouta un moment le bourdonnement strident d'un moustique, puis il s'endormit.

Le prévisions de Pierre ne se réalisèrent pas. Le même jour, jeudi, 27 juin, il se passa à Saint-Pétersbourg un événement grave, bien qu'en apparence peu important.

Un grenadier du régiment de Préobrajensky, apprenant que l'impératrice courait un danger, alla s'informer auprès de son capitaine, Pierre Passek, de ce qu'il y avait de vrai des bruits qui couraient parmi le peuple. Passek répondit que tous ces bruits n'étaient que mensonges et que l'impératrice n'avait rien à craindre. Le grenadier ne

ferma pas l'œil de la nuit, puis il se rendit chez
Voeïköff, major au même régiment.

— Pourvu que nous n'ayons pas à répondre...
lui dit-il.

— Pour qui ?

— Pour eux !

— A propos de quoi ?

— Mais de l'impératrice !

— Sornettes.

— J'en ai parlé au capitaine Passek.

— Et alors ?

— Dis-leur de tenir leur langue au chaud
m'a-t-il répondu. Quand on aura besoin d'eux, on
le leur-fera savoir.

Ces mots furent un éclair. Voeïkoff comprit,
retint le grenadier et fit arrêter Passek.

— Lui qui ne parlait que de sa prudence !
pensa Lomonossoff, en apprenant la nouvelle.

Les partisans de Catherine perdirent la tête.
Cette arrestation fut comme une fusée de signal,
au milieu de mornes et menaçantes ténèbres. Panine l'apprit d'Orloff, en faisant sa partie de
cartes chez la princesse Dachkoff, qui conseilla à
ce dernier de partir pour Péterhof, en informer
Catherine avant l'aurore. Panine adressa des
instructions à l'hetman, commandant du régiment
d'Izmaïlovsky. La princesse, qui se défiait d'Orloff, se revêtit d'habits d'homme et courut apprendre des délails chez Roslavleff. Tous s'attendaient
à quelque fatal événement.

Mirovitch passait sa deuxième semaine à jouer
avec Perfilieff, dans la maison du général Voz-

jinsky, un ancien cocher d'Élisabeth. La chance
le favorisait; mais, à bout de forces, il était devenu querelleur et brutal.

Le 27 juin au soir, les joueurs s'étaient remis à
leurs cartes, Grégoire Orloff arriva et jeta un mon-
ceau d'or sur la table; le jeu reprit avec une nouvelle fureur. On apporta des vins et des rafraîchissements. Vers deux heures de la nuit, on vint
dire à Mirovitch que quelqu'un désirait lui parler.
Il sortit sur le perron; on lui tendit un pli; c'était
une lettre de Polixène. Il commençait à faire
jour.

« Que faites-vous, lui écrivait-elle, vous nous
avez oubliés. Comme je viens d'apprendre le lieu
où vous vous cachez, je m'empresse de vous communiquer ce que vient de me dire Ouchakoff
qui vous cherche. La capitale est dans les transes;
on s'attend à une explosion d'une minute à l'autre. Vous m'avez demandé mon concours; voici :
Passek est arrêté; les ennemis de l'empereur crai-
gnent qu'il ne parle et sont résolus à agir. Allez
trouver Ouchakoff. Il vous expliquera tout. »

Mirovitch se précipita dans l'antichambre, prit
son chapeau et son épée et partit pour Smolna, où
demeurait Ouchakoff.

— Voilà ce que je faisais de ma volonté ! de mon
devoir ! se dit-il, j'avais tout oublié ! Je ne suis
qu'un lâche ! Et moi qui avais la présomption de
m'égaler à nos illustres maîtres ! traître que je
suis, joueur, débauché ! Un franc-maçon libre
doit savoir contenir ses passions, mettre sa volonté
au service de la raison. Seuls, les sages entrent

dans le temple de la vérité; l'orgueil et la licence
en sont exclus! Non, je n'ai pas fait mon devoir :
assis à une table de jeu, j'ai prêté l'oreille à des
chansons à boire, en compagnie de ces libertins et
de ces tapageurs. A tout péché miséricorde! Pardonne, Seigneur, au pauvre apprenti; accorde-
moi la force de racheter ma faute, de mériter ta
clémence; n'entre-t-il pas dans les desseins de ton
céleste amour de permettre aux hommes de
faillir?

Mirovitch apprit qu'Ouchakoff avait quitté la
veille Saint-Pétersbourg.

— Malheur! où aller maintenant? se dit-il.

Il pensa à Bressant; la maison du perruquier-
chambellan était sur sa route.

— Bressant est dévoué à Pierre! Il m'a connu
à l'école, se dit-il encore.

Il y avait de la lumière aux fenêtres du premier
étage; la porte cochère était ouverte. Mirovitch
monta l'étroit escalier de bois. Le vieux Bressant, qui d'abord n'avait pas reconnu son hôte,
le serra contre sa poitrine et l'embrassa cordia-
lement.

— Dieu! que me racontez vous-là, fit Bressant, en robe chambre, en savates et les cheveux en désordre. — Pierre est perdu! Je lui ai
écrit, je lui ai envoyé un rapport : il ne l'aura
pas lu. C'était hier, à midi, et pas de nouvelles
encore.

Bressant parla de Passek, des conciliabules et
des préparatifs des partisans de Catherine, de Pa-

nine, de l'hetman, des officiers des régiments
d'Izmaïlovsky et de Préobrajensky.

— Des chevaux! je pars! dit Mirovitch. —
Prêtez-moi vos chevaux, tout n'est pas perdu. Je
vole, j'arrive chez l'empereur, je lui dis tout, dût-
il m'en coûter la tête.

— Je n'ai pour le moment à l'écurie qu'un cheval de trait.

— Donnez-le, que diable! et vite!

Il écrivit quelques lignes, qu'il cacha sous son
habit, serra la main à Bressant et monta en selle.

— Je n'en sais rien; mais il me semble que je
vais déranger leurs plans à tous..., pensa Mirovitch.

A la barrière du pont Kalinkine, Mirovitch lâcha la bride et fit aller son cheval au pas. Le
calme le plus profond régnait partout; on dormait
encore dans ce faubourg; on n'apercevait ni chars
ni piétons. A gauche, du côté des casernes d'Izmaïlovsky, il entendit rouler un carrosse attardé;
ce bruit cessa bientôt. Les jardins et les potagers
du voisinage répandaient la fraîche odeur de leur
verdure imprégnée de rosée. Par-ci, par-là, un
mince ruban de fumée matinale sortait d'un toit.
Mirovitch, à l'autre extrémité du faubourg, prit
la route d'Oranienbaum, et lança son cheval ventre à terre.

— Que l'hetman trahisse, rien d'étonnant! un
débauché! Mais Panine, son idéal à lui, c'est
d'empocher le plus qu'il pourra!...

Telles étaient les réflexions de Mirovitch.

Ce même matin, grâce à la princesse Dachkoff,
survint un fait qu'un débonnaire chroniqueur du
temps a modestement qualifié d' « Entreprise du
sieur Orloff. » Il s'agissait d'Alexis Orloff, qui
était parti pour Péterhof avant le lever du soleil.

XIX

A quatre heures du matin, le 28 juin, un parfait silence enveloppait les jardins et le parc de
Péterhof. Le soleil s'était levé, le brouillard de la
mer recouvrait le bas du jardin, comme une immense nappe; les terrasses et les allées d'en haut
en étaient effleurées comme d'une trainée de fumée. A la lisière du parc, Orloff descendit de voiture. Son cocher congédié, il gagna à pied la maisonnette d'un garde-chasse, qu'il envoya à une
ferme voisine. Une calèche, attelée de quatre chevaux, arriva bientôt après, et l'emmena jusqu'à
Monplaisir.

Tout le monde dormait dans le vieux pavillon.
Orloff se pencha vers une fenêtre donnant sur la
terrasse. Le rideau était baissé; cette pièce était
celle de la femme de chambre. Orloff frappa à la
vitre; comme on ne répondit pas, il s'engagea

dans l'étroit corridor. Tout dormait encore. Un petit chien jappa et réveilla la Schargorodsky.

— Seigneur! qu'y a-t-il? dit-elle.

Orloff lui expliqua le motif de sa visite insolite. Elle courut à la chambre à coucher de Catherine.

— Qu'est-ce encore? dit l'impératrice.

— Ne tardez pas d'une minute, Majesté! décidez-vous, partez!

— Au nom du ciel, que voulez-vous dire?

— Passek est arrêté, répondit Orloff en français.

— Ma robe! dit Catherine à sa femme de chambre, et quelques minutes après, elle sortit vêtue de noir, avec le ruban et la grand'croix de son ordre. Un léger frisson parcourut ses membres; son visage blême était tranquille, son regard, vif et limpide.

— Je suis prête; mais comment passer à travers les gardiens?

Orloff, l'athlète, le hardi compagnon, qui ne savait pas ce que c'était que d'hésiter, qui allait seul à la chasse à l'ours, se sentit pour la première fois embarrassé. Son audace faillit l'abandonner.

— Vous direz que je suis votre femme! dit Catherine, qui prit le bras d'Orloff. — Si j'étais soldat, jamais je n'arriverais à être général!

— Pourquoi?

— Parce que je serais tuée avant d'être caporal.

Ils traversèrent le bas du jardin. Le brouillard ne s'était pas encore dissipé; les flots de la mer venaient doucement mourir sur la plage; on entendait un batelier qui chantait:

« Liberté! dans ce monde de douleurs... »

Arrivés à la grille d'en haut, un vieil invalide présenta les armes. Sur la route, des chars de paysans se dirigeaient vers la ville, des jardiniers roulaient leurs brouettes; tout était déjà en mouvement.

Catherine s'assit dans une calèche, préparée la veille par Schkourine. Orloff prit place sur le siège. Un autre officier, Basile Bibikoff, capitaine du génie, qui s'était rencontré là comme par hasard, chevaucha à leurs côtés. La conversation s'engagea. Les chevaux allaient au petit trot. On eût dit une simple promenade matinale.

A l'extrémité du parc, Orloff fit arrêter et offrit à Bibikoff de s'asseoir auprès de Catherine; au cocher, il ordonna de monter sur son cheval; lui-même saisit les rênes et lança l'attelage à fond de train.

— Jour mémorable! pensa Catherine, — il y a aujourd'hui dix-huit ans, un 28 juin, que j'ai embrassé l'orthodoxie à Moscou. Feu l'impératrice et sa suite s'étonnèrent fort de m'entendre, moi qui venais d'arriver en Russie, réciter distinctement le symbole!

Les bois et les ravins, les poteaux, les chaumières éparses défilèrent rapidement devant eux; la calèche soulevait des tourbillons de poussière. Des soldats, des campagnards à pied, des paysans finnois dans leurs véhicules à deux roues se mettaient à l'écart et écarquillaient les yeux à la vue d'une belle dame conduite par un cocher aussi distingué.

Voici Strélna, puis les jardins du monastère de

Saint-Serge, puis une forêt, des champs. des blés, les chaumières du village de Ligovo! De nouveau, des prés et des bois, les hameaux de Gorély et de Krasny-Kabatchok!

Un cavalier arrivait en sens inverse. C'était Mirovitch, monté sur le vilain alezan de Bressant, qui débouchait du bois, près du pont de ce dernier village. Il avait remarqué de loin l'équipage qui descendait la rampe au grand galop.

— Qui cela peut-il être? se dit-il en suivant de l'œil la colonne de poussière qui se rapprochait.

Les sabots des chevaux et les roues de la calèche grondèrent sur les poutres raboteuses du pont qu'elles franchirent comme une flèche.

— C'est Orloff! que je viens de laisser en compagnie de Perfilieff, se dit Mirovitch.

Et au même moment, il vit tomber l'écrou de l'essieu de derrière.

— Hé! la roue! cria-t-il.

La dame tourna la tête, le cocher retint ses chevaux, la voiture s'engagea lentement dans un petit vallon boisé.

— Un amant qui enlève sa maîtresse! pensa le cavalier.

Il piqua des deux et arrivé au haut de la rampe, il regarda derrière lui. La calèche était abandonnée, un des chevaux gisait exténué. Les voyageurs allaient continuer leur route à pied; une voiture les atteignit; ils y prirent place et allèrent d'un trait jusqu'à Saint-Pétersbourg.

— Que n'aurais-je pas donné pour qu'ils eussent su alors qui leur rendait ce service! pensa dans la suite Mirovitch, lorsque, fléchissant sous les coups de la destinée, il se remémora les moindres incidents de cette fatale journée.

Cette voiture était celle du prince Théodore Bariatinsky, le même qui, au mois de mai, avait reçu de Pierre l'ordre d'arrêter Catherine; Grégoire Orloff l'accompagnait.

— Nos affaires vont bon train... dit Orloff.

— Je meurs de soif! j'étouffe! répondit Catherine.

Peu après, la voiture roulait à travers les rues du faubourg. Près du pont de Kalinkine, une vieille femme passa portant ses deux seaux d'eau.

L'équipage fit halte; la vieille s'approcha de la portière. Catherine, debout sur le marchepied, appuya ses deux mains sur le seau, y trempa ses lèvres et but avidement; elle y vit son visage comme dans un miroir.

— Un instant encore, et tout va changer! Adieu, alors, mes dix-huit années d'attente! dit l'impératrice.

— Que Dieu vous bénisse et vous accompagne! ajouta la femme.

— Grand merci! ma vieille! Ton nom?

— Anastasie Bavykine; feu mon mari a été garde du corps! Dieu te fasse vivre longtemps, ma souveraine!

— Veuve d'un garde du corps, serviteur de ma tante! je ne t'oublierai pas. — Elle sera la première...

Un coup de fouet fit partir la voiture qui ne

17

s'arrêta plus que devant la caserne d'Izmaïlovsky.

Tout était encore tranquille. Un soldat, le
mousquet sur l'épaule, montait la garde près du
pont, de l'autre côté du fossé, en face de la porte.
Catherine mit pied à terre; la sentinelle la reconnut aussitôt, s'avança de quelques pas, jusqu'au
poteau de la cloche d'alarme et présenta les armes.

— Me laissera-t-il passer? — S'il allait me bar-
rer le chemin, donner un signal suspect? se dit
Catherine.

Elle marcha droit devant elle, d'un pas ferme,
sur les vieilles dalles du pont; le jeune soldat ne
bougea pas.

— Ton nom? demanda Catherine.

— Nicolas Novikoff, très fidèle sujet de Votre
Majesté.

L'aîné des Orloff se dirigea vers la porte; un
soldat à moitié vêtu se montra sur le seuil. Un
tambour battit, d'autres répondirent aussitôt dans
les casernes avoisinantes. Catherine attendait sur
le perron. Les soldats accoururent en masse de
droite et de gauche. L'aumônier arriva avec sa
croix : on installa un autel.

— Le serment! Hourrah! Vive l'impératrice!
crièrent les grenadiers.

Escadron après escadron, compagnie après compagnie envahirent la place, qui se remplit d'une
foule énorme; les soldats avaient endossé leurs
vieilles tuniques du règne d'Élisabeth, qu'ils
étaient allés reprendre aux dépôts. La cérémonie
du baisement de la croix commença. Lorsque la

dernière compagnie se fut rangée, Vyrouboff, Roslavleff, Vsévolojsky, Lasounsky et Pokhvis- neff brandirent leurs épées, et les cris ayant cessé, ils entourèrent Catherine.

— Je suis venue demander votre appui! le dan- ger m'a contrainte de chercher mon salut au milieu de vous..., dit l'impératrice.

Novikoff était à dix pas d'elle; écrasé par la foule qui allait croissant, il se tenait sur la pointe des pieds pour mieux voir. Catherine avait le bras étendu.

— Les conseillers de Pierre, mon époux, ont résolu de me reléguer dans un cloître, moi et mon fils...

— Mort à ces gens! mort! hurla la foule.

— Il n'y avait qu'un moyen de leur échapper, et je ne pouvais me réfugier qu'au milieu de vous!

— Nous sommes prêts à sacrifier nos vies pour toi! Mort à tes ennemis! cria-t-on de tous côtés.

— Ne touchez à personne! Obéissez à vos chefs, Dieu nous protège!

Officiers et soldats se jetèrent à genoux devant Catherine et lui baisèrent les mains. On déploya l'étendard.

— Au régiment de Siméonovsky! A la cathé- drale de Kazan! criaient les uns. — Aux casernes de Préobrajensky! Là sont ceux qui ont proclamé l'impératrice Elisabeth! criaient les autres. — Aux gardes à cheval! A toutes les églises! Une voiture! Où est l'hetman? — Chez Panine, au palais d'été ! — Et Alexis Orloff ? — Chez l'archevêque ! — A la cathédrale de Kazan !

Les rangs se formèrent. — Assez causé ! s'écria Roslavleff. Drapeaux et tambours en avant ! commandèrent Oboukhoff et Lasounsky. — Vive l'impératrice ! répétèrent sans fin les soldats. — A la cathédrale, marche !

Des estafettes partirent dans toutes les directions. La populace se rua en avant, poussant des cris d'allégresse et agitant les chapeaux. L'aumônier du régiment, en tête du cortège, tenait la croix de ses mains débiles, s'embarrassait dans les plis de sa soutane. C'est ainsi qu'entouré des colonnes du régiment d'Izmaïlovsky, le carrosse de l'impératrice se dirigea vers la cathédrale de Kazan.

Le régiment de Siméonovsky, conduit par Vadkovsky, Théodore Orloff et d'autres accoururent les premiers pour prêter serment. Les portes et les fenêtres des maisons étaient grandes ouvertes ; les habitants s'associèrent de tout cœur à cette marche triomphale. Ce n'étaient que vivats et que hourrahs.

XX

Ce 28 juin, Lomonossoff se réveilla plus tôt que de coutume ; il avait à retoucher l'éloge en latin qu'il devait lire le lendemain, à la séance solennelle de l'Académie des sciences. Il s'était en outre souvenu qu'il avait promis de se trouver chez Von-Vizine.

— Oh ! ces visites, ces fêtes, pure perte de temps ! se dit-il.

A huit heures, un huissier de l'Académie lui apporta son numéro de la *Gazette de Saint-Pétersbourg* du vendredi 28 juin, numéro 52. On y lisait : « Rome, 27 mai. Les jésuites ont acheté le palais du marquis d'Ossoli pour leur ordre qui, dit-on, va être supprimé... »

— On fera bien, pensa l'académicien.

Il jeta la gazette sur la table, ouvrit la fenêtre du jardin, et se mit à réfléchir sur cette phrase de son brouillon : *Hoc festum Petri, patriæ dilectissimæ patris et filii, dies usque in æternum redivivus recurrit...*

A peine eut-il la plume à la main qu'un murmure assourdissant de voix bruyantes vint frapper ses oreilles. Il aperçut sur la rive gauche de la Moïka une foule compacte qui courait en désordre sur le pont Bleu ; c'étaient des ouvriers, des bateliers, des paysans, des femmes, des enfants. Un groupe de ces curieux s'était attardé autour d'un officier qui portait l'uniforme des troupes étrangères ; on distinguait à travers un nuage de poussière qu'il était en butte aux insultes de la populace.

— C'est un Allemand qui aura été impertinent, pensa Lomonossoff.

La foule s'était portée en avant ; le calme à peine rétabli, le tumulte recommença. Les cloches sonnaient à toutes les églises avec une lenteur inaccoutumée.

— Est-ce un incendie ? demanda l'académicien.

— Au voleur ! cria la servante sur l'escalier.

Lomonossoff descendit à la hâte. Une cohue de soldats, de matelots encombrait les abords de la porte. Un prêtre s'était avec peine réfugié dans la cour et interrogeait un paysan qui avait déjà dételé son cheval et se disposait à l'enfourcher.

— Hourrah ! entendait-on crier du côté du pont.

— Une émeute ? se dit Lomonossoff.

Il sortit, et bousculé par la foule des gens à pied

et à cheval, il arriva au pont Rouge où les forces lui manquèrent. D'étourdissants hourrahs partaient du bout de la rue aux Pois : des troupes arrivaient, bannières déployées. Plusieurs voitures étaient arrêtées devant le pont ; dans l'une se trouvait Jean Schouvaloff qui parlait avec vivacité à l'un de ses amis ; d'une autre voiture, entourée par la populace qui criait et l'empêchait d'avancer, sortait la face cadavéreuse du duc de Biron, défigurée par la peur.

La cohue enserra Lomonossoff au point qu'il ne fut plus maître de ses pas ; emporté jusqu'à la Perspective de Nevsky, il y trouva l'hôtel du grand maître de police envahi, les portes enfoncées, les fenêtres brisées ; Korff venait d'être arrêté et emmené. Ouvriers et soldats hurlaient comme des possédés.

— A l'eau ! tous ces diables de domestiques allemands, à l'eau ! criait-on.

Et de leurs poings et de leurs crosses, ils poussèrent vers la Moïka un vieillard en tunique de velours déchirée, en perruque ébouriffée. Un officier parvint à arracher aux soldats cet homme à moitié mort de terreur, le plaça dans un canot et le fit conduire à la forteresse.

— C'est Lestocq ! cria quelqu'un.

— Lestocq ?

— Que ce soit l'un ou l'autre de ces damnés d'Allemands, peu importe, il a eu ce qui lui revenait ; on lui a mis ses habits en loques.

— *Sic transit gloria mundi*, pensa Lomonossoff. Qu'est-ce que tout cela veut dire ?

Ce ne fut que devant la cathédrale de Kazan qu'il apprit la véritable cause de cette agitation. Le cortège n'était pas parvenu à la rue Mestchans-koïa, que la place du Gastinnoy-Dvor retentissait déjà de bruyantes acclamations entrecoupées par des roulements de tambours. C'était le régiment de Préobrajensky qui accourait s'associer à la démonstration ; les soldats avaient endossé les anciens uniformes; leurs chefs, Brédikhine, Basca-koff, Protassoff, Stoupichine et Tchertkoff arrivaient à peine à les contenir et à conserver les rangs.

— Pardonnez-nous d'être en retard, criaient les grenadiers.

Ce régiment n'avait pas eu le temps de s'aligner le long de la Perspective, qu'on entendit un nouveau bruit de clairons, de sabots de chevaux, de hourrahs; c'étaient, le sabre au poing, étendard au vent, les pesantes masses de la garde à cheval, en uniformes verts à galons d'or, qui débouchaient à fond de train sur le pont Anitchkoff.

— Vive l'impératrice! exclamèrent avec enthousiasme les cavaliers conduits par Hitrovo, Nesvitsky, Rjevsky, Tcherkasky et Mansouroff, en se rangeant entre la cathédrale et le jardin de l'hetman Razoumovsky, aujourd'hui l'hospice des enfants trouvés.

L'archevêque de Novgorod, Démétrius Setché-noff, revêtu des ornements sacerdotaux, apparut sur le parvis, entouré de son clergé, au grand complet, et donna la bénédiction à Catherine. Un jour radieux éclairait les aubes et les chapes, les têtes chenues et les barbes grises des prêtres ; la robe de deuil de l'impératrice tranchait comme celle d'une orpheline sur ces vêtements de brocart et d'or étincelant aux rayons du soleil.

— Le serment ! à l'impératrice et à son fils Paul.

— A elle seule ! Vive l'impératrice Catherine ! répondit Alexis Orloff.

— Hourrah ! Vive la souveraine ! La croix à baiser ! Hourrah ! répondit l'immense écho.

Arriva une voiture dorée à six chevaux. Nicétas Panine, pâle et cherchant à dissimuler son émotion et sa joie, en descendit, donnant la main à son élève, le jeune grand-duc Paul.

L'archevêque parcourut les rangs des troupes. Les troupes s'agenouillaient devant Catherine, brandissaient leurs épées, agitaient leurs casques. Les fenêtres et les balcons des maisons étaient garnis de spectateurs : ceux qui n'avaient pas réussi à se frayer un chemin jusqu'à la place, étaient montés sur les toits, sur les arbres de la Perspective de Nevsky et du parc de l'hetman.

— Où est l'impératrice ? demanda un jeune homme qui regardait en se hissant au-dessus des curieux.

— La voilà, avec son fils, répartit un vieillard.

— Où donc ?

— Là, en face, sur les degrés de la cathédrale, en robe noire.

— Où as-tu tes yeux, mon vieux ? répliqua une autre voix, elle vient de rentrer à la cathédrale avec l'archevêque.

— L'office a commencé! C'est la cérémonie du couronnement! entendait-on à droite et à gauche.

— Panine n'a pas quitté le grand-duc d'un pas pendant ces dernières nuits; il couchait dans la même chambre que lui.

La foule commença à s'écouler. Le jeune homme, c'était Von-Vizine; il rajusta son costume en désordre et se faufila jusqu'à la grille de la cathédrale. Il y rencontra son ami Derjavine, qui s'entretenait en gesticulant avec des camarades.

— Qu'as-tu? lui demanda Von-Vizine. Hein! quel événement!

— On m'a volé hier tout mon saint-frusquin, on me l'a pris sous mon oreiller.

— Qui?

— Le brosseur d'un de mes collègues. J'en pleure et j'en ris; c'était tout ce que ma mère avait pu amasser et m'envoyer. Je n'en ai pas dormi de la nuit.

— Te voilà consolé maintenant. Et Voeïkoff, qui a arrêté Passek, où est-il?

— Il a voulu empêcher les grenadiers de se rendre ici... Ils les a insultés, frappés. Ils se sont rués sur lui à la baïonnette; il s'est esquivé, ventre à terre; on ne l'a pas atteint.

— Eh! qui sont ceux-là?

— La princesse Dachkoff, Panine, Razoumovsky...

Tout ce que la capitale comptait de personnages de marque, de dignitaires et leurs femmes, affluèrent. Von-Vizine avait pénétré jusque dans la nef, resplendissante de l'éclat des cierges. La fu-

mée de l'encens montait comme de gros nuages ;
un archidiacre disait d'une voix retentissante avec
accompagnement du chœur des chantres :« Prions
pour Sa Majesté, notre impératrice Catherine, et
pour Son Altesse impériale, le grand-duc Paul, son
héritier. » — Jamais chant d'église n'avait fait sur
Von-Vizine une impression pareille.

En revenant sur ses pas, il aperçut Lomonossoff, acculé par la foule affolée, contre un des tilleuls de la Perspective.

— Lomonossoff ! quelle coïncidence ! Précisément aujourd'hui... pensa Von-Vizine, en se rap-
pelant leur dernière entrevue.

— Le carrosse de Sa Majesté ! Place !

Les rangs des troupes s'entr'ouvrirent pour lui
livrer passage ; la foule fut violemment repoussée
en arrière.

— Où va l'impératrice ? Est-ce au palais ? disait-on.

La multitude, quittant la place, se partagea en
deux courants ; l'un se porta comme un torrent,
culbutant tout sur son passage, le long de la Perspective : l'autre envahit les deux rues des Écuries.

Von-Vizine, pris comme dans un étau, entre
un boutiquier à longue barbe, qui exhalait une
horrible odeur d'huile de poisson et une grosse
rougeaude, qui suait à grosses gouttes, essaya
d'aller jusqu'à Lomonossoff, mais en vain ; le
flot tumultueux l'entraîna de plus en plus en
avant.

Lomonossoff avait remarqué Polixène, qui se
tenait devant la porte d'une maison, regardant

d'un air sombre, mécontent, cette foule se ruer devant elle.

Catherine s'était rendue au nouveau palais d'hiver qui n'était pas encore dégagé de ses échafaudages. Elle se montra au peuple sur un balcon avec son fils, entourée de sa suite.

— On rédige un manifeste! Le conseil est assemblé! Le sénat et le synode sont convoqués au vieux palais! disait-on de tous côtés.

Des carrosses arrivaient ; des courriers à cheval partaient. L'artillerie vint se parquer sur la place, à l'entrée des rues qui y débouchaient ; les lourdes roues des canons et des caissons grondaient sourdement.

Lomonossoff s'était laissé entraîner jusqu'aux abords de l'amirauté. Il vit Grégoire Téploff, un portefeuille sous le bras, franchir la porte du palais.

— C'est bien d'une plume qu'il est question à cette heure! pensa Lomonossoff attristé. — Les avis de ce conseiller ne présagent rien de bon! rentrons, c'est l'heure!

Il s'en retourna chez lui ; il sortit de nouveau après dîner, mais à peine avait-il fait ses premiers pas dans la rue, que la foule le ramena à son corps défendant jusque devant le palais ; les cris et les hourrahs continuèrent pendant toute la nuit. Catherine monta en voiture et se rendit, escortée par la cavalerie, à l'ancien palais d'Élisabeth.

Lomonossoff, ballotté à droite et à gauche, se posta au pied d'un réverbère à l'angle de la rue Morskaïa et de la place du palais. Les régiments

d'infanterie, la garde à cheval et l'artillerie allèrent s'aligner le long de la Perspective de Nevsky
et dans la rue Morskaïa.

— Eh bien! quel événement! lui dit Von
Vizine.

— Beaucoup de vacarme et de courbettes!
Hop! hop! un nouveau règne. Tout cela me pa-
raît marcher trop vite! Il faudra encore aller à
Oranienbaum.

— Chez qui?

— Et Pierre, avec ses cinq mille hommes?

— L'impératrice reçoit hommages sur hommages, les deux Schouvaloff, Troubetskoy, Vorontsoff; l'amiral Talysine a été envoyé à Cronstadt
pour faire prêter serment à la flotte.

— Mais Munich? il les vaut tous.

— Ce vieil Allemand! Bagatelle!

— Il ne faut pas plaisanter avec des gens
comme Munich, ils...

La place, comme frappée d'une baguette magi-
que, devint muette. Tous les regards se portèrent
vers le palais. Il était neuf heures du soir; il faisait encore clair dans les rues.

Deux officiers apparurent entourés de sénateurs,
de généraux et des premiers personnages de la
cour.

C'étaient l'impératrice et la princesse Dachkoff.
Catherine avait endossé l'uniforme de Pierre
Talysine, la princesse celui d'André Pouchkine,
l'un capitaine, l'autre lieutenant au régiment de
Préobrajensky. Des écuyers amenèrent deux che-
vaux, l'un blanc, l'autre bai. Les deux amazones

s'arrêtèrent sur la Perspective. La princesse avait relevé ses cheveux ; ceux de Catherine s'échappaient en boucles blondes de dessous son tricorne et retombaient sur sa tunique verte à collet rouge ; elle portait en écharpe le grand cordon bleu de Saint-André.

— Présentez armes ! cria-t-on.

Catherine regarda la princesse en souriant, sortit prestement son épée du fourreau, lorsqu'elle s'aperçut que la dragonne manquait.

— Une dragonne ! une dragonne ! dit-on dans les rangs les plus rapprochés.

Un jeune et timide maréchal des logis des gardes accourut sur son gros cheval et tendit respectueusement sa dragonne à l'impératrice.

— Merci ! fit Catherine qui caressait le poitrail de son cheval.

— Quel est ce jeune homme ? demanda quelqu'un.

— Un étudiant en théologie de Moscou, répondit Von-Vizine ; il a été renvoyé avec Novikoff à cause de sa paresse et de ses absences. C'est un ami des Orloff !

Le maréchal des logis se trouva embarrassé ; son cheval s'obstina à rester en place. Les éperons n'y firent rien ; l'animal se cabra, secoua la tête et ne bougea pas. Le cavalier piqua des deux une seconde fois ; le cheval se redressa sur les pieds de derrière, mais n'avança pas.

— Votre nom ? demanda gracieusement Catherine d'un ton d'encouragement.

— Potemkine ! — répondit en rougissant le jeune homme, la main à son tricorne.

Catherine ajusta la dragonne et leva son épée. Ce n'était plus l'humble femme en habits de deuil, mais un aigle prêt à déployer ses ailes et à prendre son vol. Elle parcourut ainsi la Perspective ; sa suite, éclatante d'uniformes les plus variés, de cordons, de grand'croix, l'escorta à cheval.

— Il existe un être vivant qu'on semble oublier ! pensa Polixène.

— En avant ! marche ! crièrent les officiers.

Les colonnes s'ébranlèrent, étendards déployés, l'hetman et le prince Volkonsky en tête : les tambours, les fifres et les clairons jouaient la marche de combat de Pierre le Grand. La Perspective, colorée des derniers reflets du soleil couchant, avait un air de fête. Catherine Dachkoff suivait de près l'impératrice.

— La voilà, celle qui avant-hier encore lavait ses dentelles ! Et aujourd'hui ! Qui s'y serait attendu ! Que de courage ! que d'audace ! pensait Catherine Dachkoff.

— Où allez-vous ? cria quelqu'un à Jean Schouvaloff qui s'était attardé sur la place du palais.

— En guerre !

— Comment ? où ?

— A Oranienbaum ! Ah ! mais laissez-moi, mille diables, adieu !

Compagnies et escadrons défilèrent devant Lomonossoff, qui n'avait pas quitté sa place.

— A vous de la célébrer, maintenant, cette héroïne ! cria une voix sortant des rangs.

C'était Derjavine, le fusil sur l'épaule, qui passait avec sa compagnie. Il avait oublié sa nuit d'insomnie, son argent volé, sa faim, sa soif, tout enfin. Les yeux fixés sur les boucles blondes flottantes de l'impératrice, il se sentait comme inspiré ; il était fier de :

« Voir au soleil son chapeau resplendir,
« Ses blonds cheveux caressés du zéphyr,
« Et son cheval saluant de la tête,
« Et ce grand peuple admirant cette fête.

Le vague tableau de quelque chose de nouveau, de grand, d'inconcevable se dressa devant l'imagination de Lomonossoff. Rentré chez lui, il brûla l'éloge en langue latine de Pierre III et écrivit :

« Chantez la puissance de Dieu,
« Peuple, célébrez en ce lieu
« L'impératrice souhaitée,
« Élisabeth ressuscitée.

— Elle ouvre une ère nouvelle ; Dieu fasse qu'elle soit entourée de conseillers sages et enfants du pays ! Pauvre Jean ! Puisse cet infortuné ne pas être oublié ! se disait-il.

XXI

Mirovitch abandonna son cheval excédé de fatigue, devant une chaumière près de Péterhof et arriva à Oranienbaum à sept heures du matin, sur une charrette. Un officier de taille élevée, carré d'épaules, la face couverte de taches de rousseur, montait la garde à l'entrée du parc.

— *Zurück, zurück !*

— Une affaire importante !

— *Aber du, tausend Teufel !* grogna l'officier en saisissant Mirovitch par le bras.

— Laisse-moi, imbécile !

— *O Herr Je ! du Taugenichts ! Schweintreiber ! He ! Wer ist da ?*

Des soldats s'avancèrent. Mirovitch eut beau parler, supplier, menacer, on lui indiqua le bâtiment où se trouvait le bureau de l'aide de camp de service. La porte en était fermée ; on dormait

encore. Mirovitch s'assit sur le perron et réfléchit
à la façon dont il s'adresserait à Goudovitch ou à
Ungern pour faire parvenir sa lettre à l'empereur.

Enfin, on se réveilla au château. Des marmitons, à moitié endormis, commencèrent à se faire
voir du côté des cuisines ; ici, une porte grinça,
là, un cheval piaffa. Un laquais chauve, en robe
de chambre, les pieds nus dans ses savates, sortit
d'un des pavillons, alla se débarbouiller près
d'un tonneau, s'essuya, bâilla et fit sa prière.
Narcisse, le nègre favori, l'air renfrogné, se montra ; il avait des habits sur les bras.

— Le château de la Belle au bois dormant !
Ils ne se doutent pas de ce qui les attend ! Prenons
patience ! L'empereur ne va pas tarder à se lever,
pensa Mirovitch.

Il se dirigea vers l'étang, s'y lava les mains et
le visage et secoua son uniforme couvert de poussière. Il revint par la cour des écuries, où tout
était sens dessus dessous : des chevaux retournaient au galop de l'abreuvoir, des palefreniers,
des cochers se bousculaient devant les remises ; on
nettoyait des carrosses, on apportait des harnais.

— Est-ce l'empereur qui sort aussi tôt ? demanda
Mirovitch.

— Oui ; il déjeune aujourd'hui à Péterhof, lui
répondit-on.

Mirovitch retourna sur ses pas, jusqu'à la grille ;
la garde avait été relevée.

— J'attendrai ici ! ces brutes me tyrannisent-
ils assez avec leurs formalités ! se dit-il.

Il n'attendit pas longtemps. Le piétinement d'un cheval retentit derrière un bosquet; c'était Goudovitch. Avant de franchir la porte, il se retourna sur la selle et donna des ordres.

Un landau bleu à six chevaux arriva devant le perron, où des courtisans, des officiers et des dames étaient venus saluer Pierre. On n'entendait que rires et propos joyeux.

— Finissez donc, baron, dit la comtesse Bruce en frappant Ungern de la main.

— Quand je dors... raconta un autre.

— Tra la la! fredonnait la joyeuse compagnie.

— Abordons celui-ci! pensa Mirovitch.

Il s'approcha de Goudovitch, lui présenta les lignes écrites chez Bressant. Goudovitch jeta un coup d'œil sur le papier qu'il prit pour une requête et le mit dans sa poche. Il saisit les rênes, fit un signe de la tête et partit au trot pour Péterhof.

— Qu'ai-je fait? pensa-t-il. Vieille femme que je suis! c'était à Pierre que j'aurais dû le remettre!

D'autres carrosses survinrent, amenant Élisabeth Vorontzoff, Izmaïloff, Betsky, Goltz, ambassadeur de Prusse. Pierre apparut souriant sur le perron, en uniforme blanc à collet et revers bleu de turquoise, coiffé d'un tricorne à plumes blanches et le grand cordon rouge passé sur l'épaule; il était accompagné de Munich.

— Tout est-il prêt?

— Tout! répondit Ungern en s'inclinant.

Il faisait chaud; le soleil brillait. Pierre salua,

descendit les degrés et monta en carrosse. Les comtesses Vorontsoff et Bruce s'assirent en face, ·la jeune princesse de Holstein à côté de Pierre.

Le landau avec ses jockeys vêtus de rouge, suivi de plusieurs autres équipages, passa devant Mirovitch. Les fouets claquèrent, la poussière tourbillonna. Le peloton de faction, en vestes et buffleterie blanches, présenta les armes et battit aux champs.

— Et ils n'avaient pas voulu me laisser entrer, moi qui leur ai tout appris ! pensa Mirovitch en suivant de l'œil les voitures qui s'éclipsèrent comme un éclair.

Mirovitch dut bientôt apprendre que son zèle, ses efforts avaient été tardifs et vains.

On apercevait déjà, du landau impérial, par-dessus les arbres du parc, le toit du château de Péterhof lorsque le premier des jockeys retint brusquement ses chevaux. Goudovitch, éperdu, accourait à fond de train à la rencontre de l'empereur ; il se pencha et dit quelques mots à l'oreille de Pierre, qui pâlit et mit pied à terre. Ils restèrent quelques instants à se regarder.

— Tu ne rêves pas, Goudovitch ? Elle n'est plus là ?

— Sire, elle s'est éloignée !

— Dis donc qu'elle s'est enfuie. Mais où ?

— Personne n'en sait rien.

— L'as-tu demandé ? au moins.

— A tout le monde.

Les autres carrosses les rejoignirent. Pierre remonta avec Goudovitch, Ungern et Munich, et

partit pour Monplaisir. Les dames furent invitées
à les suivre.

Pierre se précipita dans le pavillon, parcourut
toutes les chambres; Catherine n'était plus là. Il
remarqua sur une des tables du boudoir son costume de bal tout prêt pour le lendemain.

— Elle est cachée quelque part! dit-il. Elle n'est
pas une aiguille, nous la retrouverons!

Il fureta partout, fit visiter les dépendances, les
bosquets, le rivage.

— Tu as raison, Élisabeth, dit Pierre à la comtesse Vorontsoff, qui arriva avec son oncle, le
chancelier. Elle a pris les devants, elle est partie.

— Sire... balbutia le chancelier.

— Eh bien?

— Des paysans viennent d'annoncer que la capitale est en émoi, que l'impératrice a pris posses-
sion du palais.

Pierre jeta un regard découragé sur son entourage.

— Laissez-moi, sire, aller à Saint-Pétersbourg,
dit Vorontsoff. Je l'exhorterai à la soumission et je
vous la ramènerai.

— Je vous demande la même permission, dit
Alexandre Schouvaloff.

— Moi aussi! ajouta Nicétas Troubetskoy.

Tous les trois ils partirent et ne revinrent plus.
Les nouvelles se succédaient plus inquiétantes les
unes que les autres : Panine, la princesse Dachkoff, le prince Volkonsky et l'hetman dirigeaient
le mouvement, Saint-Pétersbourg était cerné,

Catherine proclamée impératrice, le sénat et le synode lui prêtaient serment.

La cour de Pierre, ni Pierre lui-même, ne déployèrent de l'énergie ; circonvenu par des femmes jeunes et frivoles, par des courtisans égoïstes et énervés, celui-ci parcourut à grands pas les allées du parc, formant mille projets et ne s'arrêtant à aucun. On envoya des émissaires sur la route de Narva pour savoir si l'on n'avait pas vu passer un courrier se rendant à l'armée ou à l'étranger, et un aide de camp à Cronstadt, pour avertir le commandant du port.

Pierre accabla Catherine de violents reproches, menaça d'abord de garnir de gibets la route de Péterhof à la capitale et d'y faire pendre tous les partisans de sa femme, puis dicta à Volkoff de vaines proclamations. Quatre soldats furent expédiés à Saint-Pétersbourg munis chacun de manifestes à la nation et d'une somme de cent ducats : mais pendant que Volkoff les rédigeait à Péterhof, Téploff avait écrit les siens à Saint-Pétersbourg.

L'heure du dîner arriva. Le temps était superbe ; la cour de Pierre était réunie sur le rivage de Monplaisir, où la table fut dressée et le repas servi. Vers la fin, à sept heures, on entendit le bruit des tambours et des trompettes : Izmaïloff amenait les régiments étrangers cantonnés à Oranienbaum.

— Voilà les fidèles sujets de Votre Majesté, s'écria Munich ! Mettez-vous à leur tête et marchez sur Saint-Pétersbourg. La population se ravisera et la voix du devoir l'emportera. Moi le premier, je sacrifierai ma tête blanche pour mon souverain.

Ces paroles du vieux feld-maréchal firent sur l'assistance une impression désagréable. Les dames chuchotèrent, les hommes se regardèrent entre eux ; ils comprirent que la paix dont ils avaient joui allait disparaître pour faire place à quelque chose d'inconnu, de terrible.

Les régiments reçurent l'ordre de se porter vers le rivage, près du pavillon de la ménagerie et d'y élever des retranchements. Munich fit le tracé des travaux ; Izmaïloff s'occupa de la distribution des troupes. La soirée s'avançait, lorsque survint de Gostilitsa le majordome de Razoumovsky, annoncer que l'impératrice avec plus de quinze mille hommes avait quitté la capitale et marchait sur Péterhof. Les dames fondirent en larmes, poussèrent des cris ; quelqu'un fit observer à voix basse qu'une attaque étant inévitable, il valait mieux se replier sur Oranienbaum où l'on serait mieux retranché. Ces paroles provoquèrent une confusion générale ; tous se mirent à donner des avis, plus extravagants les uns que les autres ; on se disputa ; personne n'écoutait plus.

— Qu'en dites-vous, maréchal, si nous battions en retraite ? dit Pierre.

Munich réfléchit. Son rude visage de soldat sembla se détendre ; son regard exprimait autant de colère que de honte et de pitié.

— En retraite ! Pourquoi se presser ? Vous avez encore le temps. Mais ici nous allons être pris comme dans une souricière !

— Où aller alors?

— A Cronstadt, qui est encore en votre pouvoir. Le commandant est un homme sûr; si nous arrivons à temps, ses vaisseaux et ses canons feront tenir un tout autre langage à votre désobéissante épouse et à Saint-Pétersbourg qui a pris son parti.

La proposition de Munich fut agréée; on fit chercher deux galiotes à Oranienbaum. Elles arrivèrent à dix heures du soir; des canots transportèrent tout le monde à bord. Des officiers, parmi eux Mirovitch, venu avec les régiments d'Oranienbaum, demandèrent à aider les matelots; le vent, qui avait un moment soufflé de l'est, cessa à la tombée de la nuit; les voiles ne gonflèrent pas; on avança à force de rames sur la surface de l'eau à peine ridée et couverte d'un léger brouillard.

Au moment même où ces deux embarcations voguaient vers Cronstadt, on enregistrait à Saint-Pétersbourg le premier message de Catherine au sénat:

« Sénateurs! disait-elle, je vous quitte pour aller avec mon armée faire reconnaître mon droit et je vous confie, comme à mes premiers conseillers, la garde du pays, de mon peuple et de mon fils. »

Pourvu des instructions du sénat, l'amiral Jean Talysine arriva à Cronstadt vers le soir dans une chaloupe à six rames. Il donna aux rameurs l'ordre de ne souffler mot de rien et se rendit chez le commandant auquel il raconta que tout n'était pas dans l'ordre à Saint-Pétersbourg et qu'il avait hâte de rassembler la flotte. De là, il se porta aux casernes où il réunit les officiers et les matelots sur lesquels il pouvait compter; il leur annonça ce qui venait de se passer dans la capitale et engagea la flotte à se prononcer en faveur de l'impératrice. Son discours fut accueilli avec enthousiasme et les assistants, Talysine à leur tête, allèrent trouver le commandant.

— Qu'est-ce que ce tumulte? s'écria celui-ci, chez lequel venait d'arriver l'aide de camp de Pierre.

— Vous allez l'apprendre, répliqua Talysine. Vous n'avez pas eu l'esprit de deviner et de me faire arrêter; c'est maintenant moi qui vous arrête...

Le commandant, l'aide de camp et un capitaine qui avait crié à des marins, en parlant de Talysine : « Pas tant de façons! Liez-moi cet émeutier! » furent gardés en lieu sûr. Talysine fit prêter serment à la garnison, posta des sentinelles à tous les abords de la rade, fit charger les canons des batteries et se rendit sur le quai.

— La garnison n'est pas assez nombreuse, se dit Talysine. M'enverra-t-on du renfort?

La mer était couverte de vapeurs et la lune ne se montrait pas. Il fit une tournée d'inspection.

— Qui est en vigie? demanda-t-il.

— Avérianoff.

— Avérianoff, ouvre l'œil! Si on approche, dis de passer au large, sans quoi nous tirons. As-tu un porte-voix ?

— Non.

— Je t'en enverrai un, mais veille, petit !

18

A ce même moment, les visiteurs d'Oranienbaum apparurent; les vergues et les mâts noirs des
deux embarcations se dessinèrent dans la brume;
de légères vagues vinrent clapoter contre le bord.

— Ils jettent l'ancre, se dit Talysine.

Il fit connaître le signal convenu à toutes les batteries avoisinantes. Des échauguettes, on entendit
distinctement distribuer des ordres sur les navires,
ensuite mettre les chaloupes à la mer et retentir
des cris de femmes que, sans doute, on descendait
des galiotes et qu'effrayait la vue des flots.

Les deux chaloupes se dirigèrent silencieuse-
ment vers une pointe étroite et sablonneuse où
Avérianoff faisait le guet. On vit jeter une planche
de la chaloupe sur cette bande de terre doucement
inclinée et blanchissant dans les ténèbres. Pierre,
Munich et Goudovitch se disposèrent à aborder.

— Qui vive? cria hardiment Avérianoff.

— L'empereur! répondit Goudovitch.

— Nous n'en avons plus!

— Le voici l'empereur! dit Pierre qui déposa
son manteau et se montra à la proue dans son
uniforme blanc, j'ordonne qu'on me laisse passer
moi et ma suite.

— En fait de majesté, il n'y a plus que Sa Majesté l'impératrice Catherine! Et si vous ne partez
pas d'ici, le commandant vous enverra des boulets.

— En avant, sire, donnez-moi la main! repartit Munich. Personne n'osera résister au monarque. Vous n'avez qu'à vous faire voir à la garnison
et Cronstadt est à vos pieds.

Goudovitch et Ungern appuyèrent Munich ;
Pierre hésita ; il avait entendu des voix de femmes
éplorées. Ils virèrent de bord ; les navires reprirent
le large en si grande hâte qu'ils ne relevèrent pas
les ancres et qu'ils coupèrent les câbles avec des ha-
ches. Il était deux heures après minuit. Le vent se
leva et la mer devint houleuse. Pierre était assis sur
le tillac : sa suite formait des groupes qui chuchotaient à l'écart ; tous les visages étaient mornes.
On approcha du rivage ; l'aurore s'était levée.

— Abordons-nous à Péterhof, ou retournons-
nous à Oranienbaum ? demanda le maréchal.

— J'y vois clair maintenant, dit Pierre, et je me
repens de ne pas avoir suivi vos conseils. Comment
nous tirer d'affaire ?

— Partons pour Réval, nous y trouverons l'es-
cadre : de là, nous rejoindrons l'armée. Elle vous
accueillera avec transport. Vous reviendrez à sa
tête et Saint-Pétersbourg et l'empire seront de nouveau à vous.

Les dames s'en mêlèrent.

— Mais il n'y a pas de vent ! Ira-t-on ainsi à
rames jusqu'à Réval ? Les matelots vont être fatigués ! C'est affreux ! dirent-elles.

— Vous dites des sottises, répliqua Munich.
Nous avons des mains, nous ramerons.

Pierre aperçut devant lui la face décidée de ce
vieillard de fer et les minois suppliants des jeunes
femmes ; il ne sut à quoi se résoudre, ni qui écouter. L'air frais de la mer, l'excitation d'une nuit
d'inquiétude et d'insomnie l'avaient bouleversé.
Il aspira le parfum des sapins que la brise amenait

du rivage par bouffées. Ah ! que Pierre à ce moment eût voulu déjeuner, fumer sa pipe à son aise ! Hélas ! son tabac, il l'avait laissé à Péterhof, et pour tout festin, il dut se contenter de s'en représenter les attraits.

— A Oranienbaum ! ordonna-t-il à Goudovitch.

En abordant, Mirovitch tint l'échelle qui servit à Pierre à descendre.

Talysine constata avec sa lunette le retour à Oranienbaum de Pierre et de sa suite, et passa devant le petit promontoire sablonneux où Avérianoff continuait à monter la garde.

— Tu es un gaillard, lui dit-il.

Avérianoff présenta les armes. Ce brave garçon, originaire de Souzdal, n'était marin que depuis peu ; il n'avait cessé de regarder avec inquiétude, à travers la brume, du côté où avaient disparu les voyageurs nocturnes. Avérianoff, en religion frère Tiphile, mourut après une vie pénible, à l'âge de quatre-vingts ans. Il n'oublia jamais la nuit où il éloigna cet homme en uniforme blanc et la réponse qu'il lui fit :

— En fait de majesté, il n'y a plus que Sa Majesté l'impératrice Catherine ! Et si vous ne partez pas, on vous enverra des boulets !

XXII

La terrasse du château d'Oranienbaum retentissait du murmure d'une foule curieuse et inquiète. On disait que Pierre s'était enfermé dans son cabinet, qu'il avait appelé le vice-chancelier Galytsine. Il lui fit porter une lettre à Catherine : celui-ci la rencontra à Strélna. Sans attendre la réponse, Pierre en écrivit au crayon une seconde, et en chargea le maréchal du palais, Izmaïloff. On raconta, plus tard, que le hautain Izmaïloff, un gros lippu, à grandes oreilles, rencontra Catherine et son armée près du couvent de Saint-Serge, d'où Panine, craignant une descente de Pierre, venait de repartir avec vingt-quatre cavaliers pour Saint-Pétersbourg. Izmaïloff, en apercevant Catherine, tendit les rênes à son ordonnance, remit avec une affectation théâtrale le pli à la nouvelle Bellone, et s'agenouilla dans la poussière. Pendant

18.

que Catherine parcourait la lettre, dans laquelle
Pierre lui exprimait le vœu de terminer ses jours
dans une philosophique retraite, loin de toute
affaire, et lui demandait la permission de se retirer au Holstein, Izmaïloff, tête nue, remuant les
lèvres et les sourcils, réfléchissait à ce qu'il
dirait.

— Me prenez-vous, Majesté, pour un honnête
homme? dit-il.

— Certes, répondit Catherine.

— Quel bonheur d'être au service des sages!
Me permettez-vous... m'ordonnez-vous d'aller
prier Pierre d'abdiquer, et de vous l'amener ici
sur-le-champ? C'est le seul moyen de mettre fin à
toute incertitude, à toute alarme, aux calamités
qui nous menacent.

— Volontiers.

Izmaïloff fit un profond salut et remonta à cheval. A peine eut-il fait quelques pas, qu'il s'arrêta
et revint.

— Majesté, — dit-il en descendant de cheval —
puis-je compter sur une attention particulière de
votre part?

— C'est-à-dire?

— Puis-je, très-humblement, espérer que vous
me donnerez le domaine de Dédnovka?

— Mes serviteurs fidèles et zélés doivent toujours compter sur ma faveur.

Izmaïloff, triomphant, traversa à bride abattue
les colonnes de troupes qui avançaient dans la forêt et arriva à Oranienbaum.

— Ce n'est pas Munich — dit Catherine d'un

ton de mépris, en pensant à Izmaïloff — il n'est
pas à vendre lui !

Pierre signa son abdication et, accompagné de
Goudovitch et d'Élisabeth Vorontsoff, il partit en
cachette dans la voiture d'Izmaïloff pour Péterhof.
Il y dîna dans un pavillon du château, cerné par
trois cents grenadiers, fut de bonne humeur pendant le repas, plaisanta même, et après le dessert,
il envoya une troisième lettre à Catherine. Il lui
demandait de lui céder le château de Ropcha et de
lui permettre d'y envoyer son nègre Narcisse,
son chien Mops, son médecin Luders, son violon,
du vin de Bourgogne et du tabac, sa bible en allemand et une traduction française de *Tristram
Shandy* de Sterne, qu'il était en train de lire.

La nouvelle de l'abdication et du départ de
Pierre se répandit avec rapidité dans Oranienbaum. Les principaux dignitaires, profitant du
brouhaha général, se hâtèrent d'aller en secret, les
uns à Péterhof, les autres à Saint-Péterbourg, par
des chemins de traverse, quelques-uns aux châ-
teaux et aux fermes des environs. Mirovitch assista
à la panique, vit le trouble des courtisans, les
allées et les venues des serviteurs éperdus, les
longs visages pâles des officiers et des fonctionnaires. L'insolent officier aux cheveux roux, qui
l'avait insulté et pris par le collet la veille, était
maintenant assis, désespéré, sur une malle, près
de la porte, la tête dans ses mains, sanglotant
comme une vieille femme. Quelqu'un vint annoncer que les Cosaques allaient attaquer ce nid de
soldatesque étrangère, abhorrée du peuple.

— Où est Ungern? Se serait-il enfui comme les autres? se dit Mirovitch, en parcourant la cour déserte du château. Il aperçut une voiture qui emmenait les effets de l'un des courtisans; sans réfléchir, il sauta sur l'arrière-train et arriva ainsi au parc de Péterhof. Il se souvint du cheval de Bressant, qu'il avait laissé près de la chaumière d'un paysan finnois.

— Le cheval doit être restauré; je vais le reprendre, et avant la nuit, je serai à Saint-Pétersbourg.

Mirovitch s'enfonça dans le bois de Péterhof, qui se remplissait de troupes. Bien que la soirée fût venue, la chaleur était encore intense. Le visage de Mirovitch ruisselait de sueur. Ses jambes s'embarrassaient dans les hautes herbes. Il entendait le bruit des carrosses et des chars, le hennissement des chevaux, les chants des soldats qui encombraient les allées du château et les rues. Puis tout ce vacarme cessa; il s'était éloigné de Péterhof. La forêt l'enveloppa de son ombre et de la fraîche senteur des sapins. Des bruants et des alouettes venaient plonger dans les clairières parsemées de fleurs; des merles, au cri sonore, voletaient par-dessus les buissons. A travers le feuillage, le soleil colorait de ses rayons obliques les gros troncs moussus. A gauche, on apercevait une bande de la surface de la mer. L'habitation que Mirovitch cherchait était à une lieue de marche; il la distingua du haut d'un monticule et pressa le pas.

A peine eut-il traversé la route menant de Péterhof à Gostilitsa, qu'un bruit de roues et la voix retentissante d'un courrier qui criait : Gare! vint frapper ses oreilles.

— C'est sans doute l'équipage de quelque personnage, qui cherche à tirer son épingle du jeu, pensa-t-il.

Il passa de l'autre côté de la route et s'enfonça dans le bois. En bas, dans la plaine, une large berline à huit chevaux, aux armes impériales, s'embourbant jusqu'aux moyeux dans le sol argileux et mouvant, se traînait avec peine malgré les hue et les coups de fouet. Les portières en étaient fermées, les stores baissées; des grenadiers, l'arme au bras, se tenaient sur le siège et sur le marche-pied. Devant, derrière et de côté, à distance, chevauchaient des hussards, et parmi eux quelques officiers de la garde. Mirovitch reconnut avec stupéfaction Théodore Bariatinsky, Bascakoff et Passek. Il vit, mettant la tête à la portière, Alexis Orloff, le Balafré, avec son entaille sur la joue.

— Qu'est-ce que cela signifie? Orloff, Bariatinsky et... Passek? Lui qui avait été arrêté? Les emmène-t-on, ou accompagnent-ils quelqu'un? se dit-il.

La voiture et l'escorte passées, Mirovitch sortit du taillis; il entendit bientôt un nouveau roulement. C'était un char de paysan; un homme en descendit, gravit un tertre tout en s'entretenant avec le charretier. C'était bien la face jaune, imberbe, flasque de Sélivanoff, le riche industriel chez lequel Pierre était entré au mois de mars, près de Schlusselbourg, et que celui-ci avait invité à Oranienbaum! Mirovitch s'avança.

— Avez-vous vu ? on l'emmène, dit Sélivanoff.

— Qui donc?

— Pierre, notre gracieux maître!

— Pas possible ?

— Lui. Je l'ai aperçu au fond, au coin!

— Que veut dire tout cela?

Mirovitch raconta à Sélivanoff les événements survenus dans la journée. Le sectaire, dont les yeux ternes comme du plomb trahissaient l'effroi, se découvrit et se signa.

— Que Dieu lui vienne en aide et lui fasse grâce! — Il n'aurait qu'un mot à dire, lui l'empereur, à ses fidèles sujets! dit-il.

— Puis-je vous demander un service?

— Lequel?

Mirovitch le pria de le conduire jusqu'à l'endroit où il avait laissé son cheval.

— Ton cheval, oublie-le! Tu dis qu'il est arrivé des troupes ici, un tas d'insolents compagnons! Partons pour Saint-Pétersbourg; car à Cronstadt on doit y être aussi sens dessus dessous. Nous descendrons chez un confrère. Nous ne suivrons pas la grand'route, mais des chemins de traverse.

Mirovitch monta dans le char de Sélivanoff. Ils longèrent le rivage et atteignirent la capitale à la tombée de la nuit; ils se rendirent au port où demeurait un tanneur, l'ami de Sélivanoff. Au même moment, les troupes, leurs mousquets couronnés de feuilles de chêne, rentraient triomphalement par la porte de Narva, après leur campagne de Péterhof. La musique n'avait pas cessé de

jouer pendant toute la route. Catherine revint à
Saint-Pétersbourg sur son même cheval blanc,
tout poudreux. Le murmure des cloches s'associa
aux sons de la marche militaire et aux cris de la
foule; les portes des églises étaient grandes ouvertes ; les prêtres, vêtus des ornements sacerdotaux des grandes solennités, officiaient devant les
autels flamboyants de cierges et priaient pour l'armée victorieuse qui avait consolidé le trône.

— Réjouissez-vous ! pensa Mirovitch avec
amertume.

Avant de quitter Péterhof, Catherine écrivit à
Nicétas Panine de prendre sans délai la direction
des intérêts de la politique intérieure et secrète
qu'avaient eue en mains, après Ungern, Narychkine et Volkoff et de remplacer auprès du détenu
de Schlusselbourg Jikhareff par Siline.

La lettre était cachetée et expédiée lorsque Catherine donna l'ordre de rattraper le courrier; elle
lui en remit une seconde à l'adresse de Siline,
contenant des instructions de la plus haute portée;
elle avait écrit de sa propre main sur le pli : *D'une
importance et d'une urgence extrêmes.*

XXIII

La nouvelle de la révolution sembla ne pas être parvenue à la connaissance des personnes qui habitaient la maison de campagne de Goudovitch.

— Ne sauraient-ils pas où nous nous trouvons? se dit Jikhareff; à un pareil moment, cela ne doit pas étonner!

Il posta des sentinelles à toutes les issues du corps de logis; lui-même ne sortait pas de son appartement depuis deux jours.

La mère de Goudovitch avait été la veille à Saint-Pétersbourg avec ses filles ; elles y retournèrent encore une fois après le dîner; on attendit vainement leur retour pendant toute la soirée. Les domestiques se dirent que leur vieille sorcière et ses filles avaient été arrêtées et qu'elles en pâtiraient; la valetaille brûlait de quitter la maison et d'aller où tout le monde courait.

— Pourvu que nous ne nous attirions pas des ennuis en restant ici ? L'impératrice saura tout. On nous en voudra, fit un vieux cuisinier qui se rappelait l'époque de Pierre Ier et ses supplices.

Il jeta son bonnet et son tablier, passa son habit et sortit.

— Elle fera faire une liste, ajouta un valet d'écurie, gare à ceux qui auront été en retard ! on leur demandera pourquoi ? Les premiers arrivés ne seront plus serfs !

Les autres serviteurs se regardèrent, amenèrent des chevaux dans la cour et prirent l'un après l'autre la clef des champs.

C'était à la tombée de la nuit. Jikhareff fit un tour dans le jardin et revint écrire un rapport au grand maître de police à qui il demandait des instructions.

— Au moins me rappellerai-je ainsi à son souvenir ! pensait-il.

Il n'avait pas achevé qu'il entendit une voiture approcher de la maison et s'arrêter. On parlait devant la porte. Des pas précipités retentirent ; des éperons résonnèrent ; une femme de chambre accourut effarée.

— Il vient d'arriver quelqu'un, on relève la garde, on vous demande ; des hussards !... dit quelqu'un à Jikhareff.

Celui-ci ceignit son épée et s'élança dans l'antichambre. Un général, au nez plat comme celui d'un Kirghize, grêlé, alignait les hommes de son escorte.

— Le major Jikhareff ?

— C'est moi ; et vous, permettez-moi de vous demander ?

— Je suis Siline. Où est le détenu ?

— Pourquoi cette demande ? Où sont vos ordres ?

— Pas d'observations ! mes ordres, je les ai reçus de Sa Majesté l'impératrice, seule souveraine à partir d'aujourd'hui !

— Ces ordres, montrez-les-moi, vous devez les avoir par écrit, — répliqua Jikhareff-dégainant son épée et se plaçant devant la porte. — Est-ce que je sais moi qui commande aujourd'hui ? Que ne peut-il se passer par le temps qui court ? En ma qualité de prévôt, j'ai seul mon mot à dire ici, et je vous prie de vous retirer.

— Lisez.

Jikhareff s'inclina, la femme de chambre s'enfuit au jardin.

— Il a voulu me menacer, le petit ! Vous habitez ici en famille, pas de barreaux aux fenêtres et du sexe à proximité pour chasser vos ennuis ! On sera informé en haut lieu de ces relâchements de la discipline, de ces contraventions au règlement.

— Je n'ai rien fait contre mes ordres et la consigne, répondit Jikhareff. Quant à ces malhonnêtes parvenus, quel que soit leur rang, quant à ces faiseurs d'embarras, protégés par des personnages puissants, nous les connaissons et nous rabattrons leur caquet. Croyez-vous que vous me faites peur ?

Jikhareff tira une clef de sa poche et la posa sur la table. Siline pénétra dans la pièce voisine et ouvrit une porte. La vue de ces gens armés effraya Jean.

— Que me voulez-vous ? dit-il.

— Je viens vous chercher, par l'ordre de Sa Majesté l'impératrice, veuillez me suivre.

— Va-t'en ou je te fends la tête, répliqua le prince.

Il s'empara d'une chaise. Siline se retira jusqu'au seuil et donna un signal; des soldats, le sabre à la main, se jetèrent sur Jean.

— Vous n'oserez pas ! Je suis votre empereur ! cria-t-il.

La femme de chambre qui, du jardin, assistait à cette scène ne vit plus rien; les uniformes des soldats qui allaient et venaient derrière les fenêtres l'en empêchèrent.

— Vous êtes sans pitié, général, s'écria Jikhareff. N'oubliez pas qui est ce jeune homme !

— Vous allez voir, tas de pleutres, dit Siline. Empoignez-le-moi et qu'on me le lie lestement, là !

On entendit un bruit de meubles, et de vitres brisées; on vit par-dessus les têtes et les épaules des soldats une main blanche s'agiter, un genou se débattre convulsivement et disparaître ; on entendit les pas pesants des hommes qui s'éloignaient emportant précipitamment quelqu'un qui menaçait et criait, puis tout rentra dans le silence.

La femme de chambre courut à la porte cochère. Une voiture partit suivie d'une escorte de cavaliers et soulevant des tourbillons de poussière. Il n'y avait plus personne aux environs, ni dans la maison, ni dans la cour ; Siline avait expédié les gardiens en ville, et emmené Jikhareff, avec le prisonnier. La femme de chambre se rendit à la campagne des Ptitsyne ; arrivée près du jardin, elle se retourna et leva les mains au ciel. Du côté d'où elle était venue, par-dessus les arbres sur un fond de nuages, une lueur rougeâtre augmentant d'intensité, s'étendait au loin sur l'île de Kamenny-Ostroff et les environs.

A ce moment, le bac, à Koltovskoy, allait démarrer ; c'étaient des ouvriers des usines du voisinage, des maraîchers, des bourgeois qui regagnaient leur logis.

Près de là, une voiture était arrêtée ; les deux personnes assises n'en descendaient pas. Toutes ces gens contemplaient la rougeur du ciel.

— On n'a pas besoin de lanterne maintenant ! On retrouverait une aiguille ! disait-on.

— Comme ça chauffe ! Quelles étincelles ! Quelle fumée !

— Où est l'incendie ?

— Dame ! je n'en sais rien.

— Ce sont des Allemands qui illuminent !

— C'est la campagne des Goudovitch.

La foule se rua vers la rive.

— Serions-nous arrivés trop tard, Ouchakoff ? demanda Mirovitch à son compagnon.

— C'est ce qui leur est réservé à tous, attendez un peu seulement ! grommela un robuste paysan en guenilles, qui tirait le câble de ses mains calleuses.

— Quel mal a-t-il donc fait Goudovitch ? hasarda un vieux maraîcher. Un si aimable seigneur, un si bon homme !

— Le diable et l'Allemand sont de même race !

— Tu verras bien autre chose, mon vieux ! On plantera demain des gibets devant le Sénat et on pendra tous nos ennemis, tous ceux qui nous font tort, oui tous !

— La Russie s'est décidée à marcher, à présent gare !

Le bac alla aborder à l'autre rive. La voiture continua sa route et entra dans la forêt que pénétrait l'âcre odeur de l'incendie; arrivés à une prairie près du bord, Mirovitch et Ouchakoff se dirigèrent à pied vers le lieu du sinistre.

— A qui appartenait cette propriété ? demanda Mirovitch.

— A Goudovitch.

— Et les gens de la maison ?

— Dame ! ils y auront laissé leurs grègues, à moins qu'ils ne les aient sauvées.

Mirovitch entendit quelqu'un qui pleurait; c'était la femme de chambre, assise sur l'herbe et entourée des servantes de la famille Ptitsyne.

— Lui, on l'a emmené ! raconta-t-elle.

Le jour naissait. Des grelots et des clochettes retentirent; c'étaient les sapeurs-pompiers, précédés d'une patrouille de cosaques, qui accouraient.

XXIV

De nouveaux astres s'élevèrent à l'horizon de la
nouvelle cour ; on courait se réchauffer à leurs
rayons riches de promesses ; on quêtait l'attention
des heureux du jour, un regard, un sourire, une
parole ; on les saluait bien bas : ce n'étaient que
démonstrations d'amitié, offres de services. Le
nom des frères Orloff, jusqu'ici inconnus et pauvres, avec ceux de Nicétas Panine, de Catherine
Dachkoff et du secrétaire de l'impératrice, Grégoire Téploff, furent sur toutes les lèvres, dans la
société de Saint-Pétersbourg.

Le 5 juillet, le sixième jour de son règne,
Catherine fit appeler à son palais d'été de la Fontanka le précepteur de son fils, Nicétas Panine, qui
devait avoir désormais, entre autres fonctions
importantes, la direction des affaires dites secrètes.

Midi approchait. L'impératrice congédia le grand maître de police, le maréchal du palais et deux ou trois généraux, mit quelque ordre dans les paperasses accumulées pendant ces derniers jours sur son secrétaire et deux tables à jeu, apportées exprès dans son cabinet. La veille, elle avait de son propre mouvement donné l'ordre au Sénat, dans l'intérêt d'une prompte expédition des affaires, de tenir les séances dans une des ailes du palais. En attendant Panine, Catherine nettoya ses mains tachées d'encre et donna des biscuits à ses petits chiens, qui se prélassaient sur des coussins de soie, près de son lit.

Nicétas Panine était un homme de quarante ans, flegmatique et paresseux. Il avait été pendant quelques années employé au service diplomatique en Danemark et en Suède ; depuis deux ans, il surveillait l'éducation du fils de Catherine dont « il devait préparer le cœur pour le temps où il aurait l'âge mûr ; il était chargé de lui inculquer des principes de vertu, de lui faire aimer la simplicité en l'éloignant des inutilités du luxe et des adulateurs qu'il aurait toujours l'occasion de connaître. »

Panine poudrait rarement ses épais cheveux blonds dont il laissait négligemment croître les boucles frisées. Il marchait en se dandinant sur ses jambes molles, portait un large habit de velours bleu à paillettes, parlait lentement, peu volontiers, en abrégeant. Il avait respiré l'air de ces pays, dont les peuples avaient conquis, par leur travail opiniâtre et leur modération, de larges libertés

municipales; il rêva de les appliquer à la Russie;
il était sincèrement libéral.

Du vivant d'Elisabeth, Catherine avait appris
à faire grand cas du mentor de son fils; elle
l'estimait et chercha à s'assurer de sa sympathie;
elle l'aimait cependant moins qu'elle ne le craignait. Le trouvant maintenant au nombre de ses
aides les plus sages et les plus dévoués, elle l'ho-
nora de ses attentions, quoique, dans son for intérieur, il lui en coûtât de s'avouer à elle-même
l'immense service qu'il lui avait rendu dans l'entreprise qui venait de se terminer si heureusement pour elle.

Le bruit courut que Catherine n'avait accepté
le trône que jusqu'à la majorité de son fils et que
Panine ne lui avait prêté son concours qu'à la
condition d'introduire en Russie la forme de
gouvernement adoptée en Suède. Le « projet
Suédois » de Panine fut désormais le sujet des
conversations dans les cercles qui n'avaient rien
de commun avec la cour; au palais, il se fit autour
de lui un respectueux silence.

A midi moins un quart, plusieurs gentilshommes faisaient antichambre, devant le cabinet de
l'impératrice, entre autres Olsoufieff, qui portait
une liasse de papiers sous le bras, Izmaïloff, qui
se mordillait les lèvres et haletait à la pensée
d'obtenir par écrit son titre de propriété, Betsky,
en souliers à talons rouges, l'hetman Razoumovsky, qui s'était fortement enrhumé pendant le re-
mue-ménage de ces derniers jours; près des fenêtres
d'où l'on apercevait la foule des oisifs qui se pro-

menaient au jardin d'été, se tenaient des officiers de la garde, Brédikhine, Hitrov et le héros du jour, Alexis Orloff.

— Elle est singulière, l'époque que nous traversons! dit celui-ci.

— Dans quel sens? demanda nonchalamment Brédikhine.

— Les belles sont comme rentrées sous terre ! Combien y a-t-il de temps que je cherche à en découvrir une parmi toutes ces élégantes! On dirait que le vent les a dispersées. Qui veut prendre femme doit aller à Moscou.

— Et celle-ci, s'écria Hitrov. Es-tu aveugle, Alexis ? Quelle reine !.

— Où donc est-elle ?

Je veux parler de cette femme habillée en rose et suivie de son négrillon qui lui porte son parasol ! Elle est de mon goût.

— Je remarque beaucoup, beaucoup de choses, chuchota Izmaïloff à l'oreille d'Olsoufieff. J'ai remarqué l'avènement d'un triumvirat. Nous autres petites gens, nous restons dans l'obscurité ; eux, seront comblés d'honneurs, de titres et de biens.

— De qui parlez-vous ?

— J'ai assisté hier au baise-main. Entre ce singe de Suédois de Panine ; il jette un regard à Orloff, à l'hetman et dit à l'impératrice : Je me permets très humblement de prier Votre Majesté de rendre la liberté à Volkoff, enfermé dans la forteresse.

— Eh bien ?

— Volkoff sera relâché. Panine est un hypocrite comme on n'en a jamais vu.

— Voyons, voyons !...

— Ma parole ! et je le lui dirai en face, à ce misérable !...

Izmaïloff n'acheva pas. Toutes les têtes, tous les yeux s'étaient tournés avec une amicale déférence vers Panine, qui entra en se balançant sur ses hanches, un portefeuille sous le bras. Il souhaita le bonjour à l'hetman, au reste de l'assemblée, échangea quelques mots avec Betsky et s'assit lourdement, rompu de fatigue, dans un fauteuil. Il regarda d'un air distrait et ennuyé l'horloge qui était au-dessus de la porte du cabinet. Izmaïloff vint faire un profond salut à Panine.

— Votre projet rendra immortel celui qui l'a conçu, lui dit-il. Quant à vos ennemis qui vous calomnient, j'ai des raisons pour vous donner ce conseil : Ne les épargnez pas, non, ne les épargnez pas! Moi qui suis dévoué à ma patrie, qui rends tous les jours grâce à Sa Majesté...

L'horloge grinça et sonna bruyamment midi. Aussitôt après, le timbre argentin d'une sonnette retentit. Un valet de chambre entra, sortit et revint s'adresser à Panine. Celui-ci se leva gaiement. Il rayonnait.

— Ainsi donc, cher ami, un Folkething et une chambre de hauts dignitaires, dit l'hetman qui cligna les yeux et lui serra la main.

— Ce qui dépendra de moi, je le ferai; j'exposerai tout, fidèlement, à Sa Majesté.

Catherine, assise sur un fauteuil de soie blanche près d'une table à écrire et à colonnes torses, tournait le dos à la porte.

— Eh bien ! Panine, qu'y a-t-il de nouveau ? Le Sénat est-il satisfait de son transfert dans un des pavillons du palais? dit Catherine.

Panine s'évertuait à ouvrir le portefeuille à serrure secrète, que lui avait remis Téploff.

— Laisse donc cela ; tu t'occuperas après de tes papiers. Sais-tu de quelles affaires j'ai hérité? continua-t-elle.

— Je l'ignore, Majesté : le Sénat s'occupe à dresser le tableau de toutes les affaires urgentes et importantes de l'empire.

Catherine ouvrit une petite tabatière en émail, prisa et la tendit à Panine.

— En fait de nouvelles, dit-elle, j'apprends que les troupes qui opéraient en Prusse ont un arriéré de solde de six mois à recevoir, et cela, en présence de l'ennemi, à l'étranger ! A la caisse de l'Etat, on a trouvé des ordres de payer pour une somme de dix-sept millions auxquels il n'a pas été donné suite ! Il y a soixante millions de pièces de monnaie en circulation et douze espèces de frappe, de valeur, de titre différentes ! Comment se retrouver dans ce dédale financier. Dans les provinces, les paysans de l'Etat et du clergé sont presque tous soulevés. Mais ceux de la noblesse sont tranquilles ! Pardon, objecteras-tu, il n'arrive de ceux-là également que de tristes nouvelles ; dans certaines localités, ils font cause commune...

— Le conseil de l'empire, en sa qualité de premier corps de l'Etat,—... ou le Sénat, négligé dans ces derniers temps... fit Panine.

— Toujours ce Sénat! Tu es sénateur et tu ne t'es guère jusqu'ici occupé que de mon fils. Qu'ont fait les autres, en réalité ? D'après les rapports du procureur général, le Sénat au grand complet est resté six semaines à lire, et d'un bout à l'autre, le dossier d'une contestation de pacages de la ville de Mossalsk. Cela ne serait rien encore. La Russie en voit bien d'autres! Mais entre eux, les sénateurs rivalisent, se combattent; de là des coteries, pendant que les affaires sont menées par la chancellerie. Un proverbe ne dit-il pas qu'un ordre du Sénat n'est pas le dernier mot.

Panine s'essuya le front, prit une physionomie plus attentive, ramena ses jambes et rapprocha son fauteuil de la table.

— Il est difficile, Majesté, dit-il, de gouverner de Saint-Pétersbourg des provinces aussi lointaines. Cette faute, qui n'est pas la nôtre, pourrait être réparée par de sages mesures tirées de l'expérience.

— Blâmons Pierre le Grand, n'est-ce pas? La source du mal n'est pas là. Le Sénat nomme des généraux et ne possède pas la liste des villes de la Russie; je l'avais demandée à Gléboff; il m'a avoué qu'il n'en existait pas. De carte de l'empire, dans l'édifice du Sénat, pas davantage! C'est moi qui ai envoyé Téploff à l'académie des sciences chercher les cartes géographiques, que j'ai distribuées aux sénateurs.

Panine s'inclina et levant les bras au ciel :

— Alors, Majesté, dites, que devons-nous faire ? s'écria-t-il.

— Nous avons oublié l'enseignement de Pierre Iᵉʳ. Etudions, tous, tant que nous sommes ! C'est le savoir qui grandit. Tu me ressasses ton régime suédois. J'ai foi en ta sincérité, mais à quoi bon des lois, lorsque l'on ne les exécute pas ? On donne des conseils aux monarques ! Fort bien, mais qui sont ces conseillers? Quel cas les nobles font-ils de leurs serfs ? Exactions, dilapidations, recouvrements forcés, et même les armes à la main, fuite de milliers de familles ; je ne vois qu'iniquités et concussions. L'agriculture se ruine, or, pas de labours, pas de velours. J'emploirai mes forces à mettre fin à tout cela, j'introduirai un code rural et municipal, un code commercial... Puis, avec l'aide de Dieu, le terrain déblayé, je convoquerai les Etats qui rédigeront une charte.

— Votre règne, Majesté, sera immortalisé par une série de grandes et belles choses !

— Elisabeth et son neveu ont amassé de l'argent ; les économies du Trésor leur appartenaient. Il n'y aura pas de divergence entre mon avantage et celui du pays.

— Voilà de mémorables paroles, Majesté ! dit Panine en s'inclinant bien bas, tout en jetant un regard involontaire sur le petit pied de Catherine, chaussée d'une pantoufle bleue. Elles seront inscrites en lettres d'or dans les annales de l'histoire.

— Mais de quelles affaires as-tu à m'entretenir, grand référendaire ?

— De celles de la commission secrète relative à Jean...

— Où l'a-t-on emmené?

— Entre Schlusselbourg et Kexholm, sa nouvelle destination, il lui est arrivé un accident.

— Lequel?

— Une tempête sur le lac Ladoga a fait échouer l'embarcation. Il a été sauvé, mais non sans peine.

— Quel triste sort! Où est-il, maintenant?

— Siline a écrit hier, qu'ils attendaient un nouveau navire de Schlusselbourg, et qu'il avait envoyé une estafette au château de Kexholm. Le prisonnier a été agité pendant toute la route; il s'est démené, il a menacé, il a voulu se battre. Siline l'a lié deux fois, l'a enfermé dans la cale. Pendant la tempête, lorsque le mât s'est cassé et que la galiote a commencé à faire eau, Jean a arraché ses liens et est monté sur le pont; il a essayé de soulever les matelots : « Je ne suis pas un homme du commun, c'est moi qui suis l'empereur, » criait-il. Il s'était jeté à l'eau; les matelots l'ont ramené à bord. Le prévôt écrit qu'il demande à porter les vêtements dont on lui a fait présent.

— Accordé!

— Il demande des livres.

— Des livres?

— Oui.

— Qu'on lui en donne. Ce serait par trop de vexations.

— Quant à des promenades aux environs du château, le règlement les interdit.

— Accordons-les-lui, Panine, j'ai le cœur serré. Jean me fait pitié, et puis, il est le souffre-douleurs de notre famille depuis tant d'années !

— Son extérieur est sympathique et intéressant ; il cherche à s'instruire.

— Panine, que faire ? il m'en coûte autant de penser à lui que d'en parler. Faut-il permettre à son père de retourner dans son pays ? On dit qu'il est devenu aveugle à Kholmogory. Faut-il laisser partir le père et le fils ?

Panine regarda Catherine, essayant de deviner sa pensée ; voulait-elle alléger le sort de Jean, ou prendre à son égard toute autre combinaison de politique transcendante ?

— Les conséquences pourront en être graves, déplorables ! répartit Panine, surpris lui-même de la dureté d'une réponse qui était loin d'exprimer sa pensée.

— Eh bien, non alors ? dit Catherine.

— Dieu vous en garde ! Votre pouvoir veut être fort...

— Il le sera toujours avec des serviteurs comme ceux-ci...

Elle ouvrit un tiroir et en sortit un pli décacheté.

— Voici une lettre de Bestoujeff, le chancelier de ma tante, reprit-elle ; ses ennemis l'ont renversé. Cassé, déclaré publiquement parjure, vieilli dans les scélératesses, traître, condamné à mort ! Il a passé trois longues années dans une cabane enfumée, vêtu comme le dernier des paysans. Mais le génie du comte est vivant, il reparaîtra à côté de mon trône, avec tous les honneurs qui lui sont dus. Voici sa lettre. Sais-tu ce qu'il s'est empressé de répondre aux lignes que je lui ai adressées le jour de mon avènement?

— Le comte est un prodige de sagésse, dit Panine. Il ne jette pas ses paroles au vent; dans son isolement, son esprit aura été travaillé par de hautes pensées, par de vastes projets...

Catherine observa Panine, cherchant à son tour à deviner si c'était l'adroit courtisan qui avait parlé ou l'homme d'Etat à convictions arrêtées et partageant avec sincérité les idées de sa souveraine.

— Bestoujeff conseille de ne pas oublier Jean, continua Catherine.

— Le conseil est sage et dénote un bon cœur, fit Panine.

— Il recommande de se soucier de son éducation, d'adoucir cette sauvagerie de mœurs, fruit d'une longue détention, puis de l'introduire avec ménagement à la cour et de le présenter au peuple.

— Pourquoi cela? Quels motifs de haute politique?...

— Le comte pense réconcilier ainsi et réunir dans la personne de Jean les deux branches d'une même grande famille, aujourd'hui divisée, toutes deux également chères à la nation, les descendants de Pierre Ier et ceux de Jean, son frère.

— Et le but de ce plan?

— Pierre, mon époux, demande à retourner dans le Holstein! Impossible de le garder à Schlusselbourg. Il faut prendre une décision. Un divorce est imminent. Je n'ai qu'un seul fils. Ce ne sont là que des projets, bien entendu. Mais dans l'intérêt du pays, et du trône...

— Quel aveuglement, Majesté! Reconnaître à Jean les droits de prince du sang? Est-ce là le conseil du comte? Ce jeune homme honni, oublié! Sacrifier le bonheur de sa famille, ses propres intérêts...

— Merci pour les sentiments dont tu es animé envers moi et mon fils. Mais laissons cela!

Panine soumit à l'impératrice diverses propositions de la commission des prisons, au bas desquelles elle apposa sa signature. Cela fait, Catherine le congédia gracieusement.

— Et ton projet? Comment a-t-il été reçu? demanda-t-on à Panine.

— Je n'ai pas eu le temps d'en faire mention, répondit-il.

— De quoi a-t-il été question?

— C'est un puits de sagesse! Elle pense à tout... A ceci, à cela, au passé, au présent, à l'avenir...

La porte du cabinet s'ouvrit brusquement. Catherine salua de trois révérences les personnages réunis autour d'elle:

— Ne troublons pas la tranquillité présente par des réminiscences du passé! leur dit-elle. Que tout ce qui chagrine ou irrite soit oublié! Le comte Bestoujeff, auquel je viens d'écrire, reviendra mettre à notre service ses talents et son expérience...

Catherine, suivie de Grégoire Orloff, de la princesse Dachkoff, de l'hetman et de Panine, passa dans la salle à manger, laissant derrière elle ces têtes poudrées, ces courtisans chamarrés, décorés, et enrubannés.

Le projet de Panine, comme le comprirent les assistants, était à tout jamais enterré.

XXV

La cour était en ébullition; tel bruit, qui aujourd'hui préoccupait tout le monde, faisait le lendemain place à un autre bruit tout aussi imprévu. L'impératrice était assiégée de nouveaux et d'anciens amis, mendiant le plus clandestinement possible, celui-ci un grade, cet autre une décoration, un domaine ou une rémunération quelconque. Les derniers partisans et défenseurs de Pierre venaient, comme des brebis sautant par-dessus un ruisseau, faire l'un après l'autre acte de soumission. Pierre, — dit son ami Frédéric, roi de Prusse, — s'est laissé renverser du trône, comme un enfant qu'on envoie coucher.

— Vous, comte, vous vous êtes entêté à me combattre, dit Catherine à Munich, lorsque le vieil ami de son époux vint se présenter à elle après la prise si inattendue d'Oranienbaum.

— C'est vrai, gracieuse souveraine ! répondit avec gravité le vieux feld-maréchal des impératrices Anne et Elisabeth, j'aurais voulu me sacrifier pour le monarque qui m'avait rendu la liberté et la vie. Mon devoir aujourd'hui est de servir votre divine Majesté !

— Il y a loin de moi à Dieu, avouez-le ! ajouta l'impératrice, je fais cas de votre mérite et des services que vous avez rendus à mes prédécesseurs ; les portes de mon cabinet vous sont désormais ouvertes aux heures où je me délasse de mes travaux.

Les récents adversaires de Catherine cherchèrent à l'envi à gagner les bonnes grâces de la nouvelle cour. Catherine écrivit à son secrétaire Elaguine :

— « As-tu mandé aux parents d'Elisabeth Vorontsoff qu'elle n'ait pas à se faire voir au palais ; je crains qu'elle n'y vienne demain, à la grande indignation de tous ! » — L'impératrice lui écrivit encore ces mots au sujet des demandes de secours dont l'assaillaient ses anciens partisans : — « Dis aux chambellans Lasounsky et Roslavleff que puisqu'ils m'ont aidée à remédier à la situation de leur pays, ce sera sans chagrin, je l'espère, qu'ils entendront ma réponse : il m'est en vérité impossible de leur distribuer de l'argent en ce moment, comme tu le sais toi-même. »

L'ode de Lomonossoff, en l'honneur de l'impératrice ne reçut qu'un froid accueil. On la trouva trop franche ; on n'en parla presque pas. On trouva que ce vers :

« Puisses-tu, Paul, atteindre l'âge d'homme ! »

contenait une allusion déplacée.

Ceux-ci déplurent également :

> « Gardez-vous bien, magistrats, juges, rois,
> De jamais attenter aux lois. »

Le départ annoncé de l'impératrice et de la cour pour Moscou, où devaient avoir lieu les fêtes du couronnement au mois de septembre, devint bientôt l'unique sujet des conversations.

Mirovitch, étourdi de ce qui venait de se passer autour de lui, vit ses espérances déçues, ses projets renversés. Il n'avait pas réussi à prévenir le triste sort de Pierre, sur la faveur duquel il avait tant compté ; Jean était de nouveau enfermé et cette fois, sans doute, pour toujours. Mirovitch se fit d'amers reproches ; il avait prêté son concours à Catherine, lors de son entrée à Saint-Pétersbourg, il n'avait su ni faire part à Pierre de ce qui se tramait contre lui, ni rendre un dernier service à Jean, lorsqu'on vint l'enlever chez Goudovitch.

— Misérable destinée ! quand seras-tu pour moi une mère et non une marâtre qui me frappe sans cesse ! se disait-il.

Il ne restait à Mirovitch qu'une espérance, revoir Polixène ! Qu'attendait-il de cette rencontre ? Une soif de chaude sympathie, de compassion, d'échange de pensées avec un être aimé sur des plans de bonheur disparus et perdus à jamais, le tourmentait, l'irritait, évoquait en lui mille chimères.

Ouchakoff, en le ramenant du théâtre de l'incendie chez Sélivanoff, lui avait dit que les francsmaçons s'étaient remués et que les membres épars de cette confrérie se disposaient à se concerter en assemblée secrète. Il avait appris où et chez qui cette réunion devait se tenir et s'était promis de s'y trouver.

Les Holsteinois disparurent ; on les arrêta en masse et on les expédia sur des barques à Cronstadt et de là dans leur pays. Mirovitch apprit que l'incertitude générale et l'incendie de la campagne de Goudovitch avaient obligé Polixène et les Ptitsyne à se rendre à la hâte en ville ; il éprouva aussi le besoin de visiter Anastasie qu'il n'avait pas revue depuis la veille de l'avènement de Catherine. Comme déserteur, il n'osa s'aventurer dans les rues et se cacha près du port dans la maisonnette de l'ami de Sélivanoff. Mirovitch lui raconta son passé, les tribulations de sa famille, l'abandon de ses pauvres sœurs vivant du pain d'autrui à Moscou et qu'il n'avait pas vues depuis huit ans. Il restait de longues heures sur sa chaise ou bien dans son lit, lorsqu'une nuit, un peu avant l'aube, il fut réveillé brusquement par des voix qui chantaient dans la pièce voisine sur un ton plaintif : « Blanche colombe... etc., etc. »

Mirovitch se ressouvint avec horreur des récits de ses camarades sur la secte abominable dont l'existence venait d'être constatée dans l'armée à son retour de l'étranger. Il sauta du lit, prêta

l'oreille, s'habilla, sortit de la maison et regarda
par la fenêtre. Des paysans à barbe hérissée, des
boutiquiers, des soldats, des matelots, étaient assis
sur des bancs dans une chambre éclairée par des
cierges. Au milieu, un enfant blond et complète-
ment nu, au visage inquiet, était debout devant
un bassin. Les yeux sauvages de Selivanoff
étaient fixés sur le petit innocent; il avait un
couteau à la main. Les sectaires, dans l'ivresse de
leur féroce extase, chantaient et balançaient en ca-
dence leur tête et leurs membres, les yeux à demi
fermés. Mirovitch passa par-dessus la clôture et se
rendit à pas précipités à Saint-Pétersbourg. La
psalmodie lugubre de ces fanatiques qui allaient
verser le sang de cette victime expiatoire, résonna
à ses oreilles pendant toute la route.

Il faisait jour lorsqu'il arriva chez Ouchakoff.
Un serviteur lui dit que son maître n'avait pas
passé la nuit à la maison et que lui-même, Mirovitch, était invité à comparaître devant ses supérieurs. Mirovitch se jeta exténué de faiblesse sur
le lit de son ami et s'endormit d'un sommeil profond. Il ne se réveilla que dans la soirée et alla
chez Anastasie Bavykine.

Du perron, il entendit parler avec animation
dans la chambre de la vieille. On s'y fâchait et
puis on se taisait, on frappait du pied ou on pleurait; c'étaient Polixène et Anastasie. Il entra; les
deux voix se turent.

Polixène, les lèvres serrées et rajustant sa tresse,
prit sans proférer un mot son chapeau et un petit

paquet et s'élança vers la porte. Il lui barra le passage.

— Vous osez! Laissez-moi, dit-elle à Mirovitch.

— Réconciliez-vous, s'écria Anastasie. A tout péché, miséricorde !

— Polixène! J'ai fait mon possible, je vous le jure.

— Vous avez passé des jours et des nuits, misérable étourdi, à jouer aux cartes et tout est perdu, tout. Je n'attendais de vous qu'un seul service ! Vous avez vu l'empereur, Ouchakoff m'a tout rapporté, et vous ne lui avez pas remis votre papier ! On l'a retrouvé chez Goudovitch ; c'est vous maintenant, imbécile, qui aurez à répondre de votre maladresse.

— On a retrouvé cette pièce ?

— Oh! que n'ai-je couru moi-même ? Moi, une femme, une fille, je vous juge. Vous avez manqué à tout, à ce que vous deviez à votre souveraine, à votre drapeau, à celle que vous disiez aimer ; le jeu vous a fait tout oublier. Vous ne m'aimez pas, vous ne m'avez jamais aimé ! Tout cela, est-ce de l'amour ?

— Condamnez-moi, déchirez-moi le cœur ! Est-ce à vous d'être aussi impitoyable ? Ah! si vous connaissiez mes tourments ! Donnez-moi un conseil. Vous savez mon attachement pour vous; vous savez qu'il me répugne de manifester ma tendresse, mais je vous jure...

— Vous êtes ridicule ! Qu'ai-je à faire de vos pauvres sentiments ? sot que vous êtes !

— Polixène, à vous de vous taire, maintenant! Mes sentiments ne sont pas des cartes, on ne joue pas avec eux !

— Pourquoi lui en vouloir? Ce n'est pas sa faute ! Non, Basile, tu n'es pas fait pour moi, une méchante enfant trouvée! Adieu.

Polixène poussa la porte du pied; au moment d'en franchir le seuil, elle s'arrêta.

— Vous aspirez à la paix, Basile, ajouta-t-elle; aux consolations d'une vie de famille ! Je n'en veux pas, moi, de cette existence, je cherche l'orage ! oui, l'orage ! Vous aimez le repos ; il n'existe pas sur cette terre. Se venger, rendre le mal pour le mal ! vous n'avez plus que cela à souhaiter à ceux qui nous ont ruinés et perdus, nous autres pauvres gens chétifs, impuissants! L'amour est tout-puissant. La princesse Dachkoff, qui sait... Adieu. Ne me suivez pas, homme faible et bon, n'essayez pas de me revoir, je vous haïrais, je vous maudirais...

Polixène sortit.

— Toutes ces paroles, tu me les payeras ! dit Mirovitch.

— Il y a un mandat d'amener lancé contre toi, lui dit doucement Anastasie.

— Un mandat d'arrêt? dit Mirovitch.

Ce même soir, Mirovitch fut transporté chez le commandant de place et de chez ce dernier, le lendemain, sous bonne escorte à Cronstadt, où il fut mis à la disposition de la commission présidée par Talysine. Grégoire Orloff, informé du cas, par Ouchakoff, obtint sa mise en liberté. De sa désertion, il ne fut pas même question. Relâché, il se rendit au château d'Oranienbaum dont il parcourut le parc naguère si agité et maintenant désert. Il aurait voulu revenir en char à Saint-Pétersbourg; il n'avait pas un sou vaillant et dut retourner à pied. Epuisé de fatigue, tourmenté de la faim et de la soif, il s'arrêta, la nuit venue, dans la hutte d'un garde-chasse, au hameau de Gorély. Des passants lui annoncèrent la triste fin de Pierre.

Le 6 juillet, Catherine se fit lire le rapport du général Villebois, relatif à une nouvelle dislocation des troupes, exigée par les circonstances. Le corps de Tchernycheff et l'ancien corps de Roumiantseff, réunis le jour de l'avènement au trône de Catherine sous le commandement de Pierre Panine, s'avançaient à marches forcées des frontières de Prusse, vers la capitale. Villebois annonçait que les régiments cosaques de cavalerie légère formant l'avant-garde avaient depuis longtemps traversé la Courlande, et se trouvaient en deçà de Louga.

— Faites-les provisoirement cantonner dans les districts qui environnent Saint-Pétersbourg, avait dit Catherine, la récolte de foin a été passable dans cette contrée. Ils se reposeront et se remonteront; ils auront meilleure mine pour m'accompagner avec la garde, à mon couronnement à Moscou.

Le 7 juillet, on publia le manifeste annonçant la mort de Pierre. Les funérailles eurent lieu trois jours après à l'église de Saint-Alexandre-Nevsky.

Trente-quatre ans plus tard, son corps exhumé par son fils l'empereur Paul, fut enterré solennellement à côté de ses prédécesseurs à l'église de Saint-Pierre et Saint-Paul, revêtu de son uniforme bleu, avec culotte de peau de buffle et bottes à l'écuyère.

Le peuple, sans rancune contre le passé, comme le disait le manifeste, se pressa dans l'église; autour du catafalque d'argent garni de crêpe noir, brûlaient quatre candélabres et se tenaient constamment en faction des officiers de la garde. Toute la capitale courut saluer le défunt.

La veille, le régiment cosaque de Denissoff de l'avant-garde du comte Zacharie Tchernycheff, qui venait d'entrer à Saint-Pétersbourg par la porte de Narva, suivi de deux autres régiments de cosaques du Don, avait cerné l'église.

Un des officiers d'ordonnance de Denissoff était un jeune homme de vingt-cinq ans, à barbe noire, vigoureux, carré d'épaules. En Posnanie, au delà de l'Oder, au village de Krivo, dans un engagement avec un escadron prussien, le cheval de son chef fut enlevé par l'ennemi; Denissoff furieux frappa de son fouet son imprudent adjudant. Le farouche et robuste enfant des bords du Don en éprouva un violent ressentiment. De plus, las de son séjour dans la monotone Allemagne, il se sentit rappelé vers les steppes et les plaines patriarcales et libres du Don, son pays natal. En route pour Saint-Pétersbourg, les cosaques avaient appris la nouvelle de l'avènement de Catherine. On avançait rapidement; les haltes étaient courtes. On avait passé Louga, on approchait de Gatchina, lorsque Denissoff distribua son régiment dans les hameaux avoisinants et expédia deux estafettes pour demander au conseil de guerre où il devait s'établir définitivement.

Les ordonnances présentèrent leurs pièces, reçurent leurs instructions et avant de rejoindre leur régiment, voyant que la foule se portait vers l'église, ils y entrèrent après avoir attaché leurs chevaux à la grille. Ils restèrent longtemps au pied du catafalque.

— Allons, Ivanytch ! dit à Denissoff en le tirant par la tunique son camarade, un blond, d'extérieur peu avenant, aux yeux larmoyants.

— Ne me touche pas ! lui fut-il répondu.

Ils sortirent de l'église, remontèrent à cheval, et reprirent la route de Narva.

— Qu'as-tu à bougonner ainsi, Ivanytch ? dit Denissoff.

— Cela ne te regarde pas ; je ne t'ai rien demandé, n'est-ce pas ?

— Cependant ?

— Eh bien ! on dit que ce n'est pas l'empereur qu'on enterre, mais un simple officier ! Pierre serait vivant !

Les cosaques entrèrent dans la forêt.

— Ah ! si je pouvais tout planter là et retourner en Petite-Russie ; j'ai voulu m'y rendre avec un cosaque de mes amis, lorsque nous passâmes la frontière, ou bien en Pologne, dans un village de notre vieille foi orthodoxe, et m'y donner comme un réfugié d'Allemagne. Après tout, ce ne sont pas leurs coups de verges et de fouet qui me remplissent le ventre! Le temps aidant, on oubliera le fugitif, je reverrai alors les rives du Don, du Volga!... « Ah! qu'il souffre, qu'il souffre, le pauvre peuple, dira l'empereur! Comme on se lamente dans mon pays, dans la Russie entière! La patience est à bout! De tous côtés les opprimés fuient. Brebis de la foi foulées aux pieds, orthodoxes! c'est moi, votre souverain, votre empereur! Dieu m'a sauvé, un fidèle officier m'a fait évader de Saint-Pétersbourg! Je me ferai voir à tout le brave peuple du Christ, à tous ces pauvres gens qui sont prêts à tout, prêts à périr pour les vieilles lois de nos ancêtres et pour la liberté! »

— Hé! cria l'autre cosaque à Mirovitch endormi sous un arbre, près de Gorély, au point de bifurcation des routes de Péterhof et de Gatchina. Est-ce là la route de Gatchina?

— Oui.

— Merci.

— Venez-vous de Saint-Pétersbourg?

— Nous en venons.

— A-t-on enterré l'empereur?

— Non, il est en vie, c'est un autre qu'on a exposé à sa place!

Et fouettant son cheval, il partit au galop rejoindre son camarade.

— Encore des bruits absurdes, pensa Mirovitch, encore le bas peuple qui se remue. Les sectaires et la plèbe s'agitent et tramènt quelque chose dans l'ombre. Les imbéciles, les bœufs! on les reprendra par les cornes pour leur remettre un joug tout neuf, voilà tout!

Mirovitch ne fut plus préoccupé que de l'assemblée des francs-maçons à laquelle il se rendit avec Ouchakoff. Il y entendit des discours entraînants; on y jura de ne se jamais faire que le bien. Il se disposait à leur soumettre un mémoire de sa composition lorsque son régiment qui avait quitté Mitau reçut l'ordre de marcher sans s'arrêter sur Tver et de là sur Moscou, pour s'y trouver au moment du couronnement.

Il rejoignit à Novgorod le régiment auquel il apporta des instructions du conseil de guerre. Le jour de son départ, il reçut une lettre de sa sœur aînée.

« Quel ennui sans toi, Basile, cher frère _uquel nous ne nous lassons de penser, écrivait-elle. Tu verras de tes propres yeux, l'insupportable misère de tes trois malheureuses sœurs; nous sommes toujours ces orphelines, qui errent au milieu d'étrangers, sans rien posséder, ni pain assuré, ni vêtements, ni domicile convenable, ni position honnête, et cela, à ce qu'on nous dit, parce que notre aïeul, Théodore Mirovitch, a méchamment trahi la patrie. Basile, de grâce, viens-nous en aide. »

— Dieu! ta vérité où est-elle? se dit Mirovitch. Calomnie partout! Théodore Mirovitch n'a pas été traître, non! N'y a-t-il pour les calomniateurs ni Dieu ni empereur? justice, où es-tu?

Il dirigea ses pas vers la maison qu'habitaient en ville les Goudovitch. Il fit appeler la femme de chambre qui lui apprit que la famille était au désespoir; le comte pour avoir refusé de prêter ser-

ment et d'offrir ses services à l'impératrice avait été
exilé dans ses terres de Tchernigoff ; quant à Polixène, elle avait, disait-on, la semaine précédente, quitté les dames Ptitsyne, ses amies, sans
dire où elle se rendait.

Mirovitch atteignit au mois d'août avec son régiment les environs de Moscou.

XXVI

A partir du commencement de juillet, la cour s'attendit à voir revenir d'un moment à l'autre, le ci-devant chancelier Bestoujeff.

Le comte, en effet, arriva en bonne santé à Saint-Pétersbourg, le 12 juillet au soir. L'impératrice envoya à sa rencontre, à dix lieues en avant, son nouveau chambellan, Grégoire Orloff, ainsi que son propre carrosse de gala. Il fut conduit entouré des honneurs que la souveraine avait ordonné de lui décerner, au palais de la Fontanka, et de là, après l'audience, dans un hôtel somptueux, préparé exprès pour lui ; les provisions, la cave, le service du palais furent mis à sa disposition.

Bestoujeff, le disciple en diplomatie de Pierre le Grand, pendant quinze années premier ministre d'Elisabeth, avait été dégradé et exilé pour avoir émis l'audacieux avis de renvoyer à l'étranger Pierre son neveu et d'assurer le trône à Catherine. Ce vieillard de soixante-dix ans, à la longue barbe blanche, aux yeux vifs et enfoncés, en entrant avec Orloff dans le cabinet de l'impératrîce, de celle dont il avait prophétisé le règne, plia silencieux le genou sur le seuil.

— *Immobilis in mobili!* s'écria Catherine-en lui rendant la grand'croix de Saint-Alexandre que lui avait retirée Elisabeth.

— Majesté ! proféra le vieillard ému en prenant la main de l'impératrice qu'il baisa.

— *Semper idem!* continua-t-elle en lui tendant le grand cordon de Saint-André.

— Comment vous remercier? Comment prouver ma reconnaissance?

— Je vous rends vos titres, je vous ajoute celui de feld-maréchal et je ne m'en tiendrai pas là. Votre innocence, et je sais que vous êtes innocent, sera proclamée sous peu. Votre disgrâce ne saurait incomber à feue ma tante, mais à l'impudence de vos envieux et de vos calomniateurs.

— Oh! grande souveraine!

— Nous allons travailler ensemble à la prospérité du pays! Orloff, appelle Son Altesse! Je veux te montrer mon fils.

Orloff entroduisit un timide enfant, aux cheveux blonds, au nez retroussé.

— Comme il est pâle et maigre! dit Bestoujeff en touchant de ses doigts osseux et froids le cou et les bras du grand duc Paul.

— Vous vous entendez en médecine, comte, ré-

partit l'impératrice ; vos gouttes sont à la mode,
et je m'en suis servie avec succès. Trouvez-vous
mon fils en danger ?

— Il est très faible pour son âge et il n'a pas
encore eu sa variole ! répéta le vieux et avisé Bes
toujeff.

Le 15 juillet, une barque chargée de blé, à destination d'un grenier de l'Etat, vint échouer aux
rapides que forme la Néva, à dix lieues en amont
de Saint-Pétersbourg, près de Pella, village finnois, propriété de Jean Néplueff.

— Le nom de la capitale de l'ancienne Macé-
doine, lieu de naissance d'Alexandre le Grand !
observa Catherine, lorsqu'Olsoufieff lui rapporta
l'accident.

— Oui, et quelle charmante localité ! Des rochers, des lacs, des forêts séculaires à l'entour,
nous y avons souvent chassé avec Grégoire Orloff,
sur les terres de Néplueff.

— Qu'en dites-vous, Orloff ? si nous allions
nous y distraire et nous y reposer ? Munich, Ela
guine, Stroganoff nous suivront...

L'impératrice avait cité un quatrième nom.
Elle écouta jusqu'au bout les rapports d'Olsoufieff
et renvoya à une autre fois sa décision au sujet de
la barque.

— Les plaisirs sont les plaisirs, dit-elle, mais
l'accident survenu à cet endroit mérite qu'on en
prenne note et qu'on y remédie sérieusement.

Le lendemain, elle fit appeler Panine et Néplueff, et des ordres furent expédiés pour organiser un service de relais sur la route de Kexholm.

Le 25 juillet après le déjeuner, Catherine partit visiter les rapides de Pella. Pour les personnages de sa suite, c'était une occasion de faire une partie de chasse. On arriva au domaine de Néplueff avant le coucher du soleil. Le thé fut servi dans des tentes au bord de la Néva. Téploff et Stroganoff tirèrent sur des hirondelles qu'ils manquèrent ; les détonations qui retentissaient au loin égayèrent la compagnie ; on prit ensuite des canots et on alla examiner le cours du fleuve et les rocs qui l'obstruaient. Ce fut à la clarté des lanternes que les joyeux chasseurs revinrent de leur promenade. Au moment où ils abordèrent, une voiture couverte attelée de quatre chevaux, escortée de cavaliers, gravissait la colline boisée, derrière Pella.

On alla rejoindre les équipages. Néplueff raconta le passé de cette localité, Munich proposa plusieurs moyens de porter remède aux inconvénients de ces cataractes, rappela ses jeunes années, la construction du canal de Ladoga, les visites dont Pierre le Grand avait honoré ses travaux.

— Sommes-nous prêts ? demanda à voix basse Catherine à Panine.

— Oui, Majesté. Allons chez le garde-chasse.

L'impératrice chercha du regard Bestoujeff, resté en arrière.

— Nous souperons dans la forêt, ajouta-t-elle.

On entendit un cor de chasse ; tous se placèrent dans leurs carrosses. Des écuyers allumèrent des flambeaux et montèrent à cheval. La première calèche partit, les autres la suivirent. Le long cortège s'engagea au grand galop dans la sombre forêt, semant derrière lui une longue traînée d'étincelles.

— Quelles délices! n'est-ce pas féerique! un vrai cortège de sylphes et de salamandres! Voyez ce reflet sur l'herbe et le feuillage! disait Catherine.

— Les gnomes en couronnes de diamants et en chlamydes d'or sortent de leurs retraites et viennent à notre rencontre! répondit une voix de l'équipage qui suivait.

— Cela ne rappelle-t-il pas le ballet des *Esprits Follets?*

— Et ce brouillard! Des dryades dans des linceuls!

On arriva, près d'un lac, sur une vaste prairie, murée d'énormes sapins. Au fond, parmi les arbres, on aperçut une tente brillamment éclairée de lanternes de toutes couleurs; une table y était dressée, couverte des mets les plus variés. La société s'assit et soupa. Le repas fut égayé par des anecdotes de Munich et une discussion entre Elaguine, Téploff et Strogonoff sur les communications avec les esprits des morts; puis, Catherine remonta en carrosse avec Bestoujeff. Panine partit avec eux. Une partie de convives resta, désireuse de passer la journée du lendemain à chasser.

L'impératrice prit pour revenir, un chemin qui suivait la Néva. La nuit était chaude, étoilée.

— Qu'en dites-vous, comte! dit-elle. Ne vaudrait-il pas mieux laisser partir pour l'étranger Jean avec sa famille.

— Impossible, Majesté! nous prêterions à la

médisance. De plus, il pourra nous être utile.

— Je ne comprends pas.

— Votre fils est d'une santé débile! Il faut prendre des mesures!

— Lesquelles?

— Le Seigneur veuille faire au grand-duc la grâce de lui donner des forces et la santé! Supposons, Dieu nous en préserve, que ce faible enfant vînt à mourir!

— Cela dépend de la volonté divine.

— Dans ce cas, il y aurait une issue. Je ne parle pas de la famille de Jean, mais de celui-ci seulement.

— Vous savez que je plains ce jeune homme de tout mon cœur. On me conseille d'avoir des égards. Je ne suis pas aveugle, j'y vois clair; mais que faire? Si j'avais une fille au lieu d'un fils, il aurait été possible d'unir les deux branches par un mariage.

— Un mariage... est possible, réalisable.

— Comment cela!

— Vous direz : il est fou, ce vieillard! Montrez de l'énergie, Majesté, épousez solennellement au vu de toute la nation, Jean III, qui fut empereur de Russie.

— Moi!

— Oui, vous, la sage, l'incomparable Catherine.

— Vous plaisantez, comte! Mon âge, mes relations...

— Les monarques n'ont pas d'âge. On a marié Elisabeth à Pierre II, qui n'avait que treize ans!

Jean vient d'en avoir vingt-deux. Cela ne fait que dix ans de différence ! Deux branches de même origine seront ainsi réunies ; Paul restera héritier. En toute occurrence, Dieu seul est maître ! Votre postérité est ainsi assurée...

— Et c'est donc là l'audacieux projet qui a mûri dans le fond de cette âme, impénétrable comme le sein de l'Océan, se dit Catherine. Voilà ce qu'il pensait, ce qu'il préparait dans le silence de son exil ! Ne serait-ce pas pour ressusciter et affermir par ce plan d'une impudence inouïe, son ancienne influence et sa faveur d'autrefois?

Le bois commença à devenir moins épais ; les porteurs de torches ralentirent leur course, le carrosse s'arrêta devant la hutte d'un garde-chasse, près de laquelle stationnaient l'attelage de Panine et la voiture couverte, déjà aperçue près de Pella.

— Voici le relais ! cria Panine en s'élançant vers la portière.

— Qui sont ces personnes ? demanda Catherine.

— Des gens qui se rendent à Saint-Pétersbourg pour affaires. Ils donnent à manger à leurs chevaux.

Catherine et Bestoujeff entrèrent dans une hutte, proprement entretenue ; un officier, d'un certain âge, vint à leur rencontre ; un jeune homme était assis près d'une table, sur laquelle brûlait un flambeau ; il mangeait avec avidité et ne fit presque pas attention aux nouveaux venus.

Catherine et Bestoujeff s'assirent près de la

porte et regardèrent fixement l'inconnu, qui continua son repas, sans rien dire.

— Où allez-vous? Vous venez de loin? lui dit Catherine.

Les regards distraits et fatigués du jeune homme se portèrent sur celle qui le questionnait.

— J'ai failli me noyer dans le lac, notre barque avait sombré; on m'a retenu à Kexholm, maintenant on me ramène, répondit le jeune homme.

— Où donc?

— Je n'en sais rien. On me prend et on m'enlève! L'impératrice aura sans doute exprimé le désir de me voir comme une curiosité. Nos souverains! ils changent tous les six mois! Moi, on m'a ordonné de m'appeler Gervais et non plus Grégoire; mais je ne veux pas, moi! je veux m'appeler Théodore, si cela me plaît.

— Partons, murmura Bestoujeff, nous avons affaire à un ivrogne, à un idiot!

Catherine et Bestoujeff sortirent. Les carrosses furent avancés.

— Eh bien? demanda Panine à demi-voix.

— C'est incroyable! ajouta Catherine.

Les voitures repartirent dans le même ordre.

— Il est faible, débile, n'est-ce pas? dit brusquement Catherine à Bestoujeff.

— Oui, Majesté!

— Je parle de mon fils. Mais savez-vous, comte, qui est celui que nous venons de voir?

Bestoujeff frémit. Un pressentiment lui fit oublier toute étiquette : il saisit de sa main froide et nerveuse le bras de Catherine.

— Nous venons de voir l'empereur Jean, dit celle-ci. On l'a amené tout exprès de Kexholm. Vous avez sous feu l'impératrice tenu pendant quinze ans les rênes du pouvoir; la destinée de Jean n'a dépendu que de vous seul; et c'est vous qui aujourd'hui m'offrez cet infortuné pour époux !

Après l'entrevue à Pella, Jean fut reconduit à Schlusselbourg. Panine réitéra sous la même forme, les anciennes instructions d'Elisabeth : « s'il arrivait qu'une main assez puissante tentât de délivrer Jean, ordre est donné de le tuer plutôt que de le laisser s'échapper. »

— Que faire maintenant, Majesté ? demanda Panine.

— Mon avis est de continuer à le garder à vue. Le mieux sera de lui faire prendre la tonsure et de l'envoyer dans un monastère éloigné, point ou peu fréquenté des pèlerins, dans les forêts de Mourom, à Vologda ou à Kola, par exemple. Mais nous en reparlerons.

XXVI

Mirovitch passa l'automne et une partie de l'hiver de 1762, à son régiment, aux environs de Moscou. Au commencement de 1763, ce régiment alla prendre ses cantonnements à la frontière de Pologne dans les villages de la lieutenance de Tchernigoff.

Son entrevue avec ses sœurs ne lui procura aucune consolation. Il ne put leur venir en aide ; lui-même vivait au jour le jour, plongé dans une inextricable misère. Au régiment il n'avait aucune perspective d'avancement. Les bruits de son passé, l'abandon de son poste à Schavli, les ennuis de son arrestation et son interrogatoire à Cronstadt, dont ne l'avaient sauvé que la protection de personnages influents, nuisirent considérablement à sa carrière. Ses chefs le regardaient de travers. Comme il se tenait à distance de l'oisiveté et de la débauche de ses camarades, ceux-ci se comportaient avec lui avec une froideur qui allait jusqu'à une aversion dédaigneuse. Il se rappelait avec regret sa récente position d'adjudant de Pierre Panine, gouverneur de Kœnigsberg, et s'abandonnant à une noire mélancolie, il traînait comme une chaîne son existence d'interminables exercices, factions et marches, dans d'obscurs hameaux ensevelis sous les neiges.

Au milieu de février, Mirovitch se trouvait cantonné dans le village dissident de Dobrianka. On l'envoya, avec un détachement de troupes, vers le Dniéper, au village de Radouli, s'approvisionner de fourrages. La glace s'étant brisée sous ses pieds, il se refroidit, prit la fièvre et resta alité chez un meunier jusqu'aux premiers jours d'avril. Lorsqu'il releva de sa maladie, il ne ressemblait plus à lui-même; amaigri, affaibli, il était devenu irritable et violent. Sa convalescence coïncidait avec le retour du printemps et des beaux jours ; les rayons du soleil méridional invitèrent Mirovitch à quitter son étroite chaumière; les cris des oiseaux de passage, le murmure continu des ruisseaux l'entraînèrent avec une force irrésistible hors de chez lui ; il sortit et regarda. Il vit de la cour du moulin, au pied de la berge, la nappe immense, sans rives, du Dnièper bleu, inondant la contrée, et au milieu de laquelle les forêts émergeaient en îles d'un vert sombre. A droite, au loin, il distingua un point blanc : c'était une église ; à gauche, sur une colline à pente raide, de teinte grise d'argile, s'élevait une grande maison à toit rouge,

résidence de quelque gentilhomme campagnard.
Le verger du meunier descendait jusqu'au rivage
baigné par le fleuve débordé.

— Patrie, chère patrie, se dit-il, c'est ici, auprès
de toi qu'existe le bonheur, qu'un cœur qui
étouffe dans l'atmosphère impure des villes retrouve la santé et la vie ! Dieu ! est-ce en vain
que j'ai aspiré à recouvrer le bien de mes ancêtres, que je voyais dans mes veilles et dans mes
songes, ainsi que ces vallons, ces coteaux, ces
vergers de mes pères, séjour de paix et de liberté !
Non, on ne peut les appeler des êtres humains
ceux qui vivent entassés dans les capitales ; ici
seulement, l'homme, humble laboureur, obéit aux
commandements de Dieu et de la nature !

Mirovitch, tout faible qu'il fût encore, descendit
vers le fleuve et se fit transporter jusqu'au jardin
de la maison seigneuriale ; on lui avait dit que le
châtelain, en disgrâce, ne sortait jamais et passait
des journées entières couché sur un divan, dans
son cabinet, entouré de livres et de gazettes. Le
jardin se parait de feuillage ; les cerisiers et les
pommiers fleurissaient avec éclat ; les abeilles
bourdonnaient sur les saules et les merisiers ; le
coucou criait dans les bosquets de cytises ; un
pivert chantait dans le creux d'un vieux chêne,
dénudé et tortu.

Il traversa une première allée, puis une deuxième ; il regardait d'un œil joyeux chaque buisson
nouvellement revêtu de verdure, chaque scarabée,
chaque fleur ; il faisait chaud, comme en plein
mois de mai ; l'air, pénétré du parfum des iris

et des santolines, était immobile. Des pavillons,
des grottes, des passerelles ornaient le parc. Mirovitch aperçut assis, pensif, sur un banc de granit
vert clair, sous un grand peuplier encore sans
feuilles, un militaire au teint basané, coiffé d'un
vieux chapeau; il avait une croix sur son uniforme, et tenait un livre à la main. Mirovitch se
découvrit et faillit tomber en cherchant à passer
outre. Il avait devant lui André Goudovitch,
l'aide de camp de Pierre, « la colombe de paix
de l'arche d'alliance de Berlin. » Il restèrent quelques minutes sans se rien dire.

— Vous êtes celui qui... ? demanda Goudovitch.

Que ne se racontèrent-ils pas? Mirovitch passa
encore une semaine à Radouli et fit chaque jour
sa promenade du moulin au Dniéper et de là au
parc tout paré de sa luxuriante végétation. Il y
rencontra une ou deux fois Goudovitch, qui bien
qu'exilé était toujours l'ancien grand seigneur.
Grave, froid de sa nature, il conversa cependant
volontiers avec son hôte, et l'entretint d'un fait
dont la nouvelle était parvenue jusqu'à lui.

Il s'agissait de Khrouchoff et des deux Gourieff, condamnés, exposés au pilori et déportés au
Kamchatka pour avoir tenté de délivrer Jean.
Mirovitch apprit en outre la récente disgrâce, la
destitution et la réclusion projetée au monastère
de Korel, d'Arsène, archevêque de Rostoff. L'impératrice avait dit en apprenant de la bouche de
Bestoujeff le cas d'Arsène : « Jadis on ne faisait
pas tant de cérémonies : les évêques avaient la

tête coupée pour des fautes moins graves que
celle-là! » La faute de cet ecclésiastique fut
moins d'avoir protesté contre l'ordonnance impériale qui privait les monastères de leurs serfs, que
d'avoir dit à ses proches que ce n'était pas à
Catherine à être impératrice, mais à Jean, qu'elle
n'était pas originaire du pays et que sa foi était
douteuse. Arsène avait de plus prophétisé qu'il
y aurait un jour sur le trône de Russie deux jeunes souverains qui expulseraient les Turcs d'Europe et prendraient la Grèce et Constantinople.
« Il vaudrait mieux, avait-il ajouté, que Catherine épousât Jean; elle n'est sa parente qu'à un
degré éloigné, au sixième; la lignée impériale ne
saurait être sacrifiée pour entretenir des joueurs et
des dissipateurs comme Grégoire Orloff! »

— Comment, Orloff ?

— Va et tu verras, avait dit à Mirovitch en le
congédiant le châtelain de Radouli.

A la fin de mai, Mirovitch alla voir ses sœurs;
par la même occasion, on le chargera de présenter
à l'hetman, qui alors tenait sa cour à Moscou,
une plainte sur les fournitures de fourrages au
régiment.

Mirovitch n'avait plus qu'une pensée qui l'ob-
sédait sans relâche. En route pour Moscou, il
avait entendu parler, vaguement d'abord, des intrigues de l'ancien chancelier au profit des Orloff,
en combinant un mariage entre Catherine et
Grégoire. A Moscou même, partout où il alla,
chez ses sœurs, chez ses amis, il ne fut question
que du projet de ce vieux renard impénitent de

Bestoujeff : on disait que Catherine et Orloff s'é-
taient rendus au monastère de Rostoff, pour
assister au transfert des reliques de saint Démétrius et qu'en leur absence, Bestoujeff avait rédigé
une adresse, signée du haut clergé et des chefs de
l'armée, priant très humblement Catherine de
prendre Jean pour époux, sinon, de choisir, à
l'exemple des anciens souverains de la Russie, un
mari parmi ses très fidèles et très loyaux sujets.
Mais un obstacle survint.

Théodore Hitrovo, l'ancien compagnon d'Orloff, réunit un parti de mécontents. Les deux Roslavleff, Passek, Lasounsky, Bascacoff Bariatinsky,
c'est-à-dire presque tous les partisans et les chefs
du dernier mouvement s'unirent à lui. « Grégoire Orloff est un sot, disait-on à Moscou, c'est
son frère qui fait tout, le gros Alexis, avec ce
vieux diable de Bestoujeff; comme tout peut arriver, il n'y a d'espoir qu'en Panine. »

— Voilà l'occasion, pensa Mirovitch, il ne s'en
présentera jamais de pareille. Orloff! l'habitué de
la Dresdoise, que j'ai coudoyé, que j'ai battu au
billard ! Aspirer à la suprême dignité, lui, cet
officier obscur et nul!

Il resta longtemps indécis, lorsque apprenant
qu'Orloff se trouvait à sa résidence de Schabolovka, il s'y rendit.

Le château de Grégoire Orloff était réputé pour
sa splendeur, son hospitalité, l'animation qui y
régnait. On lisait au fronton, sur un écusson
sculpté, l'inscription : *Fortitudine et constantiâ.*
Moscou qui ne connaissait jusqu'ici que les palais de

la vieille noblesse, des Schérémétieff, des Narychkine, des Troubetskoï, des Kourakine, des Saltykoff, allait maintenant tirer sa révérence à Schabolovka, lieu naguère inconnu et désert où le nouveau comte passait son temps à visiter ses haras et ses colombiers ; des pigeons des races les plus rares, tournoyaient en troupes innombrables au-dessus du château et des jardins. Le comte aimait à occuper ses loisirs en chassant l'ours et le loup ; la gymnastique, la danse, la lecture des auteurs anciens qui avaient écrit sur l'économie rurale l'occupaient aussi.

Mirovitch surprit Orloff en robe de chambre, le rasoir à la main ; il entra brusquement et salua.

— Te revoilà, merveilleux cinq de pique ! Je suis pressé d'assister à la réception, au palais, lui dit Orloff. As-tu quelque chose à me demander ? De l'argent, bien sûr ? Tu as maigri ; as-tu été malade ? Oui, tant pis !

Mirovitch vint droit au fait, qu'il exposa en quelques mots ; il lui parla de ses ancêtres et pria Orloff en s'inclinant bien bas de l'aider à obtenir la restitution, à lui et à ses sœurs, d'une partie au moins des biens de son aïeule, injustement confisqués.

— A d'autres ! Que me racontes-tu de tes aïeux ? Quelle raison y a-t-il de te rendre aujourd'hui ce qui a été confisqué à tes grands-pères du temps de Pierre Ier ? Ces domaines ont passé en troisièmes mains.

— C'est vrai, Altesse, fit Mirovitch, mais il est au pouvoir de la souveraine de faire des recherches, de retrouver les traces de la vérité, de rendre aux petits-enfants ce qui leur a été illégalement ravi, quitte à indemniser les propriétaires actuels.

— Pour obtenir cette faveur, il faut avancer un bon motif, quelque acte méritoire...

— Oh ! que te voilà bien, favori de la fortune ! Assis dans l'or jusqu'au cou, rassasié, dorloté, parfumé, couvert de dentelles ! Et dire que je serais à sa place, si j'avais réussi ! L'effronté ! — Mes services et mes droits, comte, auront donc passés inaperçus ?

— Quels services ?

— Sur votre ordre, j'ai passé à jouer avec Perfilieff les derniers jours du règne précédent, veuillez vous rappeler l'avantage...

— Farceur ! Le profit a été pour toi. Te souviens-tu, tu avais tous les carreaux ! Tu as donné là un beau coup de râteau, tu as failli faire sauter la banque !

— De plus, comte...

— Parle, je t'écoute...

— Eh bien, j'ai rendu à Sa Majesté l'impératrice le plus grand des services...

Et Mirovitch raconta tout au long l'incident de la roue du carrosse de Catherine, le jour où elle quitta Péterhof. Orloff fut pris d'un rire inextinguible.

— Bravo ! Voilà le service ! Tu as de l'imagination ! Mon gars, tu as laissé bien loin tous les flagorneurs, tous les mendiants de cour. Tu les

surpasses tous ! C'est à toi qu'elle doit le trône !
Vrai Dieu ! cela te fait honneur.

— Permettez, comte, vous êtes en droit de ne
pas faire cas, de dédaigner... mais je vous ai dit la
vérité. Vos railleries m'offensent. Vous pouvez
vous informer auprès de votre frère, auprès de
Bibikoff...

— De grâce ! épargne-moi, s'écria Orloff qui
étouffait de rire. Bien ! je m'informerai. Oh ! les
sept sages n'auraient pas inventé ce que tu as
trouvé tout seul.

— Que vous coûte-t-il d'aller aux renseignements, de faire faire une enquête ? Tout s'expliquera, comme pour les biens enlevés à mes parents.

— Ah ! vous autres, Petits-Russiens, avec vos
archives ! dit en se levant Orloff dont les grands
yeux jetèrent ce regard désagréable, résolu, impertinent, qui était particulier à lui et à ses frères,
vous êtes toujours à supplier, à gueuser ! Vous
ne savez ni travailler patiemment, ni attendre avec
calme, ni servir ! Tous tes compatriotes ne pen-
sent qu'à conspirer, qu'à duper... Est-ce que
nous irons, pour te faire plaisir, fouiller dans vos
vieux papiers, dans vos parchemins poudreux ?
Et puis, il n'est pas possible que Pierre le Grand
ait jugé ta cause injustement !

— Cela est cependant ainsi, sur mon honneur !
je ne sollicite pas seulement pour moi, mais pour
mes sœurs qui se traînent dans la misère. Mes
aïeux ont été des plus illustres de la Petite-Russie ;

ils ont souffert pour la foi, pour la patrie, pour ses droits...

— Fort bien, repartit négligemment Orloff, qui ne fit pas même attention à ces derniers mots. — Je verrai l'hetman, Reviens me voir. Je lui en parlerai.

Sur ces entrefaites, Mirovitch s'acquitta des commissions dont il avait été chargé pour son régiment.

— Dois-je retourner chez lui ? se dit-il, pour que ce joueur, ce débauché recommence à me railler ? De sa hauteur, comment peut-il apprécier les angoisses, la misère d'autrui ? Il est vrai que l'archevêque Arsène a dit à sa décharge : « Ni sa tête, ni sa bouche, n'ont été pour rien dans ce qui s'est passé ! »

Le congé de Mirovitch tirait à sa fin. Il fallut revenir au régiment. Le printemps et l'été furent froids et pluvieux ; le vent du nord souffla cons_tamment ; mais Moscou était en liesse : les fêtes populaires des mois d'avril et de mai furent très suivies.

Au retour du pèlerinage de l'impératrice, on pu-blia sur les places et dans les rues de Moscou, au son du tambour, le manifeste du « silence. » C'était à qui lirait le numéro du 4 juin de la *Gazette de Moscou* qui l'avait reproduit ; l'édit condamnait les conversations des gens sans mœurs ou désœu-vrés, qui par d'imprudents artifices molestent partout le gouvernement, portent atteinte aux droits inviolables de la société et corrompent les faibles d'esprit sur lesquels les propos pervers ont aisément prise.

Mirovitch, après avoir parcouru cet avis, renonça définitivement à se rendre chez Orloff.

— Que le diable l'emporte, pensa-t-il, je risquerai encore de passer pour un homme dangereux, pour un frondeur, mécontent de sa destinée, pour un censeur des édits impériaux! Orloff, le nouveau favori, m'a tourné le dos et me méprise; Razoumovsky, mon compatriote, qui a témoigné aux miens un certain intérêt, se souviendra peut-être de moi!

XXVII

Le 8 juin, c'était un dimanche, le temps était
sombre et triste ; la pluie ne discontinuait un instant que pour recommencer bientôt après. Razoumovsky habitait son hôtel, près de l'église de la
Résurrection, dont la coupole, depuis le jour et
en l'honneur de son mariage avec Elisabeth, avait
été ornée d'une couronne d'or.

Mirovitch assista à la messe pensant y voir
Razoumovsky qui captivait les Moscovites avec
le chœur des chantres de sa chapelle ou en lisant
lui-même l'Evangile de sa voix sonore et légèrement nasillarde ; on dit à Mirovitch que le comte
avait pris froid à la chasse, qu'il se sentait indisposé et qu'il ne sortirait pas de chez lui avant une
semaine. Mirovitch, résolu d'essayer de le voir, se
rendit à son palais et se fit annoncer.

— Veuillez entrer, dit avec l'accent du terroir,

un grave serviteur petit-russien, galonné d'or, faisant office d'huissier, qui marchait sans qu'on l'entendît sur les tapis de l'escalier, décoré de fleurs.

— Je vais donc revoir ce personnage qui fut jadis si puissant, se dit Mirovitch ; il a voulu être utile à moi et à ma famille ; il n'avait pas alors oublié ses compatriotes de Petite-Russie, lui, enfant du peuple, sorti d'une tribu de bergers !

Le temps passé se retraça à la pensée de Mirovitch. Il se ressouvint de son arrivée à Saint-Pétersbourg avec son père, de leur attelage de bœufs, de leur réception chez le comte au jardin d'Anitchkoff et de ses danses en présence d'Elisabeth, de son entrée à l'école des cadets, de son rôle au théâtre de Gostilitsa, de sa rencontre avec Polixène, de tant de choses, évanouies à jamais.

Razoumovsky, bien que vieilli, était toujours remarquablement beau ; il ne reconnut pas Mirovitch au premier abord, lorsque celui-ci, introduit par un valet de chambre, lui tira sur le seuil une profonde et respectueuse révérence. Assis devant la cheminée, le comte lisait. Une calotte blanche brodée lui couvrait la tête ; il était vêtu d'une robe de chambre de velours.

— Mirovitch ! Quelle surprise ! Qu'est-ce qui t'amène ici ? dit le comte.

Mirovitch lui raconta d'où il venait.

— Tu n'arrives pas des bords du Troubèje, de Péréyaslavl ? C'est dommage ! On va y manger sans nous toutes nos bonnes galettes du pays ! Assieds-toi donc, mon brave ! Dis, t'en retournes-tu toujours avec tes bœufs? Et ton chien, ton gros chien gris, vit-il encore?

— Comte, j'ai à vous parler, dit Mirovitch.

Razoumovsky se rappela de son côté les heureuses années du règne d'Elisabeth, années féeriques, années de puissance, d'émulation générale, comme aussi de vaine grandeur.

— Tu viens donc à moi, l'oublié, l'abandonné? dit-il. On me traite en invalide! A qui, et comment puis-je encore être utile aujourd'hui? Ce ne sont partout que nouvelles gens, et quelles gens! Ah! mon ami! C'est comme on dit au pays : « Ils chantent gaiement les oiseaux des autres et les nôtres ont la pépie! »

— Je veux tout lui dire, je lui demanderai conseil; il est fin et rusé, il m'aidera, se dit Mirovitch. — Comte, de grâce, écoutez-moi, j'en remercierai Dieu éternellement. Vous êtes le premier qui m'ayez secouru; vous m'avez fait entrer à l'école, vous m'avez ouvert le chemin de la vie...

— Je t'écouterai volontiers, je n'attends personne aujourd'hui. A la cour, il y a réception, presse, cohue. Je passe pour malade d'une maudite fièvre qui ne me lâche pas. Voici comment je me délasse dans ma solitude : je passe mon temps à lire, je vais d'un libraire à l'autre; on m'a envoyé l'autre jour deux exemplaires rares, des vieilles éditions de Kieff. Il y avait longtemps que je les convoitais, elles sont hors de prix. Regarde, lis. Quels caractères!

— J'ai déjà vu un livre pareil, fit Mirovitch.

— Où donc? cet ouvrage est des plus rares !

— A Schlusselbourg, Jean le lisait et en parlait.

— Jean, à Schlusselbourg? Quand, comment l'as-tu connu?

— Par hasard, pendant un seul instant.

Mirovitch raconta sa rencontre avec le prisonnier. Razoumovsky prêta une oreille attentive à son récit, se découvrit et se signa religieusement.

— Je n'ai jamais eu l'occasion de l'entrevoir, dit le comte.

— Je ne l'ai plus revu, continua Mirovitch. Je sais seulement qu'avant les derniers événements il a été amené à Saint-Pétersbourg, à la maison de Goudovitch. Où est-il aujourd'hui?

— A Schlusselbourg ; je me trompe, on l'a emmené à Kexholm.

— Pourquoi?

— Tu seras discret? On dit que l'impératrice a désiré le voir, et cette entrevue a été ménagée de façon à paraître accidentelle.

— Et Sa Majesté a vu Jean?

— Comme tu me vois toi-même ici. Toujours les mêmes incroyables intrigues, toujours le même goût pour l'extravagance et l'impossible! Les doigts et la langue leur démangent à ces gens! Ils ne trament que changements, bouleversements, soi-disant au profit d'un passé irrévocablement disparu, de fait et en réalité uniquement dans leur propre intérêt. Les égoïstes, les insatiables! Ils flairent, ils cherchent, ils creusent! On dit qu'on engage Jean à prendre les ordres, à se faire moine, qu'il y consent et qu'il veut devenir archevêque ! Tu l'as vu lisant ce livre ? Rends-moi un service. A l'école tu copiais de la musique, tu m'as même fait présent de cahiers ornés de charmantes vignettes ! Or çà, artiste ! assieds-toi à cette table et copie-moi ce passage qui parle d'Hérodiade et que, d'après ton dire, Jean citait sans cesse. Je veux l'envoyer demain à un de mes amis de Saint-Pétersbourg. Ah ! je te charge d'une affaire à moi et je ne m'informe pas des tiennes. Eh bien ! toujours cette même histoire de ton grand-père ! Tu y penses encore ?

— Certes ! Secourez-moi, Altesse, de grâce ! Je suis sans ressources ; la misère est chose affreuse, oh ! affreuse, quand on voit comment vivent et prospèrent des êtres qui ne valent pas mieux que nous.

— Que puis-je faire moi ; tu le vois toi-même. Nous autres du temps jadis, sommes-nous aux affaires aujourd'hui ? sollicite auprès des hommes du jour. Eux seuls peuvent ; tout est entre leurs mains.

— Un seul mot de vous, un signe...

— J'ai fait mon temps, mon cher...

— Vous plaisantez, comte, à qui m'adresser encore ?

— A Grégoire Orloff ; s'il ne te connaît pas, essaie d'arriver à lui par ses frères.

— Je l'ai vu. Je n'ai pas seulement essuyé un refus, il n'a pas voulu faire cas de services exceptionnels, hors ligne. M'autorisez-vous à vous dire toute la vérité ?

Mirovitch exposa à Razoumovsky comment il

avait fait la connaissance d'Orloff chez la Dresdoise. Il parla de ses parties de cartes avec Perfilieff qui avait mission de le surveiller, de l'accident survenu à la voiture...

— Vous ne me croyez pas, ajouta-t-il, vous
pensez que je mens? il y a des témoins qui peuvent certifier ce que je dis.

— O orgueil humain, ô altitude de l'Ararat!
Jamais l'arche du véritable bonheur n'a jeté l'ancre,
n'a trouvé son salut sur les flancs de ce mont!
s'écria Razoumovsky.

— Que faire après cet affront? Retourner auprès
du comte Orloff? A ce moment surtout où il n'est
question que des honneurs qui l'attendent.

— Quels honneurs?

— Et son mariage?

— Son mariage! Tu en as entendu parler? Par
respect, par déférence pour le comte, tu dois te
taire.

Razoumovsky n'acheva pas. Le grave serviteur
qui avait introduit Mirovitch était entré dans le
cabinet.

— Son Altesse le chancelier, comte Michel Vorontsoff.

— C'est étrange, fit le comte, il y a si longtemps
qu'il ne m'a donné de ses nouvelles, qu'il n'est
venu me voir. Mirovitch, prends ce livre, et fais-
moi le plaisir de t'en aller copier ce passage chez
mon majordome, tu y seras plus tranquille. En
attendant, je recevrai le chancelier.

Razoumovsky tisonna les charbons de la cheminée, se rassit dans son fauteuil et prit un livre qu'il ouvrit.

— Que signifie cette visite inattendue qui ne doit pas être sans motif? pensa-t-il. J'ai été dangereusement malade; il n'est pas venu me voir, et aujourd'hui... C'est étrange!

Après quelques minutes d'attente, des pas lourds résonnèrent dans la salle voisine. C'était Vorontsoff en grand uniforme, la poitrine couverte de décorations, et un portefeuille sous le bras.

— Altesse, à quoi dois-je cet honneur? lui dit le comte. Comme vous voyez, je suis malade, excusez-moi, la vieillesse, les infirmités...

— Comte, répondit Vorontsoff, puissions-nous tous, nous autres vieillards, nous porter comme vous!

— Faites-moi la grâce de vous asseoir!

— Nous sommes seuls? je puis vous parler en secret?

— Soyez sans crainte. De quoi s'agit-il?

— D'affaires d'importance capitale. Ecoutez-moi, comte, et veuillez, par mon intermédiaire, donner une réponse nette et catégorique à Sa Majesté!

— A quelles affaires puis-je encore être bon, reclus et perclus comme je le suis? Je ne lis plus que des ouvrages d'édification, je fais faire pénitence à mon âme pécheresse par l'étude de la vie des saints.

— Notre auguste souveraine a daigné — et Vorontsoff se disposa à sortir une pièce de son portefeuille — rédiger, et ordonner qu'on vous soumît ce projet de rescrit. Ce rescrit dit qu'en souvenir et en l'honneur de sa bienheureuse tante et bienfaitrice, Elisabeth, Sa Majesté a décidé de vous accorder publiquement et légalement, comme ayant été marié bien qu'en secret à feu l'impératrice, le titre d'Altesse impériale.

— Ciel ! que dites-vous ? Non, cela est impossible ! Mon Dieu ! comment ne s'est-il rencontré personne pour dissuader Sa Majesté ?

— Pardonnez-moi, j'ai été le premier à lui conseiller cette résolution.

— Et qui encore ?

— Panine.

— Dieu, vous et Panine en soient loués ! fit Razoumovsky, qui ôta sa calotte et se signa, merci, vous avez deviné mes sentiments et mes pensées.

— Notre gracieuse Souveraine m'a en outre chargé de vous adresser une prière, d'une importance exceptionnelle.

— Laquelle ?

— Les feuilles étrangères et la correspondance secrète des ambassadeurs auraient, dans le temps, répandu le bruit que vous posséderiez des documents originaux, dûment entérinés, attestant votre mariage avec feu l'impératrice ; aussi Sa Majesté qui s'intéresse à vous, m'a-t-elle donné la mission de vous inviter à me remettre ces pièces, qui doivent servir à la rédaction officielle du rescrit, lequel sera publié et porté à la connaissance du pays.

— Sa Majesté réclame les preuves de mon mariage !

— C'est cela même.

— Permettez-moi d'abord de jeter un coup d'œil sur ce que vous avez bien voulu rédiger?

Vorontsoff tendit la papier à Razoumovsky qui l'examina et le lui rendit.

Puis, le comte se leva, posa son livre sur la cheminée, se dirigea lentement vers une armoire, et en sortit une cassette d'ébène à fermoir d'argent. Avec une clef qu'il portait au cou, il ouvrit le coffret, et en retira une enveloppe de soie rose. Il l'ouvrit, remit l'enveloppe à sa place et s'approcha de la fenêtre pour lire avec recueillement ces papiers si chers à sa mémoire.

— Aurait-il deviné ? se dit Vorontsoff.

Razoumovsky porta les documents à ses lèvres, et revint s'appuyer contre la cheminée. Son visage trahissait une vive agitation ; ses yeux étaient humectés de larmes. Il resta ainsi quelques minutes, laissa échapper un soupir, se signa et jeta sans proférer une parole les pièces au feu...

— Altesse, dit-il, je n'ai jamais été que le fidèle serviteur de feu notre impératrice Elisabeth, qui m'a comblé de bienfaits au delà de mon mérite.

Vorontsoff s'inclina.

— Et jamais, poursuivit-il, je n'ai oublié de quelle condition m'a fait sortir feu Sa Majesté et à quel rang elle m'a élevé. Je l'ai adorée comme une bienfaitrice ; mais jamais, au grand jamais, je n'aurais osé penser à m'unir à mon auguste souveraine.

Vorontsoff resta interdit.

— Croyez-moi, si ce dont vous parlez eût pu même avoir lieu, je n'aurais ni l'impudence, ni la folie d'avouer un acte qui ne pourrait que porter atteinte à la réputation de notre défunte impératrice, notre bienfaitrice à tous.

— Je vous comprends, comte, je vous admire et vous adresse mes sincères félicitations, fit Vorontsoff en se levant, tout heureux du succès de sa mission.

— Vous êtes maintenant convaincu que je ne possède plus aucune pièce. Donnez-en, je vous prie, connaissance à Sa Majesté, et puisse-t-elle continuer à se montrer toujours aussi généreuse et clémente à l'égard de son très fidèle serviteur. Mon cœur seul conservera le souvenir de ce que je viens de brûler.

Vorontsoff se retira. Son carrosse l'emporta vers le palais; sa relation de sa visite chez Razoumovsky fut accueillie avec faveur; Grégoire Orloff assistait à l'audience.

— Nous nous comprenons réciproquement, moi et Razoumovsky, dit Catherine; il n'y a jamais eu de mariage secret entre feu ma tante et le comte, les futiles propos qu'on a tenus sur ce sujet m'ont toujours déplu. Le comte a deviné, m'a prévenue et m'a dégagée de cette situation délicate. Je ne pouvais attendre moins de l'abnégation proverbiale des Petits-Russiens.

Orloff, comme on le rapporta plus tard à Razoumovsky, sortit blême du cabinet de l'impératrice.

— Eh bien ! as-tu fini ta copie ? dit le comte à Mirovitch.

— La voici, répondit celui-ci. De grâce, un mot en ma faveur à votre frère l'hetman !

— Retourne au pays, le plus tôt sera le mieux. Prends ton congé définitif. Si tu y as encore un ami, quelque parent éloigné, la moindre connaissance même, il suffit que ce soit un brave homme, laisse tout et va ! As-tu des amis au bord de notre Don ?

— J'ai mon camarade d'école, Jacques Danilevsky dans la lieutenance de Kharkoff, d'autres encore...

— C'est le conseil que j'avais autrefois donné à ton père. Sollicite là-bas sur place, et non ici ; tu finiras par découvrir quelque document relatif aux domaines de ta grand'mère. On pourra alors continuer les démarches et je serai le premier à te servir. Sans cela, pas d'espoir, mon ami !

Mirovitch suivit le conseil du comte. Il obtint un congé de six mois et suffisamment pourvu d'argent par Razoumovsky, il partit en juin 1763 pour la Petite-Russie. Avant son départ, il avait reçu une lettre d'Ouchakoff, de Saint-Pétersbourg, qui lui annonçait, entre autres nouvelles, que Polixène habitait le pays d'Orenbourg, en qualité de gouvernante des enfants du prince Tchourmantéeff, commandant de la forteresse de Tatichévo.

XXVIII

Voici la patrie! le Dnièper bleu ! les rives boi-
sées du Troubèje, son affluent! Tout le long de
cette rivière, ce ne sont que vallons garnis d'épaisses forêts d'érables et de tilleuls, bords escar-
pés, d'un rouge ou d'un gris argileux, plan-
tureuses prairies où abonde le gibier, étangs pois-
sonneux.

Voici les ruches de Daniel Maïstruc ! Mirovitch
les a reconnues; il y a des années qu'elles furent
installées au bord du Troubèje, à l'issue du vallon,
et elles sont restées les mêmes. Sur le coteau, on
aperçoit le village de Lipovy-Kout, l'ancienne
propriété des ancêtres de Mirovitch, son église à
trois coupoles, ses vergers à droite et à gauche,
ses blanches chaumières, celle de Maïstruc, avec
son vieux saule creux et son puits noirci. C'est là
qu'en hiver il vit de son métier de tonnelier ;

en été, il descend camper dans les prés, au bord de
la rivière. Les abeilles ont augmenté, comme
aussi les cheveux gris du métayer, mais c'est bien
toujours lui.

Daniel ne se sentit pas de joie en revoyant le
fils de Jacques; il ne sut comment l'accueillir.
Quoiqu'il eût vaguement appris que Basile fût
devenu officier, il eut de la peine à se représenter
qu'il avait devant lui le petit meurt-de-faim d'autrefois, qui courait nu-pieds dans le bois, rabotait
des fuseaux et des flûtes et accompagnait le diacre
à l'église. Mirovitch entra dans la chaumière pour
voir la vieille femme de Maïstruc, puis, dans l'é-
glise, devant la palissade de laquelle il avait joué
enfant; il chercha au cimetière la croix de la
tombe de son père, et la tête penchée, il resta
longtemps à rêver. Lorsque, suivant un sentier
connu, il pénétra dans le bois et qu'il y aperçut,
plongée dans un massif de chênes et de platanes,
la hutte de joncs, enduite d'argile, et les rangées
de ruches recouvertes d'éclisses, lorsqu'il entendit
le bourdonnement des abeilles, les cris des huppes,
des râles, des ramiers, son cœur se serra et des
larmes de joie coulèrent le long de ses joues.

Le vieux Daniel régala Mirovitch de son mieux,
lui prépara une couche pour se reposer et lui
adressa force questions sur sa vie à l'armée, sur
tout son passé. Il le mena dans sa petite hutte,
dont les parois étaient fraîchement blanchies à la
chaux.

— Reconnais-tu ta guitare? lui dit-il. C'est
celle avec laquelle tu as chanté devant l'impéra-

trice. Et ton chien? voici son petit, qui est déjà vieux aussi. Dis, qu'es-tu venu faire au pays?

Mirovitch exposa à Daniel le but de son voyage. Peu après, il partit pour Péréyaslavl et Poltava, et présenta à qui de droit sa requête relative à la recherche de ses titres. A Piriatine, il découvrit un parent éloigné, Grégoire Mirovitch, greffier en retraite, qui assura être praticien consommé et s'offrit de s'intéresser à ses affaires. Basile le chargea de la défense de ses intérêts, lui remit ce qu'il lui restait d'argent et repartit pour Lipovy-Kout.

A la mi-septembre, Mirovitch expédia deux lettres, l'une à son camarade d'école, Jacques Danilevsky, par laquelle il l'informait de son arrivée, l'autre à Polixène. Mirovitch faisait part à celleci, du motif de son séjour en Petite-Russie, la suppliait de lui donner de ses nouvelles ne fûtce qu'en quelques lignes; il ajoutait, que si elle ne daignait pas prendre en considération cette dernière prière, ce serait pour lui le signe que tout et à tout jamais était rompu entre eux. Il n'eut pas de réponse.

C'était au commencement d'octobre, par un de ces beaux soirs d'automne de Petite-Russie, transparents, secs et chauds comme au mois de mai. Un ciel azuré, sans nuages, s'étendait sur les paisibles vallons boisés, remplis de l'odeur de la menthe et de la sarriette, sur les vastes prairies parsemées de plantes sauvages. La forêt était pleine de longs fils d'araignée apportés des champs par la brise; tout était calme, tout étincelait aux derniers rayons du soleil.

— On ne sait rien ici, on ne veut rien savoir, se dit Mirovitch étendu sur l'herbe, de ce qui se fait là-bas, où règne la volonté, la lumière, la vie! On bâille, on soupire tout au plus, quand je parle de la capitale; ici, on ne pense qu'à manger et à boire. On n'y a pas la moindre notion de ce qui se passe à la cour! Du changement qui vient de bouleverser la résidence impériale, ces gens-là n'en connaissent que des détails sans importance, nuls ou de pure fantaisie : tel a été nommé à telles fonctions, tel a reçu un cordon rouge, tel autre un ruban d'une autre couleur. Je leur parle sciences; ils me répondent bœufs, récoltes. Ils ne soupçonnent pas même l'existence de Jean; ils n'ont jamais entendu parler de lui. Est-ce ici, mon Dieu! dans ce bas-fond bourbeux et isolé que je vais éternellement rester?

Mirovitch reçut une lettre de Polixène. Elle disait qu'elle se souvenait toujours de lui; qu'elle éprouvait pour sa personne la même sympathie qu'autrefois, mais que ses idées n'avaient pas changé; elle le priait de la laisser en repos.

« — Votre vie est certainement plus supportable que la mienne, écrivait-elle, vous êtes dans votre pays, au milieu de vos compatriotes, sinon de vos parents; moi, je n'ai pas même cela; je demeure à la limite du monde, parmi des êtres à demi barbares. Je crois à votre bonté, à votre dévouement; mais je ne crois pas, pardonnez-moi de vous l'avouer, que vous possédiez assez de constance, mécontent de votre sort comme vous l'êtes, pour accepter l'humble et modeste existence du villageois. »

Le lendemain matin Maïstruc revint de Péréyaslavl, il rapportait une lettre du parent de Mirovitch, qui redemandait de l'argent, sans quoi, écrivait-il, inutile de se présenter devant les tribunaux. Mirovitch passa encore une semaine chez Daniel, puis partit avec lui pour Péréyaslavl où il trouva Grégoire qui se vautrait ivre-mort dans une auberge juive ; il avait bu tout ce que Basile lui avait envoyé et mis en gage ses derniers vêtements. Mirovitch recommença à fouiller les archives des tribunaux, mais sans résultat. Il résolut de repartir pour Saint-Pétersbourg et après avoir pris congé de Daniel, il alla rendre visite à son camarade d'école Jacques Danilevsky et se mit en route pour la capitale.

A la fin de décembre, Mirovitch arriva à Saint-Pétersbourg avec une requête signée de lui, de ses sœurs et de son parent Grégoire. Dans cette supplique il était dit que vingt ans auparavant, leur grand'mère avait demandé à feu l'impératrice Élisabeth de lui restituer les biens de son père ainsi que ceux qu'elle avait elle-même achetés et qui avaient été confisqués, et que jusqu'ici cette affaire n'avait pas encore reçu de solution.

Mirovitch présenta sa requête à Catherine, par l'intermédiaire de Téploff, le 10 janvier 1764. Le 5 février, ordre fut donné de la soumettre à l'examen du Sénat ; celui-ci déclara qu'il n'y avait pas lieu de procéder à la restitution. Le 13 avril, Catherine ayant reçu un rapport sur cette affaire,

écrivit ces mots sur la supplique : « Les préten-
tions des requérants n'étant pas justifiées, c'est au
Sénat à les débouter de leur demande. »

Lorsque Mirovitch apprit ce résultat, il alla à
Tsarskoé-Sélo présenter une nouvelle requête à
Catherine dans laquelle il exposait à nouveau
toutes les circonstances concernant cette affaire;
il rappelait que s'il parvenait à suffire à son entretien avec sa solde, ses trois sœurs étaient dans la
misère; il implorait en leur faveur au moins une
pension qui leur procurât de quoi se nourrir.

Mirovitch avait signé sa première demande
comme lieutenant de l'ancien régiment de Narva,
celle d'avril comme officier du même grade du régiment de Smolensk dans lequel, grâce à Pierre
Panine, son ancien chef, il avait été transféré au
mois de mars et qui était cantonné à Schlusselbourg.

XXIX

La seconde supplique de Mirovitch n'eut pas
un meilleur succès que la première. Il en fut at-
terré, mena pendant les premiers jours d'avril une
vie errante, désordonnée et se remit à fréquenter
les tavernes.

On l'aperçut à plusieurs reprises, mêlé à la
foule élégante qui se promenait sur la Perspective de Nevsky, l'œil en feu, comme pris de vin;
personne n'aurait pu dire où il demeurait, ni qui
il fréquentait. Son argent tirait à sa fin. Il lui
fallut reprendre son service, se présenter à ses
nouveaux supérieurs. A une autre époque, il en
eût éprouvé de l'ennui; maintenant, il se sentait
le cœur léger.

C'est dans cette disposition d'esprit qu'il rencontra au commencement du mois de mai, devant
le péristyle d'un théâtre, Ouchakoff, qui ne put

s'empêcher de lui en témoigner son étonnement.

— Tu as perdu ta cause, et tu es gai, tu n'es pas découragé ? lui dit-il.

— Quelle que soit notre vie, il faut finir par la mort, n'est-ce pas ? répondit Mirovitch.

Le 9 mai au soir, jour de la Saint-Nicolas, Mirovitch alla chez Ouchakoff. Celui-ci, à bout de ressources aussi, s'était décidé à donner sa démission et à se rendre dans une petite ville, au delà de Moscou, chez sa marraine, qui assurait lui avoir découvert un riche parti.

— Tu prends ton congé ? lui dit Mirovitch.

— Oui. Que faire ? Je n'ai plus rien.

— Quelle sottise ! Ne quitte pas le service. Nos affaires vont se relever.

— Comment cela ?

— Oui. Nous n'avons qu'à nous y prendre d'une autre façon. Je me suis arrêté à une idée et je l'exécuterai ; je réglerai tout en une seule fois.

— Que veux-tu régler ?

— J'ai passé au régiment de Smolensk...

— Eh bien, après ?

— Pour être à proximité, pour lui tendre la main...

— A qui ? je ne comprends pas.

Mirovitch marcha de long en large, d'un air orgueilleux, comme s'il avait devant lui une foule obéissante attendant qu'une grande parole tombât de ses lèvres.

— Oui, j'ai pris une résolution, m'en coûtât-il la vie. La voici ! Et si tu me trahissais ou si tu me

dénonçais, je l'apprendrais, je le saurais, et je te
tuerais comme un chien !

— Es-tu fou ?

— Rappelle-toi ce que je viens de te dire !

— Je ne serai jamais ni un traître, ni un déla-
teur. Surveille tes paroles, s'il te plaît.

— Tant mieux. Il est trop tard pour discuter,
pour calculer ! Donc, tu ne me livreras pas ?

— Sois-en convaincu. Je te le jure sur mon
honneur.

— Je repars pour Schlusselbourg, j'obtiendrai
d'être de faction à la forteresse. Et toi, Ouchakoff,
je te l'ordonne, trouve-moi un uniforme d'officier
d'état-major, une chaloupe, et viens me voir, en
qualité d'ordonnance de Sa Majesté l'impératrice ;
appelle-toi Souhmétieff ou Arsénieff, peu importe,
et présente-moi les pièces que je te préparerai.

— Quelles pièces ? demanda naïvement Ouchakoff, désireux de remplir consciencieusement son
rôle.

— Lesquelles ? Nous rédigerons un manifeste
du Sénat à Jean et un rescrit impérial, ordon-
nant d'arrêter le commandant de la forteresse,
de le mettre aux fers et de l'envoyer sans retard au
Sénat.

— Et après ?

— Après ? Assez de paroles ; il faut autre chose.
On nous traite de bavards, de philosophes. Agis-
sons ! Serrons nos rangs et nous arriverons à quelque chose. Tout dépendra de notre courage, de
notre hardiesse. Nous emmènerons Jean au parc
d'artillerie du quartier de Vyborg. Les officiers

de cette arme sont les plus braves ; nous n'avons pas besoin d'autres auxiliaires. Le. tambour battra aux champs; l'armée et le peuple accourront. Voilà votre empereur, leur dirai-je, Jean III ; celui auquel, lorsqu'il était enfant, tous ont juré obéissance.

— Et l'impératrice ?

— Elle va en Livonie, dans un mois. Poniatovsky la recherche en mariage, dit-on ; on envoie d'abord des troupes à Varsovie pour que les Polonais le nomment roi, il viendra ensuite à Riga où il sera reçu en audience solennelle. Orloff a échoué, lui, le sais-tu ?

— Certes. Les préparatifs avancent; le prince Volkonsky est déjà en marche sur Smolensk, pour influer sur les élections. Notre régiment a aussi reçu l'ordre d'être prêt.

Le 25 mai, Ouchakoff vint annoncer à Mirovitch qu'il avait été inopinément appelé au conseil de la guerre et qu'il avait reçu l'ordre d'aller porter des pièces à Smolensk, au général en chef Michel Volkonsky. Mirovitch regarda son camarade d'un œil soupçonneux et sévère. Ouchakoff lui présenta l'ordre par écrit, en règle, et lui promit d'être de retour pour le 24 juin, jour de la Saint-Jean.

XXX

A la date convenue, Ouchakoff ne fut pas de retour; Mirovitch partit seul pour Schlusselbourg afin de rejoindre son régiment dont le chef était alors Korsakoff.

Une nuit qu'il était de faction, il se mit à découdre la doublure de sa tunique, en sortit le manifeste qu'il avait préparé et le cacha derrière le poêle de la salle du corps de garde. Puis, il se hâta de rédiger une ordonnance au nom de l'empereur Jean et adressée au commandant du régiment. Dans ce rescrit, Korsakoff, promu au rang de général, recevait l'ordre de faire prêter serment à ses troupes et de se porter avec elles sur Saint-Pétersbourg, au palais d'été « où je me rends moi-même sans délai, » ajouta Mirovitch, au nom de Jean.

L'aube venue, il quitta la table sur laquelle il écrivait, mit sa tunique, prit son épée èt son chapeau, et descendit devant le corps de garde.

— Aux armes! s'écria-t-il.

Sa voix retentissante troubla tout à coup le silence matinal; l'alarme se répandit.

— Cours réveiller tes hommes! dit Mirovitch au sergent-major.

— Qu'est-ce qu'il y a? Qu'est-ce? Un manifeste?

Mirovitch disposa son peloton sur trois rangs, se plaça à leur tête et ordonna de charger les fusils; lui-même en saisit un.

— Ne laissez entrer personne, sauf peut-être un officier qui doit aborder dans une chaloupe, cria-t-il aux sentinelles postées sur les murs.

Il pensait à Ouchakoff.

— Qui sait! Il arrivera peut-être encore! se dit-il.

Ce peloton comptait quarante-cinq hommes; le poste de soldats de la garnison qui gardait le cachot et la cour au delà du canal n'en avait pas le tiers. Une lumière scintillait à la fenêtre de Bérednikoff qui avait entendu le tumulte et qui se montra à la porte.

— Qu'est-ce que cela? Pourquoi ces hommes réunis?

— Tu détiens ici un innocent, l'empereur.

— Il y a un mandat lancé contre toi, Mirovitch.

Et Mirovitch, le frappant de sa crosse, le saisit au collet et le livra à ses soldats que tant d'audace avait subjugués.

— En avant, marche! cria-t-il, et il franchit le pont.

— Qui vive?

— Nous allons auprès de l'empereur, répondit Mirovitch.

On entendit du bruit de l'autre côté du canal. Une étrange lueur apparut, suivie de trois coups de feu ; des balles volèrent en sifflant par-dessus les têtes ; les soldats s'arrêtèrent.

— Ils tirent? Rendons-leur la pareille, dit Mirovitch.

Celui-ci fit aligner son détachement qui fit feu. La porte devant le pont-levis s'ouvrit et se referma. On pouvait s'apercevoir, aux clameurs qui augmentaient d'intensité, que l'adversaire avait reçu du renfort.

— Vous rendez-vous, traîtres? Reconnaissez-vous votre empereur? cria Mirovitch.

La garde fit une nouvelle décharge à laquelle les soldats de Mirovitch ripostèrent ; les balles allèrent se loger sur les murailles de l'enceinte, sur le toit de la tourelle. Personne ne fut blessé, ni de part ni d'autre. Mirovitch ramena ses hommes derrière la chapelle. Les soldats murmuraient.

— Que faisons-nous? Nous nous conduisons en assassins! La raison à tout cela? Que le diable vous emporte! disaient-ils.

— Mes hommes demandent qu'on leur fasse voir l'ordre par écrit, dit le caporal Mironoff qui sortit des rangs et s'approcha de Mirovitch.

— Quels ordres? brutes que vous êtes!

— Pourquoi tirons-nous sur les nôtres?

— Est-ce que j'agirais sans ordre, moi?

Mirovitch rentra furieux au corps de garde et en
rapporta le manifeste et le rescrit qu'il lut à haute
voix. Pendant ce temps, le mouvement augmentait de l'autre côté du pont ; Mirovitch s'avança
le mousquet à la main.

— Obéissez, laissez-nous passer ou malheur à
vous ! s'écria-t-il. Je fais mon devoir ; rendez-
vous si vous ne voulez pas désobéir à une volonté
souveraine ; voici un rescrit de l'empereur.

— Rends-toi toi-même ! répondit une voix de
l'autre côté du canal.

— Qu'on m'amène un canon et des munitions !
ordonna Mirovitch.

— Nous n'avons pas les clefs du dépôt !

— Elles sont chez le commandant, répondit
Mirovitch.

On alla chercher des canonniers. Avec leur aide,
on descendit du bastion une pièce d'artillerie de
six livres. Mirovitch la fit charger et la pointa
dans la direction de la porte ; il réitéra en outre
sa défense d'autoriser qui que ce fût de sortir de
la forteresse ou d'y entrer.

Tous avaient perdu la tête dans la cour où se
trouvaient la tourelle et l'habitation des prévôts. Des lumières se montraient par intervalles
aux fenêtres ; des portes se fermaient, des soldats
couraient. Les chefs rôdaient ahuris, donnaient
des ordres, les retiraient, s'égosillaient, s'insul-
taient.

— Que faire maintenant ? demanda Tchékïne,
l'un des prévôts. Ils ont amené un canon.

— Et vous, qu'en dites-vous? répliqua Vlassieff, son collègue.

— Quel affront, s'ils avaient le dessus !...

— Vous n'avez pas oublié les instructions secrètes ; elles n'ont pas été révoquées.

Les terribles instructions de Panine indiquaient nettement les mesures que les prévôts devaient appliquer dans le cas où une main quelconque s'aviserait de toucher au détenu.

. — N'y aurait-il pas moyen de s'y prendre différemment? Commeitre un acte aussi inhumain ! Lui qui dort et qui ne se doute de rien! se dit Tchékine.

Il se rappela la soirée de la veille et le visage de Jean qui, contre son habitude, l'avait reçu avec affabilité et lui avait même dit : — Tchékine, si jamais je sors d'ici, je te crée chambellan.

On frappa à la porte ; c'était un message qu'envoyait Mirovitch.

— Dis-lui que ne nous tirerons plus, ordonna Vlassieff. Nous nous rendons. Qu'on ouvre les portes ! Toi, Tchékine, suis-moi !

Vlassieff prit Tchékine par le bras et le conduisit à la tourelle. Il était quatre heures du matin ; le soleil brillait. Une sentinelle était de faction.

— Le détenu dort-il ? dit Vlassieff.

. — Probablement. On ne l'entend pas, répondit le factionnaire.

Vlassieff s'empara du sabre du factionnaire et ouvrit la porte. Jean sommeillait paisiblement derrière un paravent.

— Eh bien! s'écria Vlassieff, en tirant son épée du fourreau, conformément à nos instructions, j'ordonne...

Tchékine dégaina de son côté; il vit Vlassieff marcher vers le paravent, se pencher, faire un geste de la main; il entendit le coup de l'acier heurtant un corps, le bruit sourd de quelque chose qui frappait et ce cri déchirant : « Ah ! Dieu ! que me voulez-vous ? » Il se jeta précipitamment vers la porte, dont il ne parvint pas, dans sa précipitation, à trouver la serrure.

Un homme de haute taille sortit de derrière le paravent : il était en chemise, il avait au front une blessure, le sang ruisselait sur son visage livide; il brisa la lame dont Vlassieff l'avait frappé, et saisissant celui-ci, il essaya de le terrasser.

— Judas, assassin ! cria l'homme.

— Une épée ! hurla Vlassieff qui râlait.

— Tchékine accourut, tendit son arme à Vlassieff et s'enfuit. Une nouvelle lutte désespérée s'engagea; il entendit les deux adversaires se ruer contre la paroi, ébranler la porte; puis un corps tomba lourdement à terre. Tchékine écoutait, tremblant de tous ses membres, dans le corridor du rez-de-chaussée.

— Où est l'empereur? s'écria Mirovitch tout essoufflé et suivi de ses soldats.

— Nous ne reconnaissons que Sa Majesté l'impératrice, répondit Tchékine.

— Misérable! ouvre-nous la porte et montre-nous l'empereur.

Mirovitch gravit l'escalier, son fusil à la main.

Il trouva la porte de la demeure de Jean ouverte et Vlassieff sur le seuil ; le reste de la cohorte se pressait derrière lui dans le vestibule et les corridors.

— Qu'as-tu fait, coquin ? dit Mirovitch.

Le corps inanimé de Jean, étendu sur le plancher, nageait dans une mare de sang.

— Notre empereur !

— Je ne sais qui il était, ajouta Vlassieff ; la faute n'en retombe pas sur nous ; nous avions des ordres.

— Tuons-les, ces misérables ! crièrent les soldats.

— A quoi bon ? dit Mirovitch en les retenant. Ils ont raison maintenant, et c'est nous qui avons tort. Le voilà, l'empereur Jean ! C'était à lui de régner, de se montrer à la tête de ses troupes ! Nous sommes perdus. Mais je veux seul répondre et souffrir pour vous ! Emportez le corps de Sa Majesté auquel de fidèles sujets rendent les derniers hommages.

Le cadavre fut placé sur le lit, on le couvrit d'un drapeau et on le descendit dans la cour.

Entre temps, Bérednikoff avait été délivré ; il accourut, fit un signe ; un caporal et quelques soldats entourèrent Mirovitch.

— Adieu, mes amis, ne me gardez pas rancune, dit ce dernier.

Bérednikoff lui arracha son épée et donna l'ordre de le faire enfermer dans le réduit d'où il sortait lui-même.

— Colonel, dit Mirovitch à Korsakoff qui venait d'arriver de Schlusselbourg, vous ne l'avez pas connu en vie, notre empereur Jean, le voilà mort. Mais si...

Le tambour roula, les rangs se serrèrent, le peloton se dirigea vers la porte emmenant Mirovitch prisonnier.

Le corps du défunt, mis dans un cercueil de velours grenat, fut exposé dans la chapelle. L'affluence et les propos des habitants furent cause qu'on s'empressa de l'enterrer mystérieusement dans le caveau d'une des casemates, à l'endroit même où se trouve aujourd'hui la chapelle de Saint-Philippe. On répandit parmi le peuple le bruit que le cadavre avait été transféré la nuit, en secret, au monastère de Tikhvine.

XXXI

Pendant les événements que nous venons de raconter, Catherine parcourait, déployant un grand faste, les provinces riveraines de la mer Baltique. On vit renaître les espérances des Allemands : le bruit se répandit que le vieux rusé de Berlin ourdissait de nouvelles trames ; une alliance avec Frédéric menaçait de faire surgir les anciennes calamités ; on se répétait le vieux conseil de Lomonossoff : « Lie-toi avec qui n'est pas ton voisin. »

Le 9 juillet, Catherine fit son entrée solennelle à Riga. Des salves d'artillerie, les murmures des cloches, des hurrahs accueillirent l'auguste visiteuse. Les magistrats et les barons, montés sur des chevaux richement caparaçonnés, abaissèrent devant elle l'étendard de la ville, resté caché pendant les années du règne d'Élisabeth. On lisait sur un arc de triomphe :

Matri patriæ incomparabili !

23.

Catherine, en descendant de son carrosse, foula les fleurs dont son chemin était jonché et que les filles des bourgeois de Riga jetaient sous ses pas. Elle passa en revue les troupes de la garnison, visita la maison de plaisance de Pierre le Grand, l'église orthodoxe de Saint-Alexis et reçut, le 11 juillet, l'hommage de la noblesse. Le soir, la municipalité lui offrit un bal masqué.

De ses appartements, elle entendit dans les rues les sons de la musique et les cris de la multitude qui l'acclamait et guettait sa sortie ; les équipages de Munich et de Biron passèrent suivis de ceux des gens de l'escorte impériale. Catherine, en peignoir, était assise dans son boudoir. Son perruquier la coiffait ; ses femmes de chambre, la Schargorodsky et la Pérékousikhine, tenaient l'une sa robe, l'autre son masque et son domino bleu, garni de rubans. Une voiture de gala, à six chevaux, empanachés de plumes d'autruche, accompagnée de piqueurs, attendait au bas de l'escalier. La dernière mèche de cheveux était frisée, la dernière épingle fixée, Catherine mettait son masque, lorsqu'elle aperçut dans la glace la porte s'ouvrir ; c'était la Schargorodsky qui entrait portant une lettre sur un plateau.

— Qu'est-ce encore? dit Catherine.

— Un courrier de Saint-Pétersbourg, répondit la femme de chambre.

Catherine décacheta la lettre, parcourut les premières lignes et faillit laisser tomber le papier : c'était le rapport précis de la tentative de Mirovitch et de l'assassinat de Jean.

— Sortez, dit Catherine aux personnes présentes, et appelez-moi le comte Stroganoff ; mais que personne ne le voie ; faites-le passer par le petit escalier.

Stroganoff arriva. La porte fut fermée à clef.

— Va-t'en à pied à ce bal à ma place, lui dit-elle.

— Comment, à votre place, Majesté ? Vous voulez rire ?

— Nullement. Catherine, Maure, passez-lui mon domino.

— Quelle raillerie ! Dans une ville, au milieu d'un monde que je ne connais pas ! On me reconnaîtra, on m'en voudra.

— Pense à moi, et non pas à toi. Mon absence serait mal interprétée et je ne puis me rendre à cette fête. Il vient de m'arriver des pièces importantes de Saint-Pétersbourg. Je dois y répondre immédiatement. Le moment, pour moi, n'est pas aux plaisirs ; des raisons de haute politique m'obligent à dissimuler les motifs qui me font renoncer brusquement à ce bal. Vas-y sans tarder. Tu es de ma taille, tu connais mes gestes, tu t'es souvent diverti en imitant ma voix. Amuse-les, ces Allemands !

Un quart d'heure après, le comte Stroganoff, affublé du domino et du masque de Catherine, entrait dans la salle du bal, entouré de députés de la ville et de courtisans. Le chambellan Koupréanoff, qui rédigeait le journal du palais, écrivit ce soir-là sur ses tablettes, en soulignant : « Sa Majesté l'impératrice a daigné se rendre au bal, *mas-*

quée et à pied. » Personne ne reconnut Stroganoff; les Allemands le prirent pour l'impératrice, s'épuisèrent en amabilités aussi respectueuses qu'intéressées et l'assaillirent de leurs basses salutations et de très humbles communications relatives aux vœux et besoins du pays. Biron, selon son habitude, se plaignit de la violence et de la perfidie de Munich, Munich de celle de Biron; Stroganoff fut ainsi initié à des secrets tels, qu'il s'en sentit le corps inondé d'une sueur glacée.

Catherine enfermée dans son cabinet relut le rapport de Panine ainsi que les pièces à l'appui, et fit appeler les Orloff et l'hetman, qui étaient au bal. Elle leur annonça la nouvelle de la sanglante catastrophe.

— C'est affreux! dit-elle, et cela au moment où il consentait à prendre la tonsure. Le coupable, évidemment, n'était pas sans avoir des complices. Je me rappelle qu'avant mon départ, une femme ramassa dans la rue une lettre où j'étais menacée d'être tuée...

— Qui a commis le crime? s'écria l'hetman hors de lui, ce ne sont certes pas des gens du pays de Mirovitch !

— On désignait la princesse Dachkoff; j'ai peine à le croire...

Les Orloff se regardèrent.

— Les pièces saisies, dit Catherine, sont de trois mains différentes. Voici le manifeste, l'écriture en est fine; la lettre au nom de Jean à Korsakoff est écrite d'une main plus lourde ainsi que le rescrit. J'admets que les deux premières pièces soient de Mirovitch; qui a écrit la troisième?

— La question et la corde délieront toutes les langues, s'écria Alexis Orloff. On apprendra ainsi avec quels personnages Mirovitch a été en relations. Des soldats ne lui auraient pas obéi, s'ils n'en avaient reçu l'ordre de plus haut.

— Pas de torture, mais un tribunal public, dit l'impératrice. Une affaire aussi grave ne doit pas rester secrète, d'autant plus qu'une centaine d'individus y ont participé, les armes à la main. Il faut une enquête sévère et impartiale! et un manifeste véridique sera publié à mon retour sur ce fol attentat.

L'impératrice revint à Saint-Pétersbourg à la fin de juillet. Le manifeste impérial parut le 17 août. Le tribunal suprême chargé de juger Mirovitch était composé de membres du Sénat et du Synode, des présidents des conseils, de généraux et de représentants des trois premières classes. Mirovitch était détenu à la forteresse de Saint-Pierre et Saint-Paul. Des bruits sur la marche du procès pénétrèrent dans le public et agitèrent la société de la capitale.

On apprit que le sénateur Néplueff avait demandé d'arrêter et d'interroger une quarantaine de personnes appartenant pour la plupart aux premières familles. On parlait encore de la sortie violente d'un autre membre du tribunal, le baron Tcherkassoff, lorsque, le 31 août, la cour procéda au premier interrogatoire de Mirovitch. Tcherkassoff se leva :

— Je demande l'application de la question au

petit-fils du traître Mirovitch, dit-il. Des bruits funestes courent dans la ville : nous juges, nous passons pour des comédiens agissant sous l'influence d'une inspiration extérieure.

— Infâmes calomnies ! s'écria-t-on autour de lui.

— Ce n'est que par l'emploi de la torture que nous connaîtrons les mobiles secrets du crime.

— Oui, oui, on ne ferait pas mal de lui serrer un peu les côtes entre quatre yeux, dirent quelques autres.

Ces paroles soulevèrent une tempête; tous sautèrent de leur place, et se couvrirent d'objurgations réciproques. Le procureur Soïmonoff déclara que quelques membres du tribunal suprême appartenant à l'ordre du clergé approuvaient l'application de la question.

— Je vous interdis toute discussion ultérieure, s'écria d'un ton impératif le procureur général, le prince Viazemsky, l'audience est levée et j'informerai Sa Majesté de ce qui vient de se passer.

— Je ne vois rien dans les paroles de Tcherkassoff, répondit Catherine lorsqu'on les lui rapporta, sinon qu'elles ont été dictées par le zèle le plus pur et le plus sincère. Les ministres des cours qui nous sont peu favorablement disposées ont en effet semé dans la capitale l'opinion que j'oblige le tribunal à jouer une comédie où la vérité serait dissimulée ; il y a jusqu'à des gens du pays qui, par leurs propos, induisent l'opinion en erreur... C'est à la majorité des voix à se prononcer.

— Avoue, repens-toi, dirent à Mirovitch les

membres du tribunal, nomme tes complices, tes instigateurs, tes partisans! allège ta conscience par des aveux.

— Vous cherchez en vain mes complices. J'ai été seul à agir, répondit Mirovitch.

— Comment as-tu osé ?

— Je me suis engagé dans une aventure qui vous a réussi à vous-mêmes et qui fait de vous mes juges et de moi votre accusé. J'ai marché sur vos traces. Vous tiendriez un autre langage si la fortune m'eût secondé.

Le 1er septembre, Mirovitch fut mis aux fers et dégradé. A une nouvelle proposition de lui faire subir la question, l'impératrice ordonna de « laisser le malheureux en repos et de se consoler à la pensée que l'Etat était débarrassé d'un ennemi aussi dangereux. »

Le 9 septembre, le tribunal signa cette sentence : « Faire passer par les verges et envoyer aux travaux forcés les caporaux et les soldats qui ont pris part à la révolte et décapiter Basile Mirovitch dont le corps, exposé en public jusqu'au soir, devra être brûlé avec l'échafaud. »

Vlassieff et Tchékine, les assassins de Jean, furent internés dans une province éloignée, après avoir touché chacun une récompense de sept mille roubles, avec défense de fréquenter les sociétés un peu nombreuses et de jamais parler à personne de ces événements.

L'exécution de Mirovitch fut fixée au 15 septembre ; elle devait avoir lieu au marché des Comestibles, en face de la forteresse. Catherine, sur la recommandation du tribunal de renoncer à son droit de grâce, répondit que ses droits ne regardaient personne.

La nouvelle de l'attentat de Mirovitch avait pénétré jusque dans les recoins les plus éloignés de la Russie ; des perquisitions, des enquêtes furent faites à Lipovy-Kout, à Péréyaslavl, à Moscou, et chez la vieille Bavykine. Tous s'attendirent au sort réservé à Mirovitch et le verdict confirma les suppositions générales. Deux des sœurs de Mirovitch et Anastasie errèrent comme des ombres dans les rues de Saint-Pétersbourg, allant implorant les personnages influents et se jetant aux pieds des membres du tribunal suprême. Anastasie présenta une supplique à Catherine qui la reconnut.

— Hélas ! je ne puis rien, répondit-elle. Demande-moi ce que tu voudras ; mais ceci est en dehors de mon pouvoir. Le tribunal a prononcé ; la tentation de se révolter serait trop grande à l'avenir.

Le 12 septembre, il arriva encore des bords du Volga une nouvelle solliciteuse. Elle obtint à grand'peine une entrevue de Grégoire Orloff, de l'hetman et de l'archevêque ; elle se cramponna aux pans de l'habit de Viazemsky, le procureur général, à sa sortie du Sénat ; elle le suivit pas à pas sur les degrés de l'escalier en pleurant, en lui baisant les pieds, en le suppliant d'épargner son fiancé. On lui répondit qu'il était trop tard, que la condamnation de Mirovitch avait été définitivement confirmée par la cour.

Le mardi, 14 septembre, jour de l'Exaltation de la Sainte-Croix, un service divin fut célébré à la chapelle du palais de Tsarskoé-Sélo. Au sortir de l'office, l'impératrice passa dans son cabinet où l'attendaient son déjeuner et des rapports du matin.

L'ancien chef de la garde-robe, Schkourine, devenu chambellan, aimait à se rappeler son service d'autrefois et continuait à épousseter dans ses loisirs les tables et les autres meubles des appartements de Catherine. Ce jour-là, il touchait légèrement de son plumeau la pendule sur la cheminée du cabinet, les tablettes de la bibliothèque, tout en fredonnant, selon sa coutume, un grave air d'église :

— Vous n'avez rien à me dire ? fit Catherine.

— Comment ? rien, Majesté ! mais je n'ai pas osé, plongée dans vos paperasses comme vous l'êtes...

— Eh bien ?

— Une femme demande à vous parler. Repoussée d'abord, chassée par les laquais, elle est venue à moi.

— Qui est-elle ? que veut-elle ?

— Elle arrive de loin, de très loin, en chaise de poste, toujours à cause de l'affaire de demain. Cette fille me paraît avoir été autrefois au palais.

— C'est une jeune fille ?

— Oui, et qui pleure...

— Que puis-je faire? mon Dieu, lorsque tous, Alexis Orloff, l'hetman, Panine...

— Permettez-lui d'entrer. Daignez l'écouter, Majesté.

Catherine sonna. Un serviteur introduisit une belle et svelte jeune blonde; laissée seule avec l'impératrice, elle tomba à genoux.

— Levez-vous, ma chère, lui dit l'impératrice; pour qui venez-vous intercéder?

— Pour Mirovitch, répondit la jeune fille.

— Les souverains eux-mêmes sont impuissants dans des cas semblables. Ce n'est pas moi qui l'ai jugé, ce n'est pas moi qui l'ai condamné. Qui êtes-vous et pourquoi intervenez-vous?

Les frêles épaules de Polixène frémirent; ses bras blancs s'affaissèrent inanimés sur sa vieille robe de couleur foncée; ses lèvres serrées ne purent proférer une parole.

— Que êtes-vous? parlez, ne craignez rien; nous sommes seules.

— Hélas! je suis la fiancée de Mirovitch.

— La fiancée? que dites-vous?

— Je le vois, il est inutile d'espérer sa grâce. Je ne demande qu'une chose; permettez-moi de lui faire mes adieux, de partager ses derniers moments.

— Vous l'avez donc connu? Dites-moi en toute sincérité ce qui l'a poussé à une action aussi folle, aussi absurde. Quelle dureté de caractère il y a dans cet homme, opiniâtre au point de ne pas vouloir dénoncer ses complices !

— Majesté, pouvez-vous me faire une promesse ?

— Je vous promets tout ce qui est en mon pouvoir.

— Même sa grâce ?

— Peut-être, cela dépend de votre sincérité. A-t-il eu des complices, des instigateurs ?

— Oui, une seule personne.

— Vous la connaissez ? Vous pouvez me la nommer ?

— Je le puis.

— Elle n'a pas été poursuivie jusqu'ici ?

— Personne ne la connaît et elle est cause de tout.

L'impératrice se leva ; un nuage lui passa devant les yeux.

— Je vous promets sa grâce, mais parlez.

— Il y va, Majesté, de la vie ou de la mort d'un homme qui me touche de près.

— Ayez confiance en moi.

Polixène se tordait les bras de désespoir.

— Cette personne, qui est-elle ?

— Moi, moi seule.

— Vous, malheureuse. Vous vous abusez ; le désir de sauver l'homme que vous aimez vous égare, vous aveugle. Votre bon cœur, vos bons sentiments vous font honneur, mais je ne peux vous croire. J'ai lu ses lettres, son journal, ses vers, c'est un fanatique qui doit avoir des instigateurs plus puissants que vous.

— Majesté, je suis la seule coupable. Il n'a fait qu'exécuter ce que j'ai voulu, ce que j'ai exigé.

— Exigé ? Dans quel but ?

Polixène se voila la face de ses mains, et après un court silence, elle raconta, avec volubilité et en sanglotant, l'histoire de ses relations avec Mirovitch.

— J'appris à connaître Jean, son sort affreux et sans issue, continua-t-elle. Le chagrin me fit perdre la raison ; j'outrageai celui qui m'aimait, je lui reprochai son manque de hardiesse et d'audace. Je pensai épouser Mirovitch, je voulus d'abord assurer l'avenir de Jean. Mes paroles ont mis le feu aux poudres ; il entreprit une œuvre insensée. Le châtiment qui lui est maintenant réservé, c'est moi qui l'ai mérité. Majesté, c'est moi qui suis cause de tout.

— Vous avez été franche. Silence ! L'exécution devait avoir lieu demain. Un courrier portera l'arrêt de grâce au condamné sur l'échafaud.

Polixène quitta Tsarskoè-Sélo ; elle fut rejointe à mi-chemin par un cavalier qui continua sa route au grand galop.

Ce même soir, le geôlier de Mirovitch, en emportant de sa cellule les restes du souper, laissa comme par mégarde tomber un morceau de papier plié ; il contenait un anneau et ces lignes de Polixène : « Courage ! espère ; je suis ici ; prie Dieu ; tout peut changer. »

— Une lettre d'elle ? s'écria, ivre de joie, Mirovitch, couvrant de larmes et de baisers la bague et l'écrit qu'il relut un millier de fois. — Mais ces lignes ? se dit-il tout à coup, — elle ne me les a adressées que pour me calmer, me consoler ! Et

si au lieu de mon pardon, ma tête tombait demain? Est-ce par pitié, qu'elle a fait cela pour moi?

L'effroi s'empara de lui ; ses dents claquèrent,
il tomba livide sur son lit la face contre terre ;
son corps amaigri et affaibli se roidit sous les
convulsions du désespoir et de la rage, et il se
répandit en vaines malédictions.

XXXII

Le 15 septembre, le matin de bonne heure, la populace se rua sur le marché des Comestibles, où, en face du deuxième pont-levis du fossé circulaire de la forteresse, s'élevait un échafaud peint en noir. La maréchaussée fit évacuer la place et les rues avoisinantes ; les boutiques étaient fermées ; on attendait le grand maître de police et des troupes.

Mirovitch avait passé la nuit sans fermer l'œil. L'air frais, pénétrant par la fenêtre de son cachot, lui caressa les joues. Tout ce qui lui avait été cher, tout ce qui avait donné de la chaleur et du charme à sa vie sitôt brisée, son enfance, ses années d'école, sa première entrevue avec Polixène, ses premières joies et les rêves qu'il avait faits de se retirer après une longue absence dans son pays natal, au sein de la simplicité et de la paix de la vie villageoise, toutes ces images reparurent, se retracèrent dans le cœur de Mirovitch. Il se recoucha ému et quelque peu apaisé sur son lit, ferma les yeux et laissa doucement couler ses larmes. Un sommeil bienfaisant s'empara insensiblement de ses membres et les maîtrisa.

Mirovitch se réveilla tout à coup, et sauta de son lit. Il était six heures du matin; la pâle et brumeuse aube d'automne perçait les ténèbres. Tout ce que l'âme de Mirovitch pouvait se représenter de pénible, d'hostile, de menaçant revint le torturer avec une désespérante réalité. Il prit une plume pour adresser ses derniers adieux à ses proches; sa main ne lui obéit pas. Un frisson parcourut son corps.

— Prions Dieu! dit-il.

Il se peigna, s'habilla, essaya d'articuler son oraison; ce fut en vain. La ferveur fuyait son cœur et ses lèvres.

Un bruit se fit entendre au fond du corridor; des pas précipités résonnèrent; des clefs grincèrent; Mirovitch frémit de la tête aux pieds et jeta du côté de la porte un regard éteint. C'était le commandant de la forteresse qui entrait suivi de l'aumônier.

— Mon fils en Dieu! courage. Ton heure est venue. Fais ta prière, dit celui-ci.

— Et l'écrit de Polixène? N'était-ce qu'un rêve? pensa Mirovitch.

L'aumônier resta seul avec le condamné. L'idée d'une évasion possible traversa brusquement l'esprit de ce dernier.

— Si je suppliais le prêtre de me céder sa soutane ! Enfantillages, folies ! il est trop tard.

A sept heures du matin, la place, le pont, les portes, les fenêtres et les toits des maisons se remplirent de monde. Le murmure contenu de cette foule houleuse retentissait sourdement dans l'atmosphère grise, imprégnée du brouillard. Il avait plu un peu avant l'aurore ; des gouttes tombaient encore des arbres près du pont et derrière les palissades. Des gens disaient que la peine serait commuée, que le condamné n'allait être amené sur l'échafaud et que sa tête ne toucherait le billot qu'à titre de sévère remontrance, qu'il serait certainement gracié...

Deux femmes aux traits défaits, les yeux en pleurs, l'une vieille, au maintien grave, l'autre jeune, pâle, vêtue de noir, se frayèrent un passage à travers la place et se mirent au premier rang devant les soldats.

— Sa mère et sa sœur, sans doute ! chuchotèrent des voix dans la foule qui leur faisait place.

— As-tu entendu dire qu'un courrier lui apporterait sa grâce ? dit près du pont Derjavine à son camarade Novikoff.

— Le voilà ! le voilà ! cria-t-on de toutes parts.

La foule tumultueuse se porta en avant. Le tambour roula. On commanda : Portez armes ! Des cavaliers sortirent de la forteresse ; un officier, tête nue, le teint livide, vêtu de son manteau bleu, était assis sur un char escorté de soldats ; il avait à ses côtés l'aumônier qui tenait une croix. Le véhicule franchit le pont.

— Mirovitch! Mirovitch! criait le peuple.

— Il faut traverser encore cette rue, ce pont, cette place, se dit Mirovitch; mon Dieu! que ne suis-je déjà sur l'échafaud! Voyez, mon père, disait-il à l'aumônier, de quel œil ce peuple me regarde. Comme il en eût été autrement si j'avais réussi, si j'avais conduit Jean à la cathédrale de Kazan!

— Où sont tes pensées, insensé? Et ton repentir? lui dit l'aumônier.

— Hélas! il est mort par ma faute! répondit le condamné.

Les tambours cessèrent de battre. Le bourreau parut. Ses aides traînèrent Mirovitch sur l'échafaud.

— Qu'il est jeune! Comme il est pâle! entendait-on dire.

Un parfait silence s'établit. L'auditeur de la grande maîtrise de police, un personnage de haute stature, robuste, à la mine satisfaite, en uniforme vert, monta sur l'estrade. Il se découvrit et déplia un papier. Les soldats présentèrent les armes; l'auditeur lut la sentence, indistinctement d'abord, puis de plus en plus haut. Mirovitch laissa errer son regard éteint sur la place et les maisons environnantes. Quelqu'un parmi la foule lui fit signe en agitant un mouchoir.

— Qui est-ce? pensa Mirovitch. Mon père, à cette même place sont morts Artème Volynsky, un grand patriote, les amis d'Alexis, fils de Pierre le Grand...

— Songe à Dieu, plutôt! Il ne te reste que

quelques minutes, quelques secondes, répondit l'aumônier.

L'auditeur avait terminé sa lecture; ses paroles résonnaient encore aux oreilles de Mirovitch.

— On me fera grâce, se dit-il, oui, on me fera grâce! La lettre d'hier le promet. Cette multitude va se disperser. Qui sait? le courrier est peut-être déjà là.

Mais le silence persistant commença à le pénétrer d'horreur. Il frémit. Deux rudes mains le prirent par les épaules et le poussèrent vers le billot. Il se laissa faire sans murmurer, jusqu'à être surpris de sa docilité. Les aides de l'exécuteur lui ôtèrent son manteau et sa tunique, lui découvrirent les épaules; le froid le saisit; il boutonna son gilet et rajusta son col.

— C'est bien le moment de se soucier du froid! dit-il.

Tous semblaient attendre quelqu'un, quelque chose; l'aumônier et l'auditeur regardaient autour d'eux; les aides étaient occupés avec un informe et vilain panier. Mirovitch s'avança jusqu'à la barrière et salua de tous côtés.

— Il nous fait ses adieux! Il nous fait ses adieux! s'écria la foule.

— Frère! dit Mirovitch au bourreau, car tu es mon frère en Christ, accepte cet anneau. Une personne, chère à mon cœur, me l'a donné... Ne me fais pas souffrir. Frappe un seul coup, là, entends-tu, ton bras est exercé... Qu'attend-on encore? et il lui sembla apercevoir de nouveau un mouchoir blanc s'agiter au loin.

Quelqu'un donna un signal; les tambours roulèrent avec fracas. Les mêmes rudes mains empoignèrent Mirovitch.

— Laissez-moi; ne me liez pas; je suis officier. Vive la mémoire de notre empereur Jean III. Vive..., cria Mirovitch.

Les tambours se turent. Mirovitch porta un dernier regard sur la foule, plongée dans un morne silence, releva fièrement la tête comme s'il avait voulu encore parler, et la pencha sur le billot, Un bruit lointain se fit entendre.

— Un courrier? cria la foule.

C'était un carrosse du palais; une main tenant une lorgnette dirigée vers l'échafaud apparut à la portière; on raconta plus tard que c'était la princesse Dachkoff.

Une grosse hache étincelante s'éleva dans l'air et retomba avec un son mat sur le billot; le bourreau saisit par les cheveux la tête ensanglantée de Mirovitch sur laquelle tous les yeux se fixèrent. La jeune fille tomba en sanglotant dans les bras de la vieille, folle de douleur.

— On dit que le courrier a tardé de cinq minutes; on l'a aperçu au pont Toutchkoff alors que tout était fini, dit Derjavine à Novikoff.

— Tu crois cela ? répondit ce dernier.

— Certes, puisque Alexis Orloff a reçu l'arrêt de grâce hier.

— Tu es naïf. Et Orloff a-t-il agi d'après la volonté de l'impératrice? Qui vivra verra. Allons faire dire une messe pour le défunt.

— Impossible. J'ai promis d'arriver le premier
chez mon chef et de lui tout raconter.

— Il ira loin, ce garçon! pensa Novikoff en
hochant la tête.

L'échafaud et le corps de Mirovitch furent
brûlés dans la soirée.

Au retour de l'impératrice à Saint-Pétersbourg,
il fut question à la cour de supprimer la charge
d'hetman en Petite-Russie. Elle-même s'occupa
de théâtre et de littérature; avant son départ pour
Riga, Von-Vizine lui avait lu à Péterhof sa comédie du *Brigadier*. Enchantée de la pièce, elle en
témoigna sa satisfaction à l'auteur.

— Qui est-ce qui vous a encouragé à écrire cette
œuvre ? dit-elle.

— Lomonossoff, notre immortel savant et poète,
répondit Von-Vizine.

Après une longue absence, par une froide soirée
d'octobre, la princesse Dachkoff dînait au palais
d'hiver; ce même jour, Catherine avait reçu une
requête des paysans de la dame Saltytchik, aux
environs de Moscou, qui se plaignaient des cruels
procédés de leur brutale propriétaire.

— Qu'on me *la* nomme désormais *le*, sur les
actes publics! répartit Catherine. Les mœurs ne
s'adouciront qu'avec les cœurs. Le moyen d'y
arriver, c'est le fouet de la satire et le libre échange
d'opinions entre les esprits éclairés.

On en vint naturellement à parler de Lomonossoff.

— Avez-vous entendu dire qu'il est malade? Si

nous allions le voir? proposa Catherine à la princesse Dachkoff.

Aussitôt dit, aussitôt fait. Une voiture du palais s'arrêta devant la maison de Lomonossoff. Un laquais en livrée galonnée d'or et en chapeau à panache entra dans la cour. Deux dames suivaient; l'une d'elles portait le cordon de Saint-André, sur sa robe de velours bleu, garnie de fourrure de zibeline.

Catherine, après avoir arrêté d'un geste de la main les personnes accourues à sa rencontre sur le vestibule, monta sans se faire annoncer au cabinet de travail de Lomonossoff. Celui-ci, à bout de forces, était assis devant sa table à écrire, surchargée de livres, de paperasses et d'instruments de chimie.

— Bonjour, lui dit Catherine avec bienveillance. Nous sommes venues visiter notre illustre ermite.

Le savant se leva et s'inclina respectueusement.

— De quoi vous occupez-vous? Où plane à cette heure votre génie? Sur le firmament, sur les richesses de la terre, sur votre route favorite vers l'Inde par le pôle?

« Toi le premier, Gama, l'audacieux!
« Tu sillonnas cette australe hémisphère,
« Tu parcourus ces pays de la terre
« Où Phébus mit son temple radieux.

Vous voyez que j'aime et que je me rappelle vos vers. Ma muse à moi est rétive; j'ai l'oreille

dure et je ne m'entends guère en musique. Qu'a-
vez-vous ? vous êtes triste.

— Mon âme est malade, Majesté.

— Vous, triste? Vous, l'infatigable travailleur
qui sans cesse imaginez, créez! On attend de vous
de vaillantes paroles. Vos talents doivent éclairer
nos horizons.

— Au vin nouveau, des outres neuves, gracieuse souveraine ! Votre Majesté commence son
règne par de grandes actions et elle ne nous
oublie pas, nous autres travailleurs ! Vivez éternellement ; ma destinée à moi est de mourir
bientôt !

A la cour on se répéta les vers composés par
Lomonossoff, à l'occasion de la visite que lui fit
Catherine :

> « Catherine a Pierre imité :
> « Du savoir voyant la puissance,
> « Devant l'immortelle science,
> « Elle inclina sa majesté.

Anastasie Bavykine mourut ce même automne,
Ouchakoff périt noyé par accident. Polixène partit
en qualité d'institutrice d'une mystérieuse petite
fille pour les pays étrangers, où elle demeura plusieurs années. On reparla d'elle lorsque apparut à
Florence la célèbre princesse Tarakanoff.

Le père de Jean, aveugle, finit ses jours à Kholmogory ; ses sœurs et ses frères retournèrent plus
tard, et devenus vieux avant l'âge, en Danemark; leurs serviteurs restèrent internés à perpétuité.

La gloire des Orloff passa, pour laisser s'élever l'étoile de Potemkine ; puis survinrent la révolte de Pougatcheff, les guerres contre les Turcs, la conquête de la Crimée, la prise d'Izmaïl...

Lomonossoff n'était plus de ce monde ; la muse de Derjavine lui succéda ; Von-Vizine adressa à Catherine des imprimés traitant de questions politiques ; Novikoff, l'enthousiaste qui trente ans auparavant, lors de la fameuse matinée de juin, avait monté la garde devant la caserne du régiment d'Izmaïlovsky, fut, pliant sous le poids des ans et de la maladie, enfermé dans ce même cachot où avait péri Jean, à la suite de la tentative de Mirovitch. Un jour, le plâtre s'était détaché de la muraille, près du poêle ; Novikoff en enleva une couche, et à la faible lueur de sa lampe, il put lire ces mots griffonnés avec un clou :

— Nous, par la grâce de Dieu, Jean III...

FIN.

Imprimerie D. BARDIN, à Saint-Germain.

LIBRAIRIE SANDOZ ET FISCHBACHER

EXTRAIT DU CATALOGUE

Imprimerie D. Bardin, à Saint-Germain.